国家职业资格培训教材

汽车修理工（中级）鉴定培训教材

国家职业资格培训教材编审委员会　组编
祖国海　编

机 械 工 业 出 版 社

本教材是依据《国家职业标准》汽车修理工（中级）的知识要求，紧扣国家职业技能鉴定理论知识考试的需要编写的，主要内容包括：发动机修理、底盘修理、电气修理、发动机维护、底盘维护、电气维护、发动机故障诊断、底盘故障诊断、电气故障诊断和相关的基础知识。每章后附有复习题，便于读者自测自查。

本书主要用于鉴定培训，也可作为技校、中职、各种短训班的教学用书，还可供有关工人自学使用。

图书在版编目（CIP）数据

汽车修理工（中级）鉴定培训教材 / 祖国海编. —北京：机械工业出版社，2011.1（2017.6 重印）

国家职业资格培训教材.

ISBN 978-7-111-32216-0

Ⅰ. ①汽… Ⅱ. ①祖… Ⅲ. ①汽车－车辆修理－职业技能鉴定－教材 Ⅳ. ①U472.4

中国版本图书馆 CIP 数据核字（2010）第 200419 号

机械工业出版社（北京市百万庄大街 22 号　邮政编码 100037）

策划编辑：陈玉芝　责任编辑：陈玉芝　宋亚东

版式设计：霍永明　责任校对：闫玥红

封面设计：饶　薇　责任印制：李　洋

北京振兴源印务有限公司印刷

2017 年 6 月第 1 版・第 6 次印刷

148mm×210mm・7.75 印张・216 千字

标准书号：ISBN 978-7-111-32216-0

定价：25.00 元

国家职业资格培训教材

编审委员会

本书编者　祖国海

序

为落实国家人才发展战略目标，加快培养一大批高素质的技能型人才，我们精心策划了与原劳动和社会保障部《国家职业标准》配套的《国家职业资格培训教材》。这套教材涵盖41个职业，共172种，2005年出版后，以其兼顾岗位培训和鉴定培训需要，理论、技能、题库合一，便于自检自测，受到全国各级培训、鉴定部门和技术工人的欢迎，基本满足了培训、鉴定、考工和读者自学的需要，为培养技能人才发挥了重要作用，本套教材也因此成为国家职业资格培训的品牌教材。JJJ——"机工技能教育"品牌已深入人心。

按照国家"十一五"高技能人才培养体系建设的主要目标，到"十一五"期末，全国技能劳动者总量将达到1.1亿人，高级工、技师、高级技师总量均有大幅增加。因此，从2005年至2009年的五年间，参加职业技能鉴定的人数和获取职业资格证书的人数年均增长达10%以上，2009年全国参加职业技能鉴定和获取职业资格证书的人数均已超过1200万人。这种趋势在"十二五"期间还将会得以延续。

为满足职业技能鉴定培训的需要，我们经过充分调研，决定在已经出版的《国家职业资格培训教材》的基础上，贯彻"围线考点，服务鉴定"的原则，紧扣职业技能鉴定考核要求，根据企业培训部门、技能鉴定部门和读者的不同需求进行细化，分别编写理论鉴定培训教材系列、操作技能鉴定实战详解系列和职业技能鉴定考核试题库系列。

《国家职业资格培训教材——鉴定培训教材系列》用于国家职业技能鉴定理论知识考试前的理论培训。它主要有以下特色：

- 汲取国家职业资格培训教材精华——保留国家职业资格培训教材的精华内容，考虑企业和读者的需要，重新整合、更新、补充和完善培训教材的内容。
- 依据最新国家职业标准要求编写——以《国家职业技能标

准》要求为依据，以“实用、够用”为宗旨，以便于培训为前提，提炼重点培训和复习的内容。

● 紧扣国家职业技能鉴定考核要求——按复习指导形式编写，教材中的知识点紧扣职业技能鉴定考核的要求，针对性强，适合技能鉴定考试前培训使用。

《国家职业资格培训教材——操作技能鉴定实战详解系列》用于国家职业技能鉴定操作技能考试前的突击冲刺、强化训练。它主要有以下特色：

● 重点突出，具有针对性——依据技能考核鉴定点设计，目的明确。

● 内容全面，具有典型性——图样、评分表、准备清单，完整齐全。

● 解析详细，具有实用性——工艺分析、操作步骤和重点解析详细。

● 练考结合，具有实战性——单项训练题、综合训练题，步步提升。

《国家职业资格培训教材——职业技能鉴定考核试题库系列》用于技能培训、鉴定部门命题和参加技能鉴定人员复习、考核和自检自测。它主要有以下特色：

● 初级、中级、高级、技师、高级技师各等级全包括。

● 试题可行性、代表性、针对性、通用性、实用性强。

● 考核重点、理论题、技能题、答案、鉴定试卷齐全。

这些教材是《国家职业资格培训教材》的扩充和完善，在编写时，我们重点考虑了以下几个方面：

在工种选择上，选择了机电行业的车工、铣工、钳工、机修钳工、汽车修理工、制冷设备维修工、铸造工、焊工、冷作钣金工、热处理工、涂装工、维修电工等近二十个主要工种。

在编写依据上，依据最新国家职业标准，紧扣职业技能鉴定考核要求编写。对没有国家职业标准，但社会需求量大且已单独培训和考核的职业，则以相关国家职业标准或地方鉴定标准和要求为依据编写。

在内容安排上，提炼应重点培训和复习的内容，突出“实用、够用”，重在教会读者掌握必需的专业知识和技能，掌握各种类型题的应试技巧和方法。

在作者选择上，共有十几个省、自治区、直辖市相关行业两百多名从事技能培训和考工的专家参加编写。他们既了解技能鉴定的要求，又具有丰富的教材编写经验。

全套教材既可作为各级职业技能鉴定培训机构、企业培训部门的考前培训教材，又可作为读者考前复习和自测使用的复习用书，也可供职业技能鉴定部门在鉴定命题时参考，还可作为职业技术院校、技工院校、各种短训班的专业课教材。

在这套教材的调研、策划、编写过程中，曾经得到许多企业、鉴定培训机构有关领导、专家的大力支持和帮助，在此表示衷心的感谢！

虽然我们在编写这套培训教材中尽了最大努力，但教材中难免存在不足之处，诚恳地希望专家和广大读者批评指正。

国家职业资格培训教材编审委员会

前 言

目前，我国正在实行职业资格证书制度，取得职业资格证书已经成为劳动者就业上岗的必备条件，也是作为劳动者职业能力的客观评价。取得职业资格证书，不但是广大从业人员、待岗人员的迫切需要，而且已经成为各级各类普通教育院校、职业技术院校毕业生追求的目标。

为便于鉴定部门、企业培训以及读者自学，我们编写了本书。本书按照《国家职业标准》中级汽车修理工的知识要求，讲述中级汽车修理工所需的理论知识。本书的主要特点是：

1）最大限度地体现技能培训的特色。本书以最新《国家职业标准》为依据，以职业技能鉴定要求为尺度，以满足本职业对从业人员的要求为目标。凡是《国家职业标准》中要求的理论知识，均作了详细介绍。

2）服务目标明确。本书主要服务于教育、劳动保障体系以及其他培训机构或社会力量办学所举办的各类培训教学，也适用于各级院校举办的中短期培训教学。

3）内容先进。本书在强调实用性、典型性的前提下，充分重视内容的先进性，尽可能反映与本职业相关联的新技术、新工艺和新方法。

本书在编写过程中坚持按岗位培训需要编写的原则，以“实用”、“够用”为宗旨。在编写过程中我们还力求本书内容精练、实用、通俗易懂、覆盖面广、通用性强。

由于编写时间仓促，编者水平有限，书中难免存在错误和不妥之处，恳请广大读者批评指正。

编 者

目录

MU LU

第一章

相关基础知识

培训目标 通过本章的学习，掌握中级汽车修理工汽车常用材料、汽车用轴承与螺纹、液压传动、机械识图和零件的检验与分类等相关的基础知识，为在工作中解决实际问题打下良好的基础。

第一节 汽车常用材料

一、金属材料

1. 金属材料的分类

金属材料分为钢铁材料和非铁金属两大类。

2. 碳素钢

钢是碳的质量分数小于2.11%的铁碳合金，是使用最广泛的金属材料。汽车上的重要零件绝大部分由钢制成。

钢的种类很多，按化学成分可分为碳素钢和合金钢两大类。对于合金钢，按碳的质量分数的高低可分为低碳钢（W（C）<0.25%）、中碳钢（0.25%≤W（C）≤0.6%）和高碳钢（W（C）>0.6%）三类。

在钢中，除碳元素外，没有为改善性能而加入其他元素的钢称为碳素钢。碳素钢可分很多类，在汽车上使用较多的是碳素结构钢和优质碳素结构钢。

（1）碳素结构钢牌号　由代表屈服点的字母、屈服点的数值、质量等级符号、脱氧方法符号4个部分按顺序组成。如Q235 AF，牌号中："Q"是钢材屈服点"屈"字汉语拼音首位字母，"235"表示屈服点值为235MPa，"A"表示质量等级为A，"F"表示沸腾法脱氧。

（2）碳素结构钢用途　碳素结构钢常用于制造受力不大和结构不复杂的零件，如螺钉、螺母、垫圈、推杆、制动杆和车轮轮毂等。

（3）优质碳素结构钢牌号　由两位数字组成，表示钢中碳的质量分数的万分数。如钢号"30"表示钢中碳的质量分数为0.30%。锰的质量分数较高的优质碳素结构钢还应将锰元素符号在钢号后标出，如15Mn、45Mn等。

（4）优质碳素结构钢用途　优质碳素结构钢的用途见表1-1。

表1-1　优质碳素结构钢的用途

钢号	主要性能	应用举例
08F、10、10F、15、20、25	良好的塑性、韧性、焊接性和冷加工成形性。由于碳的质量分数低，可用做渗碳件	制造冲压件（制动气室外壳、消声器外壳）、焊接件及渗碳件（齿轮、凸轮、拉杆）、紧固零件（螺栓、垫圈、铆钉等）
30、35 40、45 50、55	强度较高，并有一定的塑性和韧性。焊接性较差，使用时大都经调质处理	制造负荷较大的调质零件，如连杆、曲轴、机油泵传动齿轮、活塞销、凸轮等
60、65 70、75	强度、硬度高，塑性、韧性差，经淬火和中温回火后弹性好	用于截面尺寸较大而且比较重要的弹簧、轴、销等的制造

3. 合金钢

在优质碳素钢中加入一种或多种合金元素，以改善钢的某种性能，称为合金钢。优质碳素钢中常加入的合金元素有Si、Mn、Cr、Ni、W、V、Mo、Ti等。

合金钢根据用途分为合金结构钢、合金工具钢和特殊性能钢三大类。合金结构钢具有较高的强度和良好的韧性，在汽车上主要用于制造受热、受磨损和受冲击载荷较剧烈的零件。

合金结构钢的牌号用“两位数字+元素符号+数字”表示，前面两位数字表示钢中平均碳的质量分数的万分数；元素符号表示所含主要合金元素；后面数字表示合金元素的平均质量分数。

合金工具钢的牌号表示方法与合金结构钢的基本相同，区别在于：当合金工具钢中碳的质量分数小于1.0%时，首部只用一位数字表示碳的平均质量分数的千分数；当碳的平均质量分数大于或等于1.0%时，则不标注。高速钢和其他一些高合金钢，碳的平均质量分数小于1.0%时，也不标注。

特殊性能钢的牌号表示方法与合金工具钢基本相同，首部的阿拉伯数字表示碳的平均质量分数的千分数，当其数值小于1时，用“0”表示。

合金钢的主要用途如下：

①40Cr：常用来制作气门、气缸盖螺栓、车轮螺栓、半轴和重要齿轮等。

②18CrMnTi：常用来制造变速器齿轮、主传动锥齿轮等。

③40MnB：可代40Cr钢作转向节、半轴、花键轴等。

④60Si2Mn：用来制造钢板弹簧等。

4. 铸铁

铸铁具有良好的铸造性、耐磨性和切削性。凡力学性能要求不高、形状复杂、锻造困难的零件，多用铸铁制造，如气缸体、气缸套、后桥壳、飞轮、制动鼓等。

铸铁按碳存在形式的不同可分为白口铸铁、灰铸铁和麻口铸铁；按铸铁中石墨形态的不同可分为球墨铸铁、可锻铸铁和蠕墨铸铁等。

5. 铝及铝合金

铝是银白色的金属，密度小于2.7g/cm^3，熔点低于660℃，具有良好的导电性和导热性，主要用于制造电线、电缆以及配制合金等。

在纯铝中加入Si、Cu、Mg、Mn等合金元素后，可得到强度较高、耐蚀性较好的铝合金。铝合金分为变形铝合金和铸造铝合金两类。

变形铝合金适用于压力加工，常用变形铝合金的牌号和用途如下：

（1）防锈铝合金　如 5A05、5B05 等，用做制造热交换器、壳体等。

（2）硬铝合金　如 2A01、2A10 等，在飞机制造中应用较广。

（3）锻铝合金　如 2A50、2B50，用于制造高温件，如活塞、气缸盖等。

铸造铝合金用来制作铸件。铸造铝合金的牌号由铝及主要合金元素的化学符号组成。主要合金元素后面跟有表示其名义百分含量的数字。如果合金元素的名义百分含量不小于 1，该数字用整数表示；如果合金元素的名义百分含量小于 1，一般不标数字。

在合金牌号中冠以字母“Z”（“铸”字汉语拼音的首字母）表示属于铸造合金。如 ZALSi7Mg、ZALSi9Mg 等。

铸造铝合金的代号用汉语拼音字母“ZL”（铸铝）与 3 个数字组成。ZL 后面第一个数字表示合金系列，1、2、3、4 分别表示铝硅、铝铜、铝镁和铝锌合金。ZL 后面第二、三个数字表示顺序号，如合金牌号为 ZALSi7Mg 的铝硅合金，其合金代号为 ZL101。

铝硅合金常用来制造内燃机活塞、气缸体、水冷的气缸盖、气缸套、风扇叶片、各种电动机和仪表外壳等。

6. 铜及铜合金

纯铜外观呈紫红色，故又称紫铜，密度为 8.9g/cm^3，熔点为 1083℃。纯铜的导电性、导热性、耐腐蚀性、塑性好，主要用于制造导电器材或配制各种铜合金。

铜合金有黄铜、青铜和白铜三种。

黄铜主要用来制作导管、冷凝器、散热片及导电、冷冲压、冷挤压零件和各种结构零件，如销、螺钉、螺母、衬套、垫圈等。

青铜主要用于制造轴承、轴套等耐磨零件和弹簧等弹性元件。

二、燃料

1. 汽油

（1）汽油的使用性能　汽油的使用性能包括汽油的蒸发性、抗爆性、安定性、防腐性和清洁性等。

1）蒸发性。汽油的蒸发性是指汽油从液体状态转化为气体状态

的性能。汽油的蒸发性越好，就越容易汽化而形成品质良好的可燃混合气，保证发动机在低温条件下，也能顺利起动和正常工作。但蒸发性太好可能在油管中形成气泡，产生气阻，所以要求汽油的蒸发性要适当。

2）抗爆性。汽油的抗爆性是指汽油在气缸内燃烧时避免爆燃的能力。爆燃是汽油的一种不正常燃烧现象。汽油抗爆性的好坏用辛烷值来表示。汽油的辛烷值越高，抗爆性能越好。

3）安定性。汽油的安定性是指在正常的贮存和使用条件下，避免氧化生胶的能力。

4）防腐性。汽油的防腐性是指防止汽油腐蚀金属的能力。

5）清洁性。汽油的清洁性是指汽油中是否含有机械杂质和水分。

（2）汽油的牌号和选用

1）汽油的牌号。国产汽油的牌号是按照辛烷值的高低来划分的。目前常用的汽油牌号按电动机法有 90、93 和 97 三个牌号；按研究法汽油有 90、93 和 95 三个牌号。汽油牌号越高，其辛烷值越高。辛烷值相同，其抗爆性就相同。

2）汽油的选用。汽油牌号的选用应符合汽车说明书要求。一般压缩比高的发动机应选用高辛烷值汽油，压缩比低的发动机应选用辛烷值较低的汽油。

（3）使用汽油的注意事项

1）不要使用长期存放或已变质的汽油。

2）牌号相近的汽油可暂时代用。用低牌号汽油代替高牌号汽油时，应适当推迟点火提前角，以免发生爆燃；用高牌号汽油代替低牌号汽油时，应适当加大点火提前角，以提高发动机的输出功率。

2. 轻柴油

（1）轻柴油的使用性能　轻柴油的使用性能包括发火性、蒸发性、低温流动性、黏度、安定性、防腐性和清洁性等。

1）发火性。轻柴油的发火性是指柴油自燃的能力，用十六烷值来表示。

2）蒸发性。柴油机的低温起动性、工作可靠性、燃料经济性均

与轻柴油的蒸发性有关。喷入燃烧室中的轻柴油是在汽化以后着火燃烧的，从燃料喷入燃烧室到开始燃烧这一段时间内，燃料的蒸发速度与燃料的蒸发性有很大关系，而蒸发速度对柴油机混合气的形成速度影响很大。

3）低温流动性。轻柴油的低温流动性用凝点来表示。凝点是指在规定条件下轻柴油失去流动能力时的最高温度。

4）黏度。黏度是表示液体流动的能力。黏度随温度的变化而变化，温度高时油料变稀，黏度变小；反之，温度低时油料变稠，黏度变大。

轻柴油的安定性、防腐性和清洁性与汽油相似。

（2）轻柴油的牌号及选用

1）轻柴油的牌号。国产轻柴油按凝点分为七种牌号，即 10 号、5 号、0 号、-10 号、-20 号、-35 号和 -50 号。

2）轻柴油的选用。选用时，应根据地区气温，选用不同牌号（即凝点）的轻柴油，并随季节变化而适时更换。使用地区气温低，应选用凝点较低的轻柴油；反之选用凝点较高的轻柴油。为保证车用柴油机能正常工作，选用轻柴油的凝点应低于季节最低温度 3 ~ 5℃。选用原则是：

①10 号轻柴油，适合于有预热设备的柴油机。

②5 号轻柴油，适用于最低气温在 8℃以上的地区使用。

③0 号轻柴油，适合于最低气温在 4℃以上的地区使用，即全国 4 ~ 9 月份及长江以南地区冬季使用。

④ -10 号轻柴油，适合于最低气温在 -5℃以上的地区使用，即长江以南地区冬季使用。

⑤ -20 号轻柴油，适合于最低气温在 -14℃以上的地区使用，即适合于长城以北冬季使用，也适合于长城以南、黄河以北地区严冬使用。

⑥ -35 号轻柴油，适合于最低气温在 -29℃以上的地区使用，即适合于东北、华北、西北地区使用。

⑦ -50 号轻柴油，适合于最低气温在 -44℃以上的地区使用，即适合于东北、新疆、西藏等高寒地区严冬使用。

三、润滑油和润滑脂

1. 机油

（1）性能　发动机机油的使用性能有黏度、粘温性能、清净分散性、安定性等。黏度指在外力作用下流动时，分子间的内摩擦力。粘温性能是指黏度随温度变化的特性。清净分散性是指发动机机油能抑制积炭、漆膜和油泥生成或将这些沉淀物清除的性能。安定性是指在使用中与氧接触时抵抗氧化变质的性能，包括热氧化安定性和氧化安定性。

（2）分类和牌号　目前机油的分类大多采用性能分类法和黏度分类法。性能分类法根据使用场合和使用对象将汽油机油分为 S 类，其中包括：SC、SD、SE、SF、SG 和 SH。柴油机油分为 C 类，其中包括：CC、CD、CD－Ⅱ、CE、CF－4 等。黏度分类法根据所测定的黏度，将机油分为：0W、5W、10W、15W、20W、25W、20、30、40、50 和 60 等级。

SC 汽油机油按黏度分为 5W/20、10W/30、15W/40、30 和 40 等牌号。

SD 汽油机油按黏度分为 5W/30、10W/30、15W/40、30 和 40 等牌号。

SF 汽油机油按黏度分为 5W/30、10W/30、15W/40、30 和 40 等牌号。

CC 柴油机油按黏度分为 5W/30、5W/40、10W/40、15W/40、20W/40、30、40 和 50 等牌号。

CD 柴油机油按黏度分为 5W/30、10W/30、10W/40、15W/40、20W/40、30、40 等牌号。

机油牌号中，在数字后面带“W”字母的，表示低温系列，数字代表黏度等级，W 表示冬季用机油；不带字母的数字代表普通系列。牌号中 15W/30 这种形式称为多级油，表示这种机油粘温性能良好，可四季通用。

（3）选用　发动机机油的选用，主要依据是汽车的使用说明书。在没有说明书的情况下，一方面根据使用场合和使用条件确定性能

等级；另一方面可根据环境温度确定黏度等级。

对于汽油机油性能等级的选择，主要考虑发动机机型。气缸的有效压力越高，发动机的转速越高，对发动机机油性能等级的要求也越高。

柴油机油性能等级的选择，主要根据柴油机的强化系数确定。

(4) 使用注意事项

1）在能保证润滑的条件下，要尽量选取黏度低的机油。只有在机器磨损严重时，才应选择高黏度的机油。

2）性能等级较高的机油可以用于要求使用等级较低的发动机上，反之则不可。

3）汽油机油和柴油机油不能相互替代使用。

2. 齿轮油

(1) 性能　齿轮油的使用性能有极压抗磨性、低温流动性、热氧化安定性和抗泡沫性。极压抗磨性是指在高载荷条件下，抵抗齿面擦伤和烧结的能力。低温流动性是指在低温下保持流动性的能力。热氧化安定性是指在高温条件下抵抗氧化的能力。抗泡沫性是指在搅动条件下，抵抗泡沫生成的能力。

(2) 分类和牌号　齿轮油尚无使用性能分类标准，根据国标GB/T　7631.7-1995 附录 B，齿轮油性能分类暂定为：普通车辆齿轮油、中载荷车辆齿轮油和重载荷车辆齿轮油，牌号分别是 CLC、CLD 和 CLE。黏度分类参照美国汽车工程师协会（SAE）黏度分类法，分为：70W、75W、80W、85W、90、140 和 250 七种。

(3) 选用　汽车齿轮油的选用主要是根据汽车生产厂家的使用说明书要求确定。在没有说明书的情况下，应根据汽车齿轮传动的种类、传动工作载荷、使用条件和环境温度来确定齿轮油的性能等级和黏度等级。

(4) 使用注意事项

1）不能将齿轮油当发动机机油使用。

2）不能用普通齿轮油代替双曲线齿轮油。

3）在换油时，应趁热放出旧油，将齿轮及齿轮箱洗净后方可加入新油。

4）不同产地的齿轮油不能混用，即使是同类、同牌号的齿轮油，产地不同，某些指标也不完全相同。

3. 润滑脂

（1）性能　润滑脂的使用性能主要有稠度、低温性能、高温性能和抗水性等。稠度是指润滑脂受外力作用时，抵抗变形的程度，按 GB/T7631. 1-2008 的规定把润滑脂的稠度分为 000、00、0、1、2、3、4、5、6 九个等级。低温性能是指在低温条件下保持良好润滑性能的能力。高温性能是指润滑脂在较高的使用温度条件下，保持其附着和抵抗氧化变质的能力。抗水性是指润滑脂遇水后抵抗结构和稠度改变的能力。

（2）分类　新的分类标准是根据 GB/T7631. 8-1990《润滑剂和有关产品（L 类）的分类—第 8 部分：X 组（润滑脂）》，按润滑脂的操作条件（温度、水污染、载荷和稠度等）对润滑脂进行分类。汽车常用的润滑脂品种有钙基润滑脂、钠基润滑脂、汽车通用锂基润滑脂、极压复合锂基润滑脂和石墨钙基润滑脂等。

钙基润滑脂是由动植物脂肪与石灰制成的钙皂稠化矿物润滑油，并以水作为胶溶剂组成。

钠基润滑脂是由动植物脂肪酸钠皂稠化矿物润滑油制成的耐高温但不耐水的普通润滑脂，有 2 号和 3 号两个稠度牌号。

汽车通用锂基润滑脂是由天然脂肪酸锂皂稠化低凝点润滑油，并加抗氧、缓蚀剂制成的。具有良好的机械安定性、胶体安定性、缓蚀性、氧化安定性和抗水性，适用于 30 ~ 120℃ 温度范围内汽车轮毂轴承、水泵、发电机等各摩擦部位的润滑，稠度牌号为 2 号。进口汽车和国产新车普遍推荐使用这种润滑脂。

极压复合锂基润滑脂与汽车通用锂基润滑脂的区别是有更高的极压抗磨性，适用于 -20 ~ 160℃。

石墨钙基润滑脂由动植物油钙皂稠化 L-AN68 号全损耗系统用油制成，其中加有 10% 的鳞片石墨，具有良好的抗水性和抗辗压性能，适用于重负荷、低转速和粗糙的机械润滑。汽车的钢板弹簧、起重机齿轮转盘及半拖挂货车的转盘等承压部位均使用石墨钙基润滑脂。

（3）选用　选择润滑脂应根据车辆和机械设备说明书的规定，

选用与用脂部位操作条件相适应的润滑品种和稠度牌号。在没有说明书的情况下，润滑脂的选用要根据工作温度、转速、载荷和工作环境选择。根据加脂方式和环境温度选择润滑脂的稠度，多选用2号润滑脂。

四、工作液

1. 制动液

（1）性能　制动液的使用性能有抗气阻性、吸湿性、橡胶相容性和溶水性等。抗气阻性是指制动液在高温时抵抗气阻产生的能力。吸湿性是指制动液吸收周围的水汽后会使沸点下降，要求制动液吸水后沸点下降程度小。橡胶相容性是要求制动液对橡胶零件不会造成显著的溶胀、软化或硬化的不良影响。溶水性是要求制动液吸水后能与水互溶，不产生分离和沉淀。

（2）分类　根据制动液的组成和特性，一般分为醇型、醇醚型、脂型、矿油型和硅油型5种。其中醇醚型和脂型统称为合成型，是目前广泛应用的主要品种。醇型制动液已被淘汰，矿油型制动液未被我国推广使用，硅油型制动液价格昂贵，目前难以推广使用。

（3）选用　选用制动液时，要求其性能与工作条件相适应，以确保汽车的运行安全。

1）根据气温、湿度和道路条件选用制动液。如在炎热的夏季，在山区或高速公路上行驶时，车辆制动强度大，制动液工作温度高，特别是在湿热条件下，一般要求选用JG3或JG4级（HZY3、HZY4等合成制动液）；非湿热条件下可选用JG2级（HZY2等合成制动液）。在车速不高的平原地区，除冬季外，可使用JG1级制动液；而在冬季，应选用JG0级制动液。

2）根据车辆的速度性能，依据其使用说明书选用制动液。

（4）使用注意事项

1）各种制动液不能混用。

2）按车辆使用说明书的要求，定期更换制动液，更换期一般为车辆行驶20000～40000 km或1年。更换制动液时必须将制动系统清洗干净。

3）制动液属易燃品，应注意防火，存放时避免阳光直射。

2. 冷却液

（1）性能　目前汽车发动机广泛采用强制循环水冷却系，冷却液即为发动机水冷却系中带走高温零件热量的一种工作介质。汽车冬季露天停放或长时间停车时，发动机温度降至与气温相近。总的来说，汽车发动机冷却液的使用性能要求黏度小，流动性好；冰点低，沸点高，冬夏均能使用；具有良好的抗腐蚀性，不损坏汽车的有机涂层；不易产生水垢，也不易产生泡沫，以免降低传热效率。

乙二醇型发动机冷却液是目前最好的冷却液。它的沸点高(197.4℃)，与水混合后，混合液的冰点可显著降低，最低能达-68℃。用不同比例的乙二醇和水可以配制成不同冰点的冷却液。乙二醇-水型冷却液的沸点高，挥发损失少，在使用中只需补充蒸发掉的水即可。它的冰点低，热容量大，冷却效率高，黏度小，流动性好。但乙二醇-水型冷却液有毒性，对金属有腐蚀作用，并对橡胶有轻度的侵蚀。

（2）乙二醇型冷却液的牌号　按石化行业标准SH　0521—1999生产的乙二醇型冷却液按冰点不同，有-25、-30、-35、-40、-45和-50六个牌号。冷却液产品可以制成浓缩液，由用户加清洁水稀释后使用，也可制成一定冰点的成品直接使用。

（3）乙二醇型冷却液的使用方法

1）根据当地冬季最低气温选用适当冰点牌号的冷却液，冰点至少应低于最低气温5℃。如果是浓缩液，应按产品说明书的规定比例加清洁水稀释。

2）乙二醇冷却液一般可使用2~3年。入冬前，如有必要可检查、调整冷却液的密度，添加防腐剂，并将冷却液的冰点调到该牌号的最高冰点。

3）乙二醇型冷却液不仅有较低的冰点，可防止冬季冻结，而且可提高沸点，防止在夏季沸腾，因此可四季使用。

4）使用冷却液前应检查冷却系，保证无渗漏。加注时不要过满，一般只加到冷却系总容量的95%，以免温度升高后膨胀溢出。

5）乙二醇有毒，使用中严禁用嘴吮吸，手接触后要洗净。

第二节　汽车用轴承与螺纹

一、轴承

轴承是汽车中的部件之一，其功用是：支撑轴及轴上零件，并保持轴的旋转精度；减少转动的轴与支撑件之间的摩擦及磨损。

轴承按照工作时的摩擦性质，分为滑动轴承和滚动轴承两类。

1. 滑动轴承

滑动轴承通常由轴承体、轴瓦及轴承衬、润滑和密封装置等组成。

滑动轴承按承受载荷的方向可分为径向滑动轴承和推力滑动轴承两类。

径向滑动轴承用于承受径向载荷，推力滑动轴承用于承受轴向载荷。

滑动轴承的结构形式很多，有些使用较多的滑动轴承，其结构和尺寸已标准化，使用时可根据用途，查有关手册。

2. 滚动轴承

滚动轴承是支撑转动零件或摆动零件的一种标准组件，具有结构紧凑、摩擦力小等优点，在汽车的离合器、变速器、主减速器等总成中被广泛使用。滚动轴承的规格、形式很多，但都已标准化，由专门工厂生产，需要时可根据要求，查阅有关标准选购。

滚动轴承的种类虽多，但它们的结构大致相似，一般由外圈、内圈、滚动体、隔离圈（保持架）组成。内圈紧套在轴颈上，随轴一起转动，而外圈则固定在支座上，起支撑作用。工作时，滚动体在内、外圆滚道上滚动，形成滚动摩擦。保持架将滚动体均匀地相互隔开，以避免滚动体之间的摩擦和磨损。滚动体是滚动轴承的重要元件，其形状有球形、短圆柱形、圆锥形、鼓形和滚针等。

滚动轴承按其受力分为三类：

（1）径向轴承　主要承受径向载荷，如深沟球轴承。

（2）推力轴承　主要承受轴向载荷，如推力球轴承。

(3) 径向推力轴承　同时承受径向和轴向载荷，如圆锥滚子轴承。

滚动轴承代号是由字母加数字来表示滚动轴承的结构、尺寸、标准公差等级、技术性能等特征的产品符号。它由基本代号、前置代号和后置代号构成。

轴承基本代号举例：

6208

6——轴承类型代号：深沟球轴承；

2——尺寸系列代号（02）：宽度系列代号 0 省略，直径系列代号为 2；

08——内径代号：$d = 8 \times 5\text{mm} = 40\text{mm}$。

30312

3——轴承类型代号：圆锥滚子轴承；

03——尺寸系列代号：宽度系列代号 0，直径系列代号为 3；

12——内径代号：$d = 12 \times 5\text{mm} = 60\text{mm}$。

GS81107

GS——前置代号：推力圆柱滚子轴承座圈；

8——轴承类型代号：推力圆柱滚子轴承；

11——尺寸系列代号：宽度系列代号为 1，直径系列代号为 1；

07——内径代号：$d = 7 \times 5\text{mm} = 35\text{mm}$。

二、螺纹

1. 螺纹的种类

螺纹的种类较多。在圆柱或圆锥外表面上所形成的螺纹称外螺纹；在圆柱或圆锥内表面上所形成的螺纹称内螺纹。按螺纹的旋向不同，顺时针旋转时旋入的螺纹称右旋螺纹；逆时针旋转时旋入的螺纹称左旋螺纹。螺纹的旋向可以用右手法则来判定。伸展右手，掌心对着自己，四指并拢握住螺杆，并指向旋入方向，若螺纹的旋向与拇指的指向一致为右旋螺纹，反之则为左旋螺纹。一般常用右旋螺纹。

按螺旋线的数目不同，又可分成单线螺纹（沿一条螺旋线所形成的螺纹）和多线螺纹（沿两条或两条以上的螺旋线所形成的螺纹，该螺旋线在轴向等距分布）。在通过螺纹轴线的剖面上，螺纹的轮廓形状称为螺纹牙型。按螺纹牙型不同，常用的螺纹可分为三角形螺纹、梯形螺纹和锯齿形螺纹。

2. 螺纹特征代号与标记

螺纹种类很多，在这里只简单介绍普通螺纹特征代号的表示方法。

粗牙普通螺纹用字母 M 及公称直径表示；细牙普通螺纹用字母 M 及公称直径×螺距表示。当螺纹为左旋时，在螺纹特征代号之后加“LH”字。例如：

M24　表示公称直径为 24mm 的粗牙普通螺纹；

M24×1.5　表示公称直径为 24mm、螺距为 1.5mm 的细牙普通螺纹；

M24×1.5LH　表示公称直径为 24mm、螺距为 1.5mm、旋向为左旋的细牙普通螺纹。

第三节　液压传动

液压传动的工作原理是以液压油作为工作介质，依靠密封容积的变化来传递运动，依靠液压油内部的压力来传递动力。

液压传动系统通常由以下 4 部分组成：动力元件、执行元件、控制元件和辅助元件。

1. 液压泵

液压泵是动力元件，它把输入的机械能转变为液压油的压力能，做液压系统的能源。液压泵都是容积式的，按其流量是否可以改变分为定量泵（输出流量不能改变）和变量泵（输出流量的大小可以调节）；按其结构形式不同可分为齿轮泵、叶片泵和柱塞泵等；按其压力的大小可分为超高压泵（额定压力超过 32MPa）、高压泵（额定压力为 16～32MPa）、中高压泵（额定压力为 8～16 MPa）、中压泵（额定压力为 2.5～8 MPa）和低压泵（额定压力为 0～2.5MPa）等。

2. 液压缸

液压缸是液压传动系统的执行元件之一，用来执行直线往复运动。它将液压油的压力能转换为机械能，带动负载运动。

液压缸可分为三种类型：活塞式、柱塞式和摆动式。活塞式液压缸应用较为广泛，它又分为双活塞杆式和单活塞杆式。

3. 液压控制阀

能够控制液压系统液压油的压力、流量和流动方向的元件总称为液压控制阀。它位于系统的动力元件和执行元件之间。

控制阀的种类较多，但都是由阀体、阀芯（杆）和控制机构组成的。其工作原理都是通过改变通流面积或通流方向来工作的。控制阀在系统中只对执行元件起控制作用。

根据液压控制阀在系统中的用途，可分为压力控制阀、流量控制阀和方向控制阀三大类。

（1）压力控制阀　简称为压力阀，是用来控制和调节液压系统中液压油压力或利用压力作为信号来控制其他元件动作的阀。它包括溢流阀、减压阀、顺序阀、平衡阀等，用得最多的是溢流阀和减压阀。

（2）流量控制阀　流量控制阀是用来控制和调节液压系统中液压油流量的阀，常用的有节流阀、调速阀和分流阀等。

（3）方向控制阀　简称方向阀，是用来控制和改变液压系统中液压油流动方向的阀类，分为单向阀、换向阀和梭阀。

单向阀只允许液压油沿一个方向通过，对另一个方向则截止。

换向阀的主要作用是控制液压油的流动方向。它靠阀芯在阀体内的移动，来接通不同的油路，从而使液压缸做往复运动或使液压马达能正反旋转。

4. 辅助元件

液压辅助元件由油箱、滤油器、空气滤清器、油管、密封件、热交换器和蓄能器等组成。它们用于储存、输送、净化和密封工作液体，并有散热、冷却作用。

第四节　机械识图

一、零件的表达方法

1. 零件视图

零件的表达方法由零件视图决定。零件视图是零件向投影面投射所得到的图形。它一般只画零件的可见部分，必要时才画出其不可见部分。

零件视图有基本视图、局部视图、斜视图和旋转视图四种。

（1）基本视图　零件向基本投影面投射所得的图形称为基本视图。

国家标准规定，采用正六面体的六个面为基本投影面。将零件放在正六面体中，由前、后、左、右、上和下六个方向，分别向六个基本投影面投射，然后按规定的方法展开，正投影面不动，其余各面按箭头所指方向旋转展开，与正投影面展成一个平面，即得六个基本视图。

六个基本视图的名称和投射方向为：

主视图——由前向后投射所得的视图；

俯视图——由上向下投射所得的视图；

左视图——由左向右投射所得的视图；

右视图——由右向左投射所得的视图；

仰视图——由下向上投射所得的视图；

后视图——由后向前投射所得的视图。

在六个基本视图中，最常用的是主、左、俯三个视图，采用视图时应根据零件的形状特征而定。

（2）局部视图　零件的某一部分向基本投影面投射而得到的视图称为局部视图。局部视图是不完整的基本视图。利用局部视图可以减少基本视图的数量，补充基本视图尚未表达清楚的部分。

（3）斜视图　零件向不平行于任何基本投影面的平面投射所得的视图，称为斜视图。

（4）旋转视图　假想将零件的倾斜部分旋转到与某一选定的基本投影面平行后再向该投影面投射所得到的视图，称为旋转视图。

2. 剖视图

用视图表达零件时，零件内部的结构形状都用虚线表示。如果视图中虚线过多，就会使图样不够清晰，而且标注尺寸也不方便。为此，表达零件内部结构，常采用剖视图的方法，简称剖视。

假想用剖切面剖开零件，将处在观察者和剖切面之间的部分移去，而将其余部分向投影面投射所得到的视图称为剖视图。

在剖视图中，凡被剖切的部分应画上剖面符号。国家标准中规定了各种材料的剖面符号。

按剖切范围的大小，剖视图可分为全剖视图、半剖视图和局部剖视图。

（1）全剖视图　用剖切平面完全地剖开零件后所得到的剖视图，叫做全剖视图。

（2）半剖视图　当零件具有对称平面时，在垂直于对称平面的投射面上投射所得到的视图。以对称中心线为界，一半画成剖视图，另一半画成视图，这样组成的剖视图，叫做半剖视图。

（3）局部剖视图　用剖切平面将物体局部地剖开所得到的视图叫做局部剖视图。

3. 断面图

假想用剖切平面将零件的某处切断，仅画出该剖切面与物体接触部分的图形，称为断面图。

断面图与剖视图的区别在于：断面图仅画出切断面的图形，而剖视图除了画出切断处断面的图形外，还要画出剖面后其余部分的投影。

断面图有移出断面、重合断面两种图形形式。

二、极限与配合

1. 公差

制造汽车零件时，不可能把一批相同规格零件的尺寸做得绝对相等，但也不允许相差太大。为了满足使用要求，必须对零件的尺

寸规定一个恰当的允许尺寸变动量，即尺寸公差（简称公差）。可见，公差是反映零件制造精确程度的技术指标。

2. 偏差

（1）偏差　指某一尺寸减去其公称尺寸所得到的代数差。

（2）极限偏差　指极限尺寸减去其公称尺寸所得到的代数差。极限偏差包括上极限偏差和下极限偏差。

上极限偏差指上极限尺寸减去其公称尺寸所得到的代数差。其代号孔为 ES，轴为 es。

下极限偏差指下极限尺寸减去其公称尺寸所得到的代数差。其代号孔为 EI，轴为 ei。

上、下极限偏差统称为极限偏差。根据定义，上、下极限偏差用公式表示为

$$\mathrm{ES}=D_{\max}-D$$

$$\mathrm{EI}=D_{\min}-D$$

$$\mathrm{es}=d_{\max}-d$$

$$\mathrm{ei}=d_{\min}-d$$

偏差可以为正、负或零值，分别表示大于、小于或等于公称尺寸。所以偏差前面要标明“+”或“-”号，偏差为零时也要写上“0”。

3. 尺寸公差

允许尺寸的变动量称为尺寸公差，用 T 表示。其值等于上极限尺寸与下极限尺寸之代数差的绝对值，也等于上极限偏差与下极限偏差之代数差的绝对值。用公式表示为

$$TD=|D_{\max}-D_{\min}|=|\mathrm{ES}-\mathrm{EI}|$$

$$Td=|d_{\max}-d_{\min}|=|\mathrm{es}-\mathrm{ei}|$$

可见，公差是指允许尺寸的变动范围，偏差是指相对于公称尺寸的偏离量。从数值上看，公差是一个没有正、负号的数值，而且不能为零；偏差是一个有正、负号或零的代数差。

4. 配合

公称尺寸相同且相互结合的孔和轴之间的装配关系称为配合。根据配合松紧程度的不同，配合可分为间隙配合、过盈配合和过渡

配合三种。

三、识读简单的零件图

1. 零件图的组成

一般零件图包括 4 项内容：标题栏、一组视图、全部尺寸和技术要求。

（1）标题栏　标题栏内容包括零件的名称、材料、数量、图号、比例以及图样的责任者签名和日期等。

（2）一组视图　用必要的基本视图、剖视、剖面和其他规定画法，准确、清晰、完整地表达出零件的内外形状和各部分的结构。

（3）全部尺寸　根据尺寸标注规则，标注出正确、完整、清晰和合理的尺寸，包括反映形体及形状的尺寸、确定位置的尺寸，以及零件长、宽、高的总体尺寸。

（4）技术要求　用规定的符号、代号或文字说明，表达零件在制造、检验和调试过程中应达到的质量标准。技术要求包括：表面粗糙度、极限与配合、形状公差与位置公差、热处理或表面处理后的各种技术要求等。

2. 识读零件图的方法和步骤

下面以汽车零件的典型零件图为例，介绍一般的读图步骤。图 1-1 为汽车用的左轮胎螺栓零件图，其读图步骤如下。

（1）读标题栏　从标题中，看出零件名称为左轮胎螺栓，材料 35 钢，比例 1:1，说明实物与图样大小一致，数量共有 12 件。

（2）分析视图　螺栓用了一个主视图、一个左视图和移出断面图来表达。

（3）分析形体　主视图表达了螺栓的基本形状和结构，左视图主要表达了尺寸 $5^{0}_{-0.48}$mm 的形状是圆弧状，而 *C*—*C* 移出断面则主要表达了环形槽的结构。

（4）分析尺寸　螺栓中心线是主要基准线，右端面是长度尺寸的主要基准线。尺寸 M20 是重要尺寸，ϕ20mm 也是较重要尺寸，在主视图上都有公差。

为了便于安装，在螺栓的左右两端均有倒角，尺寸为 3×30°。

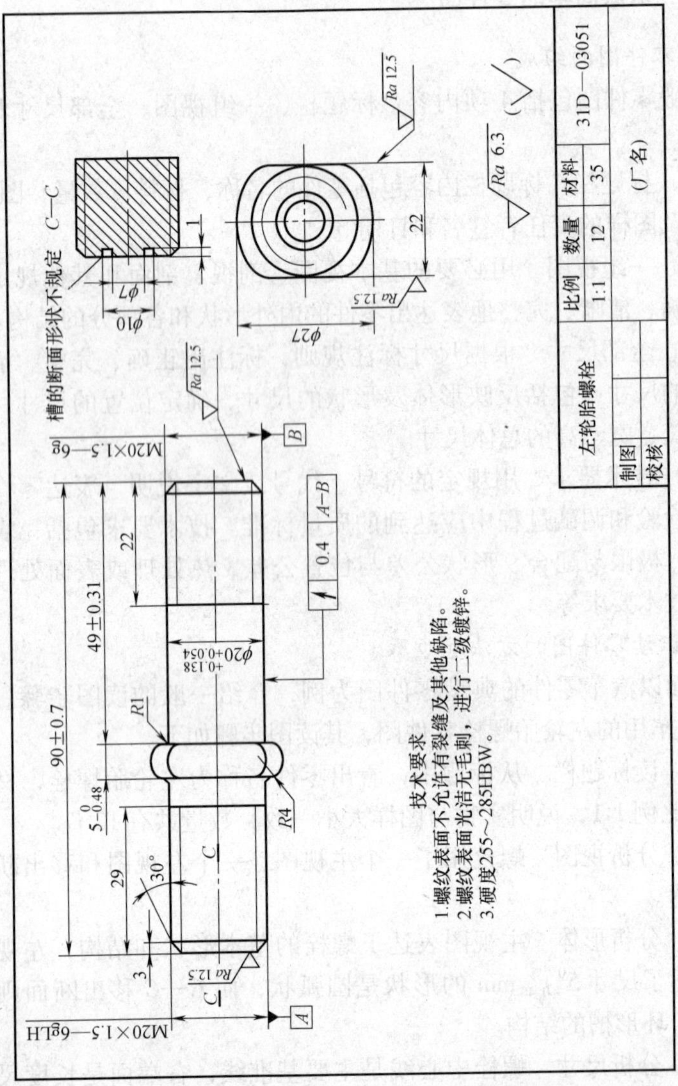

M20×1.5—6gLH

90±0.7

$5_{-0.48}^{0}$

49±0.31

29

3

30°

R1

R4

22

M20×1.5—6g

$\phi20_{+0.054}^{+0.138}$

Ra 12.5

0.4 A—B

A

B

C

槽的断面形状不规定 C—C

φ10

φ7

1

φ27

22

Ra 6.3 (√)

技术要求

1.螺纹表面不允许有裂缝及其他缺陷。

2.螺纹表面光洁无毛刺，进行二级镀锌。

3.硬度255～285HBW。

左轮胎螺栓		比例	数量	材料	31D—03051
		1:1	12	35	
制图		（厂名）			
校核					

图1-1　左轮胎螺栓

（5）技术要求　图上主要表面（螺纹）的表面粗糙度值为 *Ra* 6.3μm，端面为 *Ra* 12.5μm，而且用文字说明了螺纹表面不允许有裂纹及其他缺陷，无毛刺，进行二级镀锌。

第五节　零件的检验与分类

一、几何公差的项目及符号

形状公差和位置公差统称为几何公差。几何公差是研究构成零件几何特征的点、线、面等的几何要素。

1. 形状公差

构成零件的几何特征的点、线、面要素之间的实际形状相对于理想形状的允许变动量。给出形状公差要求的要素称为被测要素。

2. 位置公差

零件上的点、线、面要素的实际位置相对于理想位置的允许变动量。用来确定被测要素位置的要素称为基准要素。

国家标准将几何公差共分十四个项目，其中形状公差分为四个项目，轮廓公差分为两个项目，定向公差分为三个项目，定位公差分为三个项目及跳动公差分为两个项目。每个公差项目都规定了专用符号，见表 1-2。

表 1-2　几何公差特征项目及其符号

公差	特征项目	符号	有或无基准要求
形状公差	直线度	—	无
	平面度	▱	无
	圆度	○	无
	圆柱度	⌭	无
	线轮廓度	⌒	无
	面轮廓度	⌓	无

（续）

公差	特征项目	符号	有或无基准要求
方向公差	平行度	∥	有
	垂直度	⊥	有
	倾斜度	∠	有
	线轮廓度	⌒	有
	面轮廓度	⌓	有
位置公差	位置度	⌖	有或无
	同轴（同心）度	◎	有
	对称度	⌯	有
	线轮廓度	⌒	有
	面轮廓度	⌓	有
跳动公差	圆跳动	↗	有
	全跳动	⌰	有

二、汽车零件的检测分类

汽车零件的检测分类，是汽车修理工艺的重要环节，它直接影响汽车修理的质量和成本。通过技术检验，可将零件分为可用件、需修件和报废件。

（1）可用件　是指使用后磨损轻微的零件，其尺寸、形状、位置误差和配合关系均在大修技术标准中的许用尺寸和许用配合要求范围内，不经修理尚能继续装配使用。

（2）需修件　是指通过各种修理工艺，可恢复其公称尺寸、几何关系的零件。

（3）报废件　是指耗损严重，其尺寸、形状、位置误差和配合关系，不仅超过了许用尺寸或许用配合要求，甚至接近或超过维修

技术数据中规定的使用极限，是无修复价值的零件。

三、汽车修理中常用几何公差的检测方法

1. 形状误差的检测

（1）直线度的检测　汽车修理中常用刀口形直尺检测，具体方法如下：

将刀口形直尺的刃口放在被测工件表面上（见图1-2），当刀口形直尺与实际线贴紧时，便符合最小条件。此时刀口形直尺与实际线之间所产生的最大间隙，就是被测实际线的直线度误差。

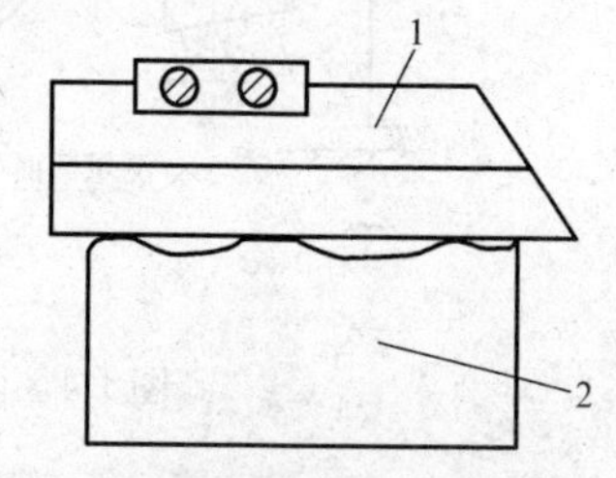

图1-2　用刀口形直尺测量直线度
1—刀口形直尺　2—被测工件

（2）平面度的检测　汽车修理中常用打表法测量平面度，如图1-3所示。将被测工件支撑在标准平板上，以标准平板作为测量基面。通过可调支撑调整被测平面上对角线对应点1与2、3与4和标准平板等高或被测表面最远三点等高，用测微表沿被测表面上各点或按一定的布点测量被测平面。通常用测微表最大读数和最小读数的差值作为平面度的误差值。

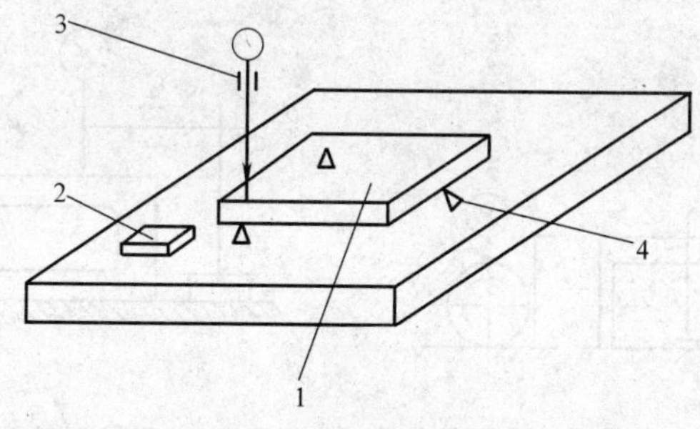

图1-3　测量平面度

（3）圆度的检测　汽车修理中常用两点测量法（见图1-4）检测圆度。测量时，将工件轴向固定，回转工件一周，指示器读数最

大差值的一半为单个截面的圆度误差。如此测量若干截面，取最大差值的一半作为工件的圆度误差。

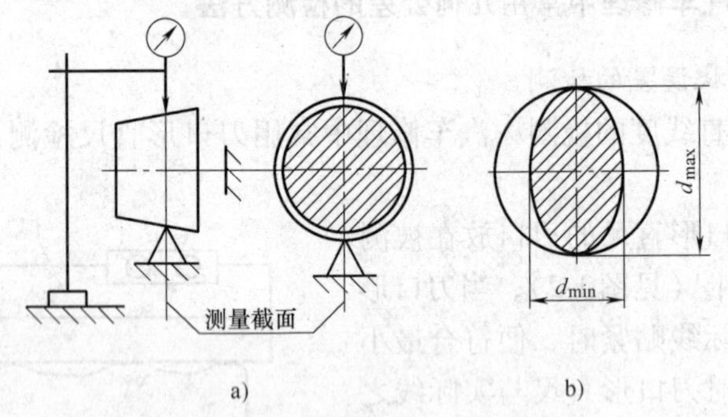

图 1-4　两点法测量圆度误差

（4）圆柱度的检测　汽车修理中常用两点法测量被测圆柱面的圆柱度，如图 1-5 所示为其测量示意图。测量时，将工件放在平板上并贴紧直角座。圆柱度误差为所有截面上所有测点的最大直径 d_{max} 和最小直径 d_{min} 之差（d_{max} 和 d_{min} 通常不在同一截面上），计算公式为

$$f = (d_{max} - d_{min}) / 2$$

式中　f——圆柱度误差（mm）；

d_{min}——截面上所有测点的最小直径（mm）；

d_{max}——截面上所有测点的最大直径（mm）。

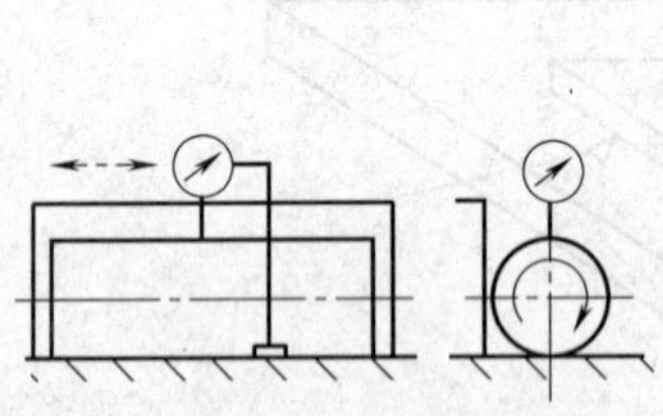

图 1-5　两点法测量圆柱度误差

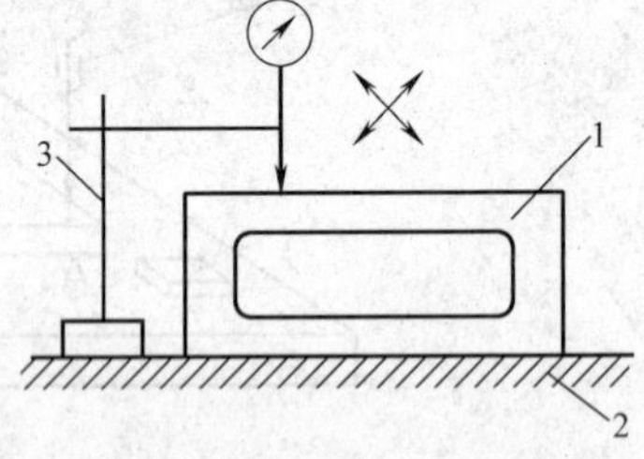

图1- 6　测量面对面的平行度误差

1—被测零件　2—平板　3—测量架

2. 方向误差的检测

(1) 平行度误差的检测　如图 1-6 所示为打表法测量面对面的

平行度误差。测量前，先将被测零件 1 放置在平板 2 上，并使被测零件底面与平板工作面贴合。测量时，装有指示表的测量架 3 沿平板工作面作多方向的直线移动，取指示表的最大读数 M_{max} 与最小读数 M_{min} 之差作为该零件的平等度误差 f，即

$$f = M_{max} - M_{min}$$

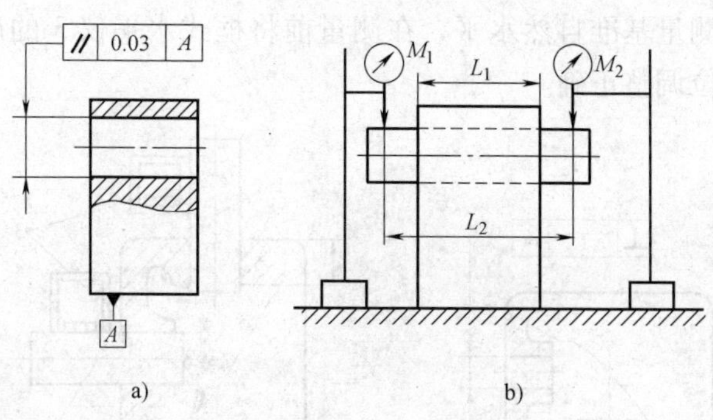

图 1-7　测量线对面的平行度误差

如图 1-7 所示为用打表法测量线对面的平行度误差。测量时，将工件基准平面放在平板上，被测轴线由心轴模拟，若在距离为 L_2 的两个位置上测得的读数为 M_1 和 M_2，则平行度误差为

$$f = | M_1 - M_2 | L_1/L_2$$

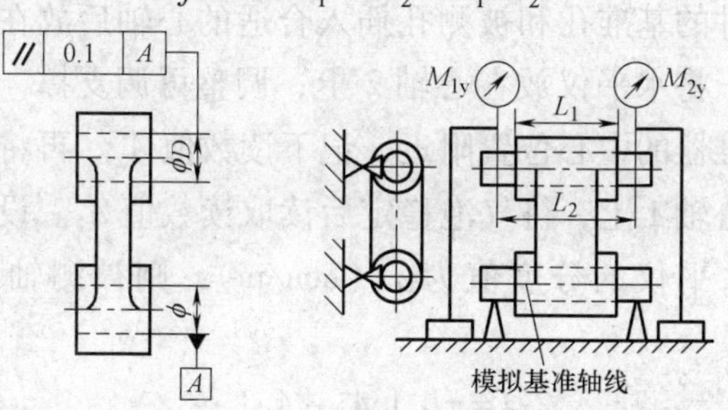

图 1-8　测量线对线平行度误差

如图 1-8 所示为用打表法测量线对线的平行度误差。测量时，基准轴线和被测轴线均以心轴模拟，将工件放在等高支撑（或 V 形

架上），在距离为L_2的两个位置上的读数为M_{1y}、M_{2y}，则被测轴线对基准轴线在垂直方向的平行度误差为

$$f_y = |M_{1y} - M_{2y}| L_1/L_2$$

（2）垂直度误差的检测　如图 1-9 所示零件的垂直度误差可以用水平仪测量。测量时，被测轴线和基准轴线分别用心轴 1 和 2 模拟体现，测量基准自然水平，在测量前将框式水平仪 3 的底面零位和侧面零位调整正确。

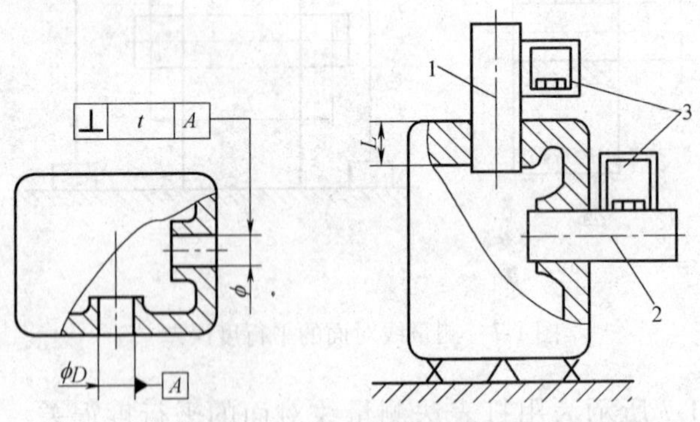

图 1-9　垂直度误差的检测

1、2—心轴　3—框式水平仪

被测零件的基准孔和被测孔插入合适的心轴后放在固定支撑和可调支撑上，将水平仪放在心轴 2 上，调整可调支撑，使水平仪的气泡位于水准器的中心位置附近，记下读数值A_2。再将水平仪的侧面靠在被测心轴 1 上，待气泡稳定后读取读数值A_1。设被测轴线的长度为L，水平仪的分度值为τ（mm/m），则被测轴线的垂直度误差为

$$f = \tau L |A_1 - A_2|$$

3. 位置误差的检测

同轴度误差的检测。同轴度误差的测量常用 V 形架进行测量。

测量时将其基准部分放在 V 形架上，旋转工件一周，指示表在被测部分的最大读数差为同轴度误差，如图 1-10 所示。

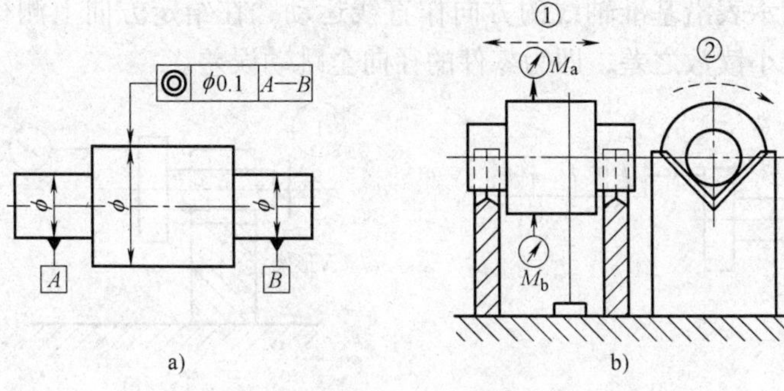

图 1-10　同轴度误差的测量

4. 跳动误差的检测

（1）圆跳动度的检测　径向圆跳动的检测如图 1-11 所示，测量时将工件放在 V 形架上，且轴向定位。工件回转一周，指示表最大差值为该截面上的径向圆跳动。按上法测若干截面，取各截面上测得的最大值作为该工件的径向圆跳动量。

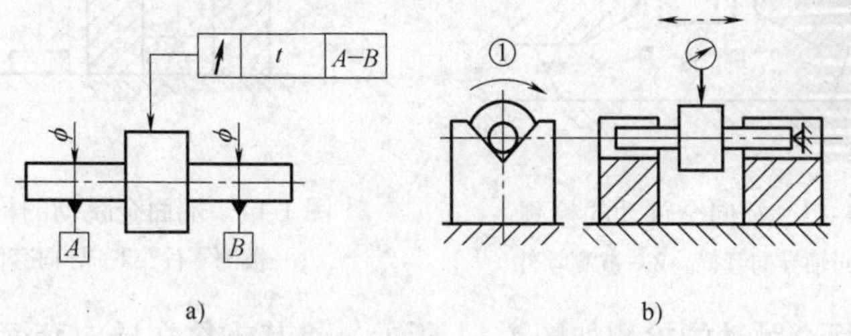

图 1-11　径向圆跳动的检测

端面圆跳动的检测如图 1-12 所示，零件支撑在 V 形架上，并经轴向定位。测量时，工件绕基准轴线作无轴向移动的回转，测头与被测端面接触，指示表在工件一转中读数的最大差值为该测量圆柱面上的端面圆跳动量。一般测量若干不同直径位置的跳动，取其中最大值作为该工件的端面圆跳动量。

（2）全跳动的检测　径向全跳动的检测如图 1-13 所示，零件装在两个同轴导向套筒内，并作轴向固定。在被测零件连续回转过程中，指示表沿基准轴线的方向作直线运动，在给定方向上测得的最大与最小读数之差，即为零件的径向全跳动误差。

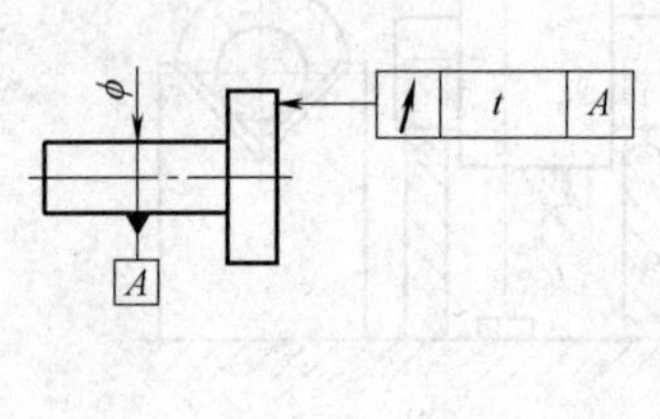

a）

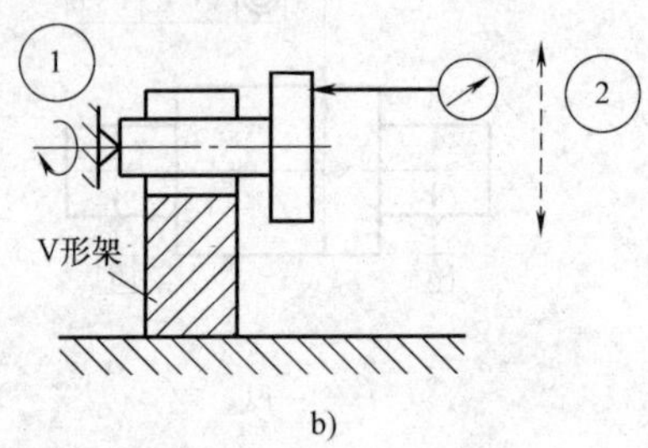

b）

图 1-12　端面圆跳动的检测

a）被测工件　b）测量方法

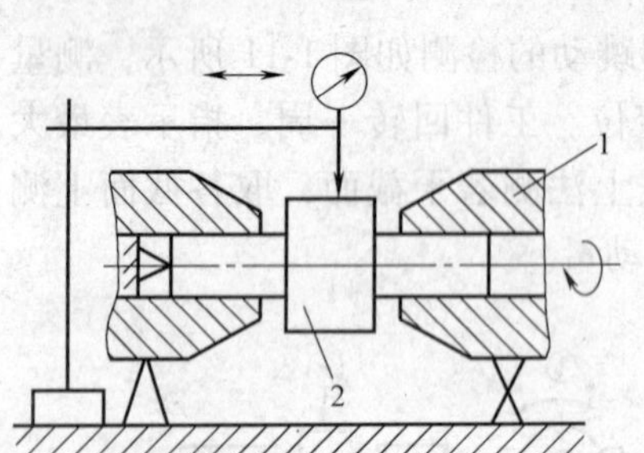

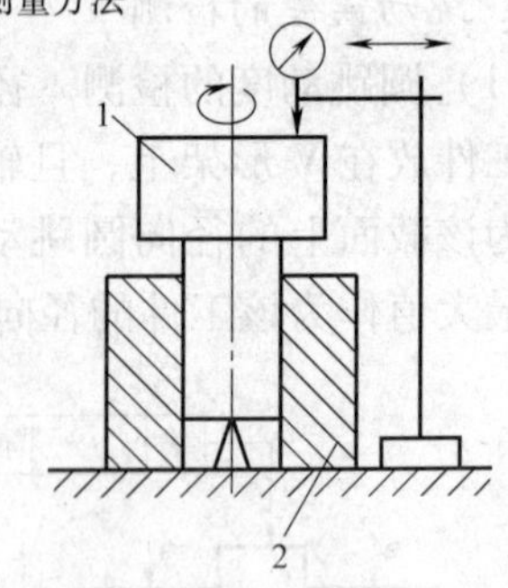

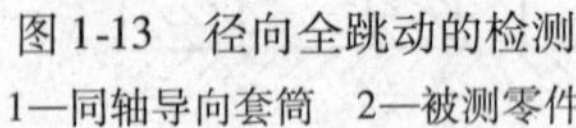

图 1-13　径向全跳动的检测

1—同轴导向套筒　2—被测零件

图 1-14　端面全跳动的检测

1—被测零件　2—导向套筒

端面全跳动的检测如图 1-14 所示，将其支撑在导向套筒内且沿轴向固定，导向套筒与平板垂直。在工件连续回转中，指示表沿其径向作直线移动，在整个测量过程中，指示表读数最大差值为该工件端面的全跳动误差。

四、隐蔽缺陷的检测原理及方法

1. 磁力探伤的基本原理

磁力探伤是利用被磁化零件的磁力线将绕过磁阻较大的裂纹处，而零件的表面会吸附磁粉这一特性进行零件检验的方法。其操作程序为：

1）将洗净的钢铁零件放在外加磁场中磁化（检查零件横向裂纹用“纵向磁化法”，检查零件纵向裂纹用“周向磁化法”）或利用零件磁化后的剩磁在被检表面上喷洒磁粉。

2）观察零件表面，若磁粉在零件某处出现异常聚集，说明此处有裂纹出现。

2. 荧光探伤的基本原理

荧光探伤是利用能在紫外线照射下发光的物体作为检测液体（荧光液）对零件进行检测的方法。其检测程序为：

1）先将待检查零件清洗干净，浸入荧光液中10～15min。

2）取出零件，并用约200kPa压力的冷水将零件表面的荧光液洗净（时间要短），再用压缩空气吹干。

3）将吹干后的零件稍微加热，使渗入零件裂纹中的液体渗出表面，随即用紫外线灯光照射。根据零件表面呈现的绿黄光亮，即可发现裂纹的部位和长度。

荧光液的配制方法是：取0.25L变压器油、0.5L煤油及0.25L汽油混合，再加入0.25g染料混合成黄绿色溶液。

五、汽车零件失效的概念

1. 汽车零件磨损的概念

零件磨损是指由于摩擦使零件原有的尺寸、形状和表面质量发生变化，破坏了原有配合特性的现象。根据造成磨损的条件和特点，磨损可分为磨料磨损、黏着磨损、疲劳磨损和腐蚀磨损四类。

（1）磨料磨损　磨料磨损是在摩擦过程中由于硬质颗粒夹在摩擦面之间，引起零件表面材料的脱落现象。硬质颗粒叫磨料，磨料来源于零件自身剥落以及空气中的尘土和润滑油、机油、燃料中的杂质。因此，预防此种磨损形式最重要的措施为：加工零件具有适宜的粗糙度；空气、燃油、机油和润滑油具有好的质量及滤清状况；零件在装配前的清洗也要认真进行，以防止杂质掺入。

（2）黏着磨损　黏着磨损是指两磨损面相对运动时，由于固体摩擦的结果，使一个零件表面的金属转移到另一个零件表面的现象。黏着磨损严重时，会使摩擦副咬死，所以又叫咬合磨损。它是严重

破坏汽车零件的一种磨损。

（3）疲劳磨损　疲劳磨损是指在接触交变应力作用下，使零件表面产生疲劳，而引起物质剥落的现象。汽车齿轮、凸轮、滚动轴承座圈等零件，经一段时间使用后，在摩擦表面出现麻点或凹坑，这就是表面疲劳引起的损伤。

（4）腐蚀磨损　腐蚀磨损是金属零件在外部介质作用下而引起的损坏。腐蚀的结果使金属的成分和性质发生变化。在摩擦过程中，腐蚀和磨损是同时进行的。腐蚀使材料变质、变脆，摩擦使腐蚀部分很快被磨掉，重新露出金属后，新暴露的金属又被腐蚀。如此不断地反复，使腐蚀速度加快，这种现象叫腐蚀磨损。

2. 汽车零件变形的概念

零件的变形是指在内应力和外应力作用下，零件产生弯曲、扭曲及其他质点位置发生变化的现象。

3. 汽车零件疲劳的概念

疲劳是指零件在交变载荷条件的长时间工作下，使其力学性能发生变化，甚至断裂的现象。

4. 汽车零件蚀损的概念

蚀损是指零件由于腐蚀和气蚀而引起的损伤现象。

复习思考题

1. 金属材料是如何分类的？
2. 汽油的性能、牌号有哪些？如何选用？
3. 轻柴油的牌号及选用原则是什么？
4. 润滑油的性能如何？
5. 冷却液的性能及使用方法是什么？
6. 汽车轴承是如何分类的？
7. 液压控制阀有哪些？
8. 如何识读简单的零件图？
9. 几何公差的项目及符号有哪些？
10. 汽车零件是如何检测分类的？

第二章

发动机及其检修

培训目标 通过本章的学习，掌握发动机结构及修理的专业知识，为工作中能够解决实际问题打下良好的基础。

第一节 曲柄连杆机构的结构与检修

一、曲柄连杆机构的结构

曲柄连杆机构是将燃料燃烧后施加在活塞顶上的膨胀压力转变为推动曲轴旋转的转矩，向外输出动力。曲柄连杆机构一般由机体组、活塞连杆组和曲轴飞轮组三部分组成。

1. 机体组

机体组主要由气缸体、气缸盖、气缸垫和油底壳等部件组成。

（1）气缸体 气缸体是发动机各个机构和系统的装配基体，是发动机中最重要的一个部件。气缸体有水冷式气缸体和风冷式气缸体。

水冷式气缸体一般与上曲轴箱铸成一体。气缸体上部排列出所有气缸，气缸周围的空腔相互连通构成水套。下半部分是用来支撑曲轴的曲轴箱。

气缸体有直列、V 型和水平对置三种型式，在汽车上常用直列式，如图 2-1 所示。

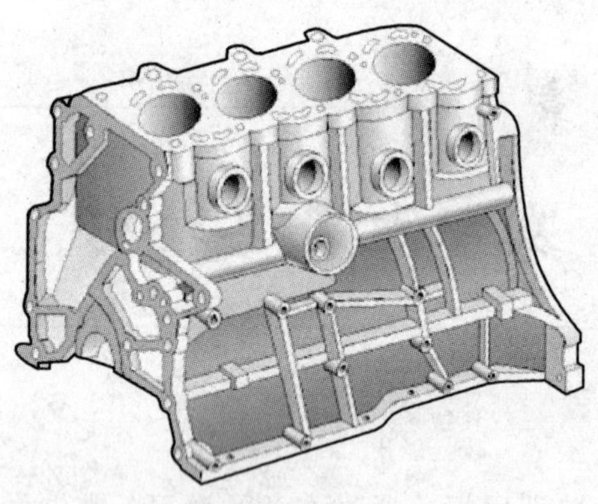

图 2-1　气缸体结构

气缸体下部的结构有一般式、龙门式和隧道式三种型式，如图 2-2 所示。

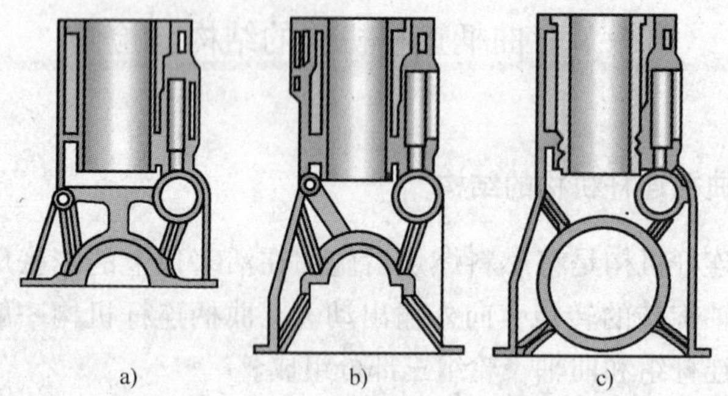

图 2-2　气缸体（曲轴箱）的三种结构型式
a）一般式　b）龙门式　c）隧道式

风冷式气缸体和曲轴箱采用分体式结构，气缸体和曲轴箱分开铸造，然后再装配到一起。气缸体和气缸盖的外表面铸有许多散热片来保证充分散热，如图 2-3 所示。

气缸体的材料一般用灰铸铁，为提高气缸的耐磨性，有时在铸铁中加入少量合金元素如镍、钼、铬、磷等。但是，实际上除了与活塞配合的气缸壁表面外，其他部分对耐磨性要求并不高。考虑材料上的经济性，广泛采用在缸体内镶入气缸套来形成气缸工作表面。

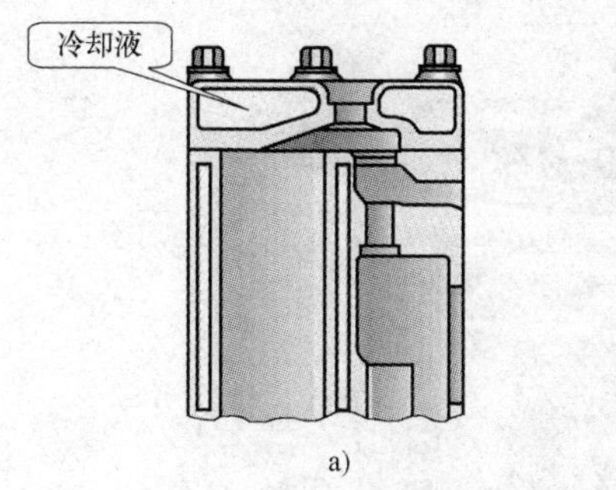

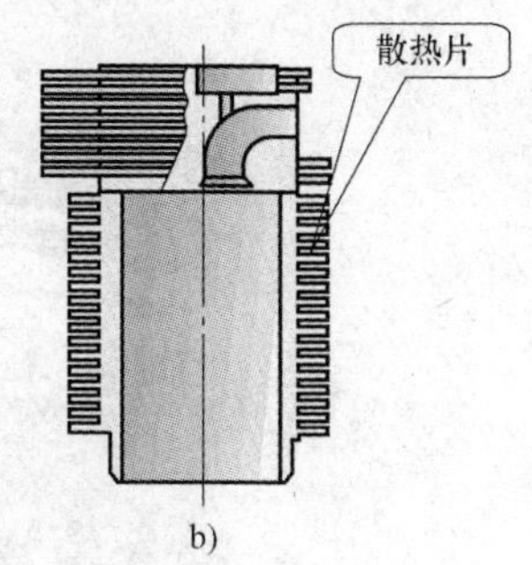

图 2-3　气缸体的冷却方式

a）水冷　b）风冷

这样，缸套可用耐磨性较好的合金铸铁或合金钢制造，以延长气缸的使用寿命，而气缸体可用价格较低的普通铸铁或铝合金等材料制造。

气缸套有干式和湿式两种，结构如图 2-4 所示。

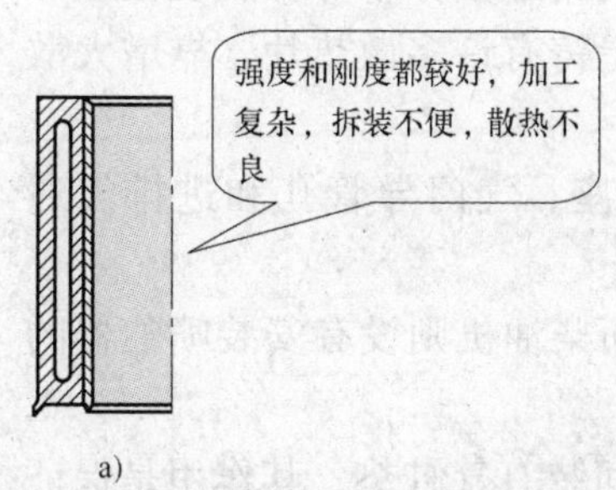

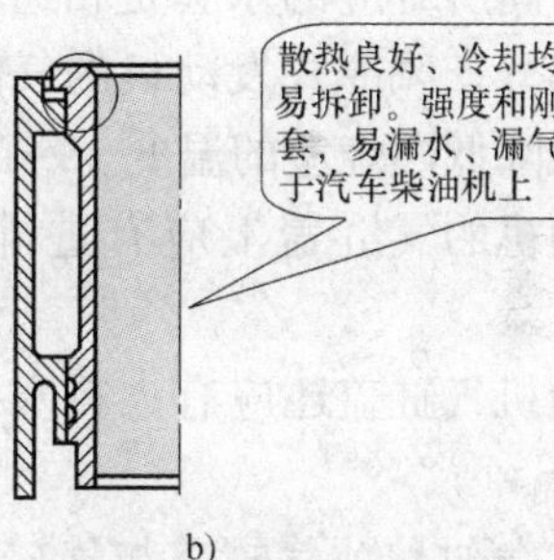

图 2-4　气缸套

a）干式　b）湿式

干式气缸套外表面不直接与冷却液接触，其壁厚一般为 1 ~ 3mm。缸套外表面与其装配的气缸体内表面采用过盈配合。

湿式气缸套外表面直接与冷却水接触，冷却效果好。其壁厚比干式缸套厚，一般为 5 ~ 9mm。

（2）气缸盖　气缸盖的主要作用是封闭气缸上部，与活塞顶部和气缸壁一起构成燃烧室，如图 2-5 所示。

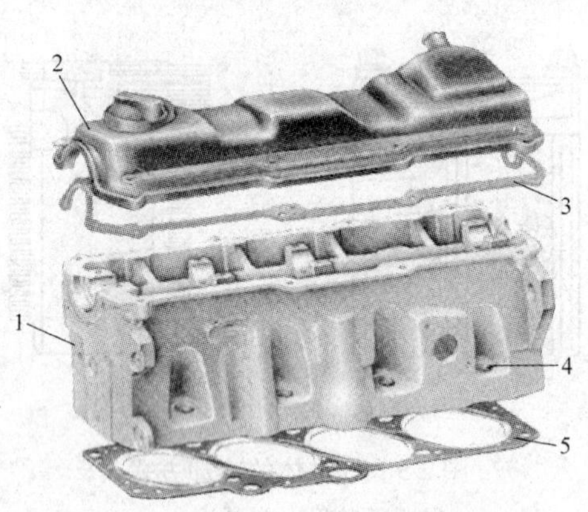

图 2-5　气缸盖

1—气缸盖　2—气缸盖罩　3—衬垫
4—安装火花塞　5—气缸垫

一般水冷式发动机的气缸盖内铸有冷却液套，缸盖下端面与缸体上端面间所对应的水套是相通的，利用水循环来冷却燃烧室壁等的高温部分；风冷式发动机的气缸盖上铸有许多散热片，靠增大散热面积来降低燃烧室的温度。

发动机的气缸盖上应有进排气门座、气门导管孔和进排气通道等。

汽油机气缸盖还应有火花塞孔，而柴油机则设有安装喷油器的座孔。

（3）气缸垫　气缸盖与气缸体之间装有气缸垫，其作用是保证气缸盖与气缸体间的密封，防止燃烧室漏气和水套漏水，如图 2-6 所示。

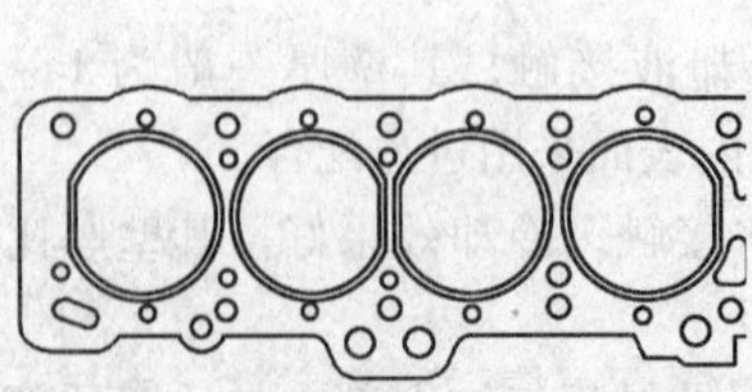

图 2-6　气缸垫

图 2-7　油底壳

（4）油底壳　油底壳的主要作用是贮存机油并封闭曲轴箱。油底壳受力很小，一般采用薄钢板冲压而成，如图 2-7 所示。

2. 活塞连杆组

活塞连杆组由活塞、活塞环、活塞销、连杆等主要机件组成，如图2-8所示。

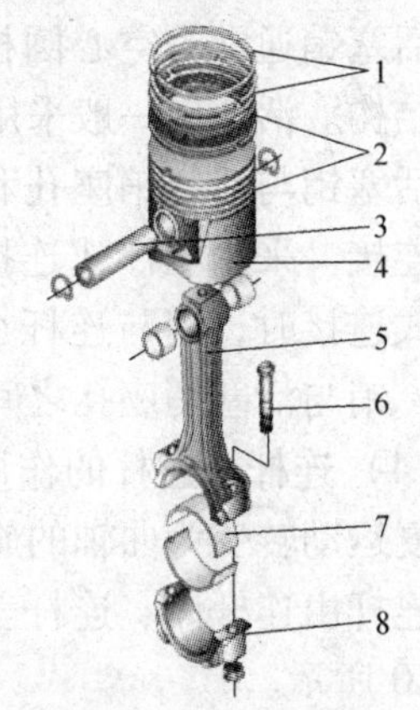

图 2-8　活塞连杆组

1—气环　2—油环　3—活塞销　4—活塞　5—连杆　6—连杆螺栓　7—连杆轴瓦　8—连杆盖

（1）活塞　活塞的作用是与气缸盖、气缸壁等共同组成燃烧室，并承受气缸中的气体压力，通过活塞销将作用力传给连杆，以推动曲轴旋转。

活塞可分为顶部、头部和裙部三部分，如图 2-9 所示。

1）活塞顶部。活塞顶部是燃烧室的组成部分，其形状取决于燃烧室的型式。常见的活塞顶部形状有平顶式、凹顶式和凸顶式。

2）头部。活塞头部主要是以活塞环槽为主，活塞环安装在活塞环槽内。汽油机一般有 2 ~ 3 道环槽，上面 1 ~ 2 道用来安装气环，实现气缸的密封；最下面的一道用来安装油环。在油环槽底面上钻有许多径向回油小孔，当活塞向下运动时，油环把气缸壁上多余的润滑油刮下来经回油孔流回油底壳。

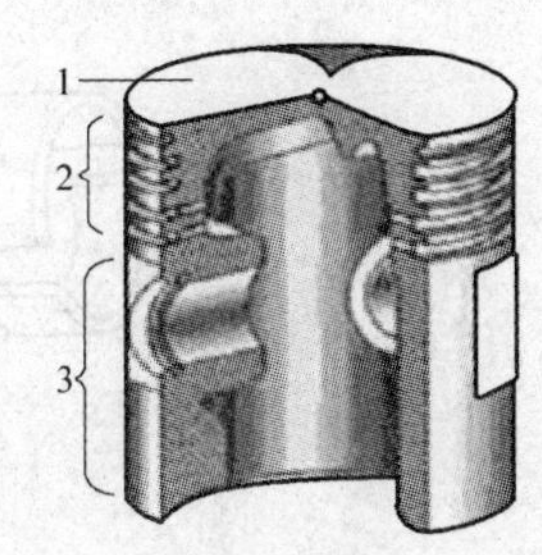

图 2-9　活塞结构图

1—顶部　2—头部　3—裙部

第一道环工作温度过高，且容易产生积炭，易出现过热卡死现象。

3）裙部。裙部起导向作用。

（2）活塞环　活塞环安装在活塞环槽内，用来密封活塞与缸壁之间的间隙，防止窜气，同时使活塞往复运动更顺畅。活塞环分为气环和油环两种。

（3）活塞销　活塞销的作用是连接活塞和连杆小头，并将活塞所受的气体作用力传给连杆。

活塞销通常为空心圆柱体，有时也按等强度要求做成变截面管状体结构。活塞销一般采用低碳钢或低碳合金制造。

活塞销与活塞销座孔和连杆小头衬套孔的连接采用全浮式和半浮式连接。采用全浮式连接时，活塞销可以在孔内自由转动；采用半浮式连接时，销与连杆小头之间为过盈配合，工作中不发生相对转动；销与活塞销座孔之间为间隙配合。

（4）连杆　连杆的作用是将活塞承受的力传给曲轴，并使活塞的往复运动转变为曲轴的旋转运动。

连杆由连杆体、连杆盖、连杆螺栓和连杆轴瓦等零件组成，如图 2-10 所示。

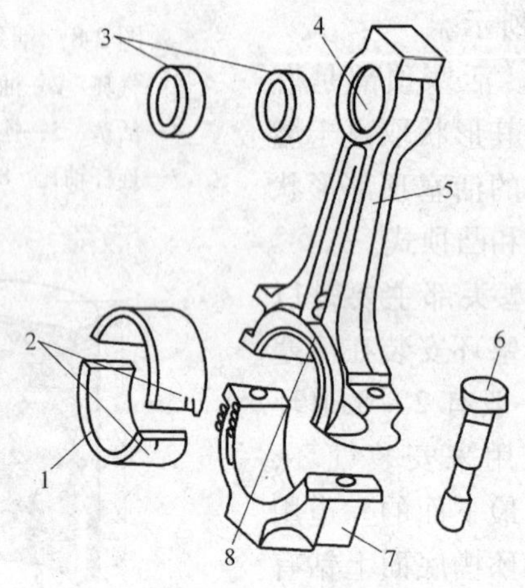

图 2-10　连杆

1—连杆轴瓦　2—止推凸唇　3—减磨衬套　4—连杆小头
5—连杆杆身　6—连杆螺栓　7—连杆盖　8—连杆大头

连杆体可分为连杆小头、连杆杆身和连杆大头。连杆小头用来安装活塞销，以连接活塞。杆身通常做成“工”或“H”形断面，以求在满足强度和刚度要求的前提下减少质量。

连杆大头与曲轴的连杆轴颈相连。一般做成分开式，与杆身切开的一半称为连杆盖，两者靠连杆螺栓联接为一体。

连杆轴瓦安装在连杆大头孔座中，与曲轴上的连杆轴颈装配在一起，是发动机中最重要的配合副之一。常用的减磨合金主要有白合金、铜铅合金和铝基合金。

3. 曲轴飞轮组

曲轴飞轮组主要由曲轴和飞轮以及其他不同作用的零件和附件组成，如图 2-11 所示。

曲轴是发动机最重要的机件之一。其作用是将活塞连杆组传来的气体作用力转变成曲轴的旋转力矩对外输出，并驱动发动机的配气机构及其他辅助装置工作。

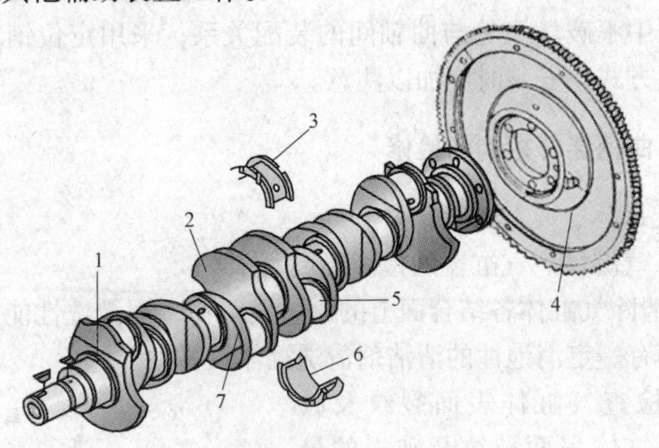

图 2-11 曲轴飞轮组

1—曲轴主轴颈 2—平衡重 3—上轴瓦
4—飞轮 5—曲柄臂 6—下轴瓦 7—曲柄

曲轴前端主要用来驱动配气机构、水泵和风扇等附属机构，前端轴上安装有正时齿轮（或齿形带轮）、风扇与水泵的带轮、扭转减振器以及起动爪等。

曲轴后端采用凸缘结构，用以安装飞轮。

曲轴主轴颈和曲柄臂是发动机中最关键的滑动配合副，一般均进行表面淬火，轴颈过渡圆角处还须进行滚压强化等工艺，以提高其抗疲劳强度。

曲轴的轴向定位一般采用止推片或翻边轴瓦，定位装置装在前

端第一道主轴承处或中部某轴承处。

曲轴一般选用强度高、冲击韧度高和耐磨性能好的优质中碳结构钢、优质中碳合金钢或高强度球墨铸铁来锻造或铸造。

曲轴在装配前必须经过动平衡校验，对不平衡的曲轴，常在其偏重的一侧配平衡重或在曲柄上钻去一部分质量，以达到平衡的要求。

飞轮是一个转动惯量很大的圆盘，外缘上压有一个齿圈，与起动机的驱动齿轮啮合，供起动发动机时使用。

飞轮上通常还刻有第一缸点火正时记号，以便校准点火时刻。

多缸发动机的飞轮应与曲轴一起进行动平衡试验。为了保证在装卸过程中不破坏飞轮与曲轴间的装配关系，采用定位销或不对称螺栓布置方式，安装时应加以注意。

二、曲柄连杆机构的检修

1. 气缸体、气缸盖的检修

（1）气缸体、气缸盖的检修要点

1）清除气缸体各结合面上的衬垫残留物，用漂洗性能好、稳定性高且具有一定消泡性的清洁剂清洗缸体及零件。

2）检查气缸体表面裂纹及破损。检测缸体表面裂纹及破损的最常用方法是水压试验法，检测时水压试验压力对未修补过的缸体、缸盖为300～400kPa，对已修补过的则为400～500kPa，应保证3min内不得有渗漏。

3）检测缸体与缸盖结合面的平面度。

4）测量各气缸磨损情况（见图2-12）。在测量气缸磨损情况时，要分析磨损性质。若沿活塞行程磨成倒锥形，属于正常磨损，其他则属

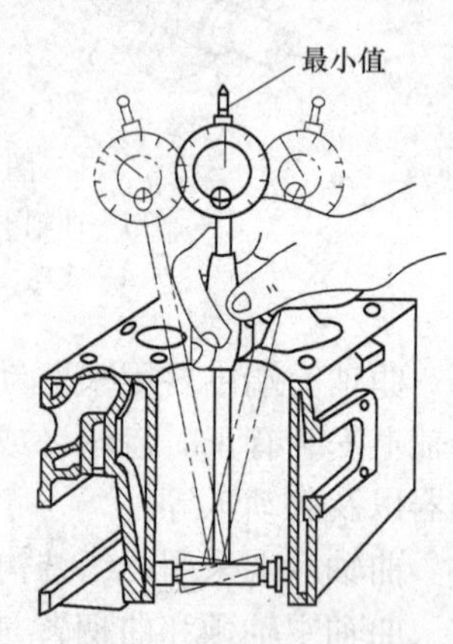

图2-12　测量气缸磨损

于非正常磨损。

气缸测量的内容主要包括圆度和圆柱度。

①测量部位　测量时用适当量程的量缸表按图 2-13 所示的部位和要求进行测量。即在气缸上部距气缸上平面 10mm 处、气缸中部和气缸下部距缸套下平面 10mm 处等三点，按 A、B 两个方向分别测量一次。注意不要在发动机修理台架上测量发动机气缸的内径，以防因缸体被夹紧变形而测量不准。

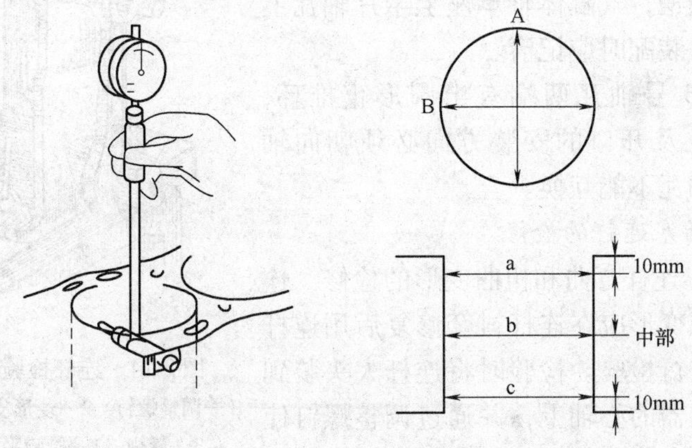

图 2-13　测量部位

②测量方法　测量气缸时，先按气缸标准尺寸将量缸表调整到指针对准刻度 0 处(应使量缸表测杆压缩 1 ~ 2mm 以留出测量余量)，然后测量缸径。将测出的读数加上气缸的公称尺寸即为磨损后的气缸直径。

（2）气缸体裂纹腐蚀的检查方法

1）气缸体裂纹的检修。气缸体裂纹的检修方法是水压试验法。试验时，用专用的盖板封住水道口，用水压机或压缩空气加压（用压缩空气加压时，管路中要加装单向阀，以防止水的倒流），要求在 0. 2 ~ 0. 4MPa 的压力下，保持约 5min，检查缸体外表面及气缸等部位，应无任何渗漏现象。

2）气缸体腐蚀的检修。当腐蚀部位从冷却液孔向四周呈辐射状延伸，最终导致发动机漏水，使发动机无法正常工作。遇到此种情况，一般应更换。但是，也可采用钻孔铆填金属等方法修复。

(3) 装配气缸盖时的注意事项

1）装配时应更换所有的密封件。

2）拧紧主轴承盖紧固螺栓时，不能一次拧紧，应分几次从两端到中间逐步拧紧。

3）3 号轴瓦是推力轴承，轴承盖中半片无油槽，气缸体轴承座上半片轴瓦上有油槽，装配时应记清。

4）3 号轴瓦两端有半圆形止推环，注意定位及开口的安装方向必须朝向轴瓦，且轴瓦不能互换。

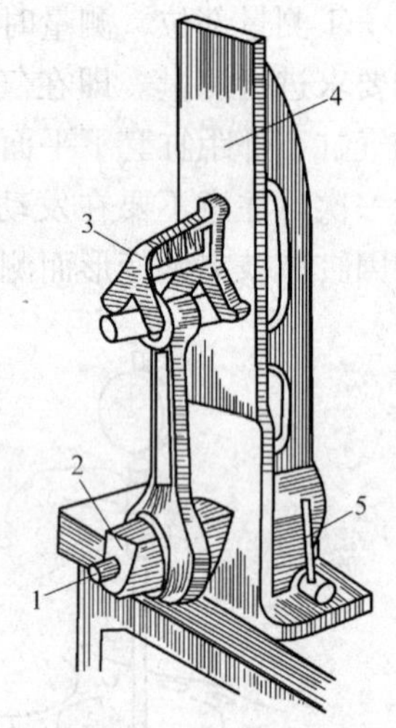

图 2-14　连杆检验器
1—调整螺钉　2—菱形支撑轴
3—量规　4—检验平板
5—锁紧支撑轴扳杆

2. 活塞连杆的检修

(1) 连杆弯曲和扭曲变形的检修　连杆的弯扭变形应在连杆衬套修复后用连杆检验器进行检验。检验时将连杆大头装到连杆检验器的心轴上，并通过调整螺钉使定心张开，将连杆固定在检验器上。然后将菱形支撑轴 2 下移，使其下平面靠在活塞销上，并拧紧菱形支撑轴的固定螺钉，如图 2-14 所示。

此时便可观察或用塞尺检查销子两端与小角铁之间的间隙。两间隙之差反映了弯曲变形的方向和程度，也即是连杆大、小头的孔轴线的平行度误差，应不大于极限值 0.05mm。再将小角铁下移，观察和测量活塞销两端与小角铁侧平面间的间隙，就可检查出连杆扭曲变形的情况。即连杆大、小头中孔的中心线在另一方向的平行度误差，应不大于极限值 0.10mm。

(2) 连杆弯曲和扭曲变形的校正

1）连杆弯曲变形的校正。如图 2-15a 所示，将弯曲的连杆置于压具上，使弯曲的部位朝上，并对正丝杠部位放好垫块。施加压力，使连杆向已弯的反方向发生变形，并使连杆变形量达到已弯曲部位变形量的数倍以上。停止一定时间，等金属组织稳定后，再去掉外

载荷。重新复查校正情况，确定是否需要再校正。

2）连杆扭曲变形的校正。将连杆大端盖装好，套在检验器的心轴上，然后用扳钳进行校正，直到合格为止，如图2-15b所示。

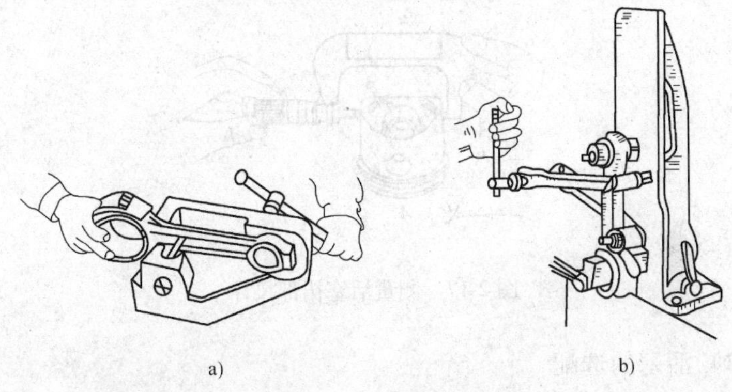

图2-15 连杆弯曲和扭曲变形校正

a）连杆弯曲校正 b）连杆扭曲校正

为防止弹性失效，校正量较小时，校正施力过程应保持一段时间；校正量较大时，可用喷灯稍许加温。

（3）检测、选配活塞

1）活塞的检测

①清除活塞环槽内的积炭。积炭后会将活塞环嵌在活塞环槽中使其不能转动，可将活塞总成浸泡在煤油中，待其软化后再进行清除和拆卸，如图2-16所示。

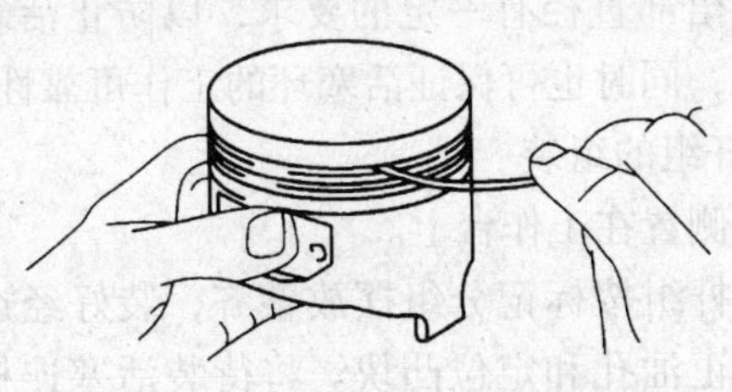

图2-16 清除活塞环槽内的积炭

②检查活塞裙部的磨损。在与活塞销垂直的方向上，用外径千分尺测量活塞裙部直径，如图 2-17 所示。测得的数值与标准尺寸的最大偏差量不得超过 0. 04mm。超过规定值时，在发动机大修时应更换全部活塞。

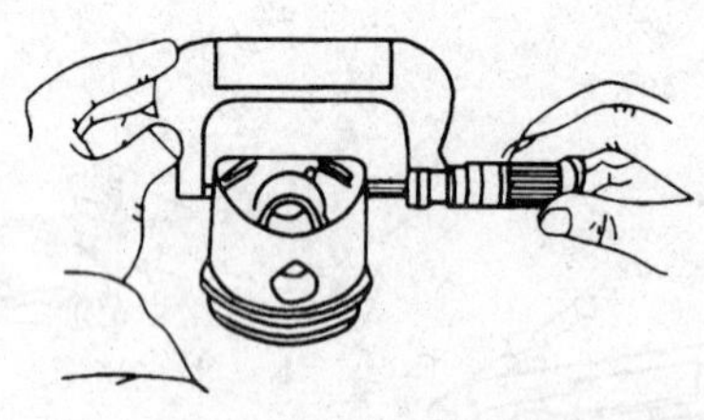

图 2-17　测量活塞裙部尺寸

2）活塞的选配

活塞在选配时应注意以下事项：

①活塞的修理尺寸是指活塞的直径在标准尺寸上加大一个或几个修理级差。加大常用“＋”表示，加大的数值一般刻在活塞顶上。活塞的修理尺寸应与气缸的加大级别一致。在同一台发动机上，应选用同一品牌同一组的活塞，以便使材料、性能、质量、尺寸一致。同一组活塞的直径差不得大于 0. 02 ~ 0. 025mm。

②在同一组活塞中，各活塞的质量应基本一致，其质量差不得超过 3%。活塞的质量超过规定时，可调整活塞的质量。

③活塞裙部的圆度和圆柱度应符合相关的规定。

④由于活塞头部壁厚较厚，且温度明显高于其他部位，因此，对活塞的头部、裙部直径有一定的要求，以防止活塞顶部受热膨胀使头部外径过大，同时也可保证活塞环的工作可靠性。

3）活塞连杆组的组装

①将气缸体侧置在工作台上。

②把活塞连杆组按标记分组摆放整齐，装好经选配合格的连杆轴承，并注意对正油孔和定位凸块。将待装活塞连杆的连杆轴颈摇转至下止点位置，将不装活塞环的活塞连杆从气缸顶部装入气缸。按标记安装连杆轴承盖，并按规定力矩分次拧紧连杆螺栓，同时须

检查连杆轴承的轴向间隙、活塞偏缸、活塞环开口位置，装配活塞连杆组时应检查活塞、连杆的向前标记和连杆上的缸号是否对正。

3. 曲轴的检修

曲轴的裂纹一般出现在应力集中部位，如曲轴主轴颈或连杆轴颈与曲柄臂相连的过渡圆角处。一般表现为横向裂纹，也有在轴颈中的油孔附近出现沿轴向延伸的裂纹。

常用的检查方法有：磁力探伤仪检查、超声波探伤、X 光探伤和浸油敲击法等。

用磁力探伤仪检查时，使磁力线通过被检查的部位，如果轴颈表面有裂纹，在裂纹处磁力线会偏散而形成磁极。将磁性铁粉撒在表面上，铁粉会被磁化并吸附在裂纹处，从而显示出裂纹的位置和大小。浸油敲击法检查是将曲轴置于煤油中浸泡一段时间，取出后擦净并撒上白粉，然后分段用锤子轻轻敲击。如有明显的油迹出现，则表明该处有裂纹。曲轴轴颈表面不允许有横向裂纹。对轴向裂纹，其深度如在曲轴轴颈修理尺寸以内，可通过磨削磨掉，否则应予以报废。

1）测量曲轴主轴颈、连杆轴颈磨损量。测定主轴颈及连杆轴颈的圆度和圆柱度，其目的在于决定是否需要修磨及修磨的修理尺寸，操作步骤为：

①用外径千分尺先在油孔两侧测量，然后旋转 90°再测量，最大直径与最小直径之差的 1/2 即为圆度误差。

②轴颈两端测得的直径之差的 1/2 为圆柱度误差。

③当曲轴主轴颈与连杆轴颈的圆度和圆柱度误差大于 0.025mm 时，应按修理尺寸进行修磨。

2）曲轴主轴颈的修磨。曲轴主轴颈的修磨是在专用曲轴磨床上进行。除了修复轴颈表面尺寸及几何精度（圆度及圆柱度）外，还必须注意修复轴颈的同轴度、平行度，以及曲柄半径和各连杆轴颈间的夹角等相互位置精度。同时还应保证曲轴原轴线位置不变，以保持曲轴原有的平衡性。

3）轴承的选配

①选配轴承前，应先检查轴承孔是否符合标准。要求轴承孔的

圆柱度误差应不大于0.025mm。当轴承孔的圆柱度超过标准时，可在轴承盖两端面堆焊加工。

②选择轴承时要根据曲轴轴颈磨修后的实际尺寸级别和采用的加工方法，选用同一修理尺寸级别的轴承。

③轴承在自由状态下并非正圆，要求轴承的曲率半径大于轴承孔的半径，这样轴承装入座孔后，可借轴承自身的弹性与轴承座及轴承盖密合，以保证合适的过盈量。为防止轴承在座孔内产生轴向位移，要求定位凸点完整。轴承两端应高出轴承座及盖的结合平面0.03~0.06mm。检验时，将轴承及轴承盖装好，适度旋紧螺栓至轴承外圆与使其底座密合为止，在轴承盖结合处，插入塞尺，测量轴承盖与气缸体座孔两端接触面的间隙。当插入0.10mm塞尺感觉合适，而0.15mm塞尺不能插入时为合格。

第二节　配气机构的结构与检修

配气机构的功用是按照发动机各气缸内工作循环和工作次序的要求，定时开启和关闭各气缸的进、排气门，使新鲜可燃混合气（汽油机）或空气（柴油机）得以及时进入气缸，废气得以及时从气缸排出。

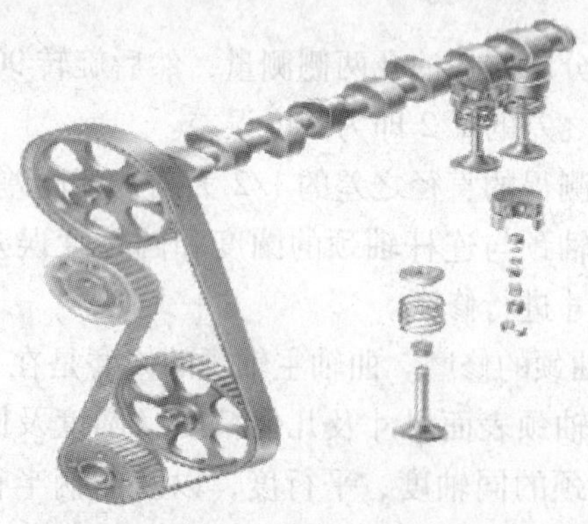

图2-18　凸轮轴上置式正时带传动布置形式

配气机构的布置形式按凸轮轴的位置可以分为：凸轮轴下置式、凸轮轴中置式和凸轮轴顶（上）置式；按传动方式可以分为：齿轮传动、

链传动和正时带(也叫同步带)传动。其中气门顶置、凸轮轴上置式配气机构在现代汽车发动机上应用日益广泛(见图 2-18),传动方式一般为正时带传动或链传动。

一、配气机构的结构

1. 配气机构的组成

配气机构由气门组和气门传动组组成。气门组包括:气门、气门座、气门导管、气门弹簧、弹簧座及锁片等零件,如图 2-19 所示;气门传动组包括:凸轮轴及正时带轮、挺柱等,如图 2-20 所示。

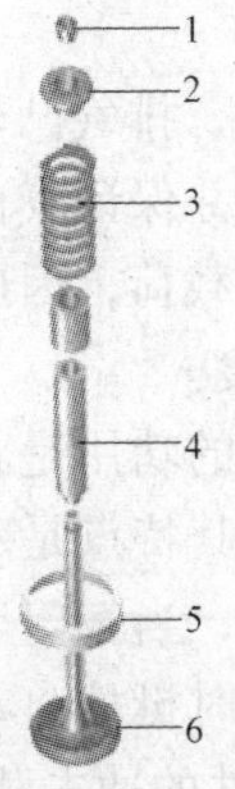

图 2-19　气门组

1—锁片　2—弹簧座　3—气门弹簧　4—气门导管　5—气门座圈　6—气门

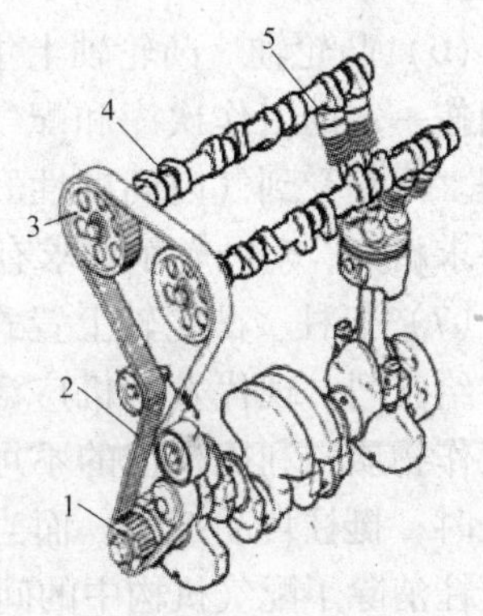

图 2-20　气门传动组

1—曲轴正时带轮　2—齿形带　3—凸轮轴正时带轮　4—凸轮轴　5—液力挺柱

(1) 气门　由头部和杆部组成，头部用来封闭气缸的进、排气通道，杆部则主要承担气门的运动导向。气门头部与气门座接触的工作面是与杆身同心的锥面，该密封锥面与气门顶平面的夹角为气门锥角，一般进气门锥角采用30°，排气门锥角采用45°。

(2) 气门座　可在气缸盖上直接镗出，它与气门头部共同对气缸起密封作用，并接受气门传来的热量。因气门座在高温条件下工作，磨损严重，故有不少发动机的气门座用较好的材料（合金铸铁、奥氏体钢等）单独制作，然后镶嵌到气缸盖上。为保证良好密合，装配前应将气门头与气门座两者的密封锥面互相研磨。研磨好的零

件不能互换。

（3）气门导管　其功用主要是起导向作用，保证气门作直线往复运动，使气门与气门座能正确贴合。此外，气门导管还在气门杆与气缸盖之间起导热作用。

（4）气门弹簧　其功用是克服在气门关闭过程中气门及传动件的惯性，防止各传动件之间因惯性作用而产生间隙，保证气门及时回位并紧密贴合，防止气门在发动机振动时发生跳动，破坏其密封性。

（5）锁片　在气门杆的端部切出环槽来安装锥形锁片以固定弹簧座。

（6）凸轮轴　凸轮轴上主要配置有各缸进、排气凸轮，用于使气门按一定的工作次序和配气相位及时开闭，并保证气门有足够的升程。凸轮受到气门间歇性开启的周期性冲击载荷，因此对凸轮表面要求耐磨，对凸轮轴要求有足够的韧性和刚度。

（7）挺柱　凸轮轴上置式配气机构中挺柱的功用是将凸轮的推力传给气门。现代发动机广泛采用液力挺柱，其特点是利用机油作为工作物质，利用机油的不可压缩性传递动力，当气门等部件受热伸长时，挺柱自动缩短。而当气门等部件冷缩时挺柱自动伸长。液力挺柱消除了配气机构中的间隙，减小了各零件的冲击载荷和噪声，同时使凸轮轮廓可设计得较陡一些，使气门开启和关闭得更快，以减小进、排气阻力，改善了发动机的换气质量，提高了发动机的性能，特别是高速性能。

2. 配气机构的工作原理

发动机工作时，曲轴通过正时带轮及齿形带驱动凸轮轴旋转，当凸轮轴转到凸轮的凸起部分时，顶下挺柱，挺柱压缩气门弹簧，使气门离座，即气门开启。当凸轮凸起部分滑过挺柱后，气门便在气门弹簧力作用下上升而回位，即气门关闭。

3. 配气相位

配气相位就是用曲轴转角表示的进、排气门的实际开闭时刻和开启的持续时间。用曲轴转角的环形图来表示配气相位，这种图形称为配气相位图，如图 2-21 所示。

为了使发动机进气充分，排气彻底，进气门应在活塞上止点前开启而在下止点后关闭；同样，排气门应在下止点前开启而在上止点后关闭。配气相位角包括进气提前角、进气迟闭角、排气提前角、排气迟闭角、气门重叠角。使用中由于配气机构零部件的磨损、变形或安装、调整不当，都会使配气相位产生变化，应定期进行检查调整。

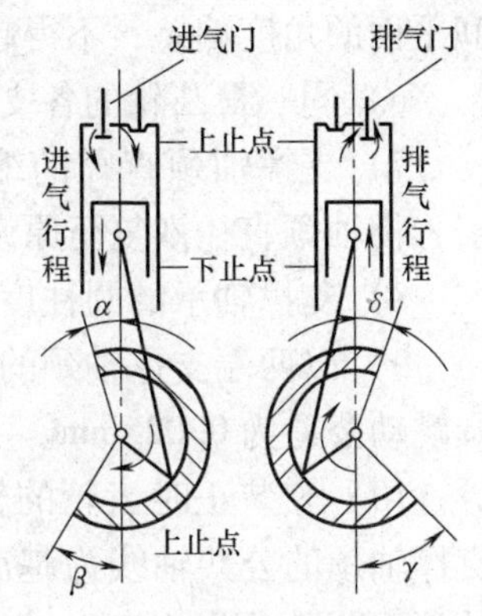

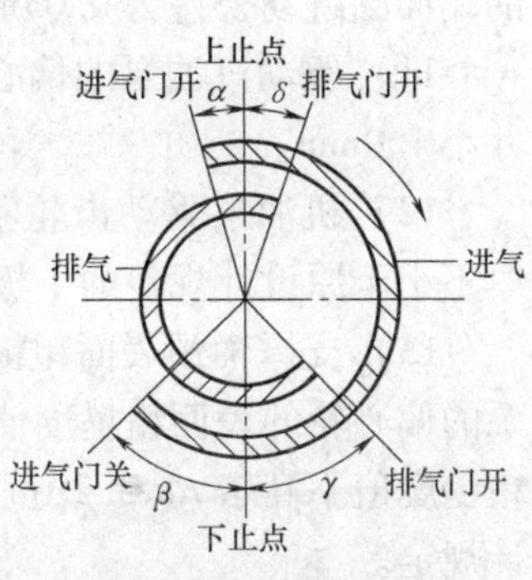

图 2-21　配气相位图

传统的发动机按最常用工况设计配气相位，配气相位一旦安装好以后，配气相位角及气门升程便无法改变，而理想的配气相位应随发动机的转速、载荷等因素而改变，使发动机在高速时能提供较大的功率，在低速时能产生较大的转矩。为此，有些现代轿车的发动机采用可变气门控制系统。

二、配气机构的检修

1. 发动机凸轮轴修理的技术条件

1）凸轮表面累积磨损量（包括修理加工磨削量）不超过 0. 8mm 时，允许用直接修磨的方法恢复凸轮；超过 0. 8mm 需要修理时，可在凸轮的局部或全部表面敷以补偿修复层。

2）凸轮轮廓的升程曲线应符合原设计规定，但个别区段内的升高量允许有不大于 0. 02mm 的超差。

3）以两端支撑轴颈的公共轴线为基准，凸轮基圆的径向圆跳动公差为 0. 05mm。

4）凸轮斜角应符合原设计规定。

5）通过凸轮升程最高点和轴线的平面，相对于正时齿轮键槽中

间平面的角度偏差，不得超过 ±45′。

6）同一根凸轮的各支撑轴颈的直径应修磨为同一级修理尺寸。

7）支撑轴颈直径的缩小量超过使用限度时，可敷以补偿修复层，使轴颈直径恢复至原设计尺寸或修理尺寸。

8）支撑轴承的圆柱度公差为 0.005mm。

9）以两端支撑轴颈的公共轴线为基准，中间各支撑轴颈的径向圆跳动公差为 0.025mm。

10）安装正时齿轮的轴颈，其尺寸应符合原设计规定。以两端支撑轴颈的公共轴线为基准，其轴颈的径向圆跳动和轴向止推端面的端面圆跳动公差为 0.03mm。

11）驱动汽油泵的偏心轮直径，允许比原设计规定的下极限尺寸小 1.0mm。

12）机油泵驱动齿轮不得缺损，轮齿工作表面不得有剥落，齿厚不小于原设计规定的下极限尺寸的 0.50mm。

13）支撑轴颈表面粗糙度值不高于 *Ra* 0.8μm，凸轮和驱动机油泵的偏心轮的表面粗糙度值不高于 *Ra* 1.6μm，轴向止推端面的表面粗糙度值不高于 *Ra* 3.2μm，其他加工面的表面粗糙度值应符合原设计规定。

14）凸轮轴的凸轮和支撑轴颈部位的补偿修复层的性能应满足使用要求。

15）凸轮轴应进行探伤检查，除凸轮表面堆焊层可以有不连续成片的鱼鳞状裂纹外，不得有其他裂纹。

16）凸轮轴的所有表面不得有毛刺、氧化皮、熔渣、气孔、渣眼、油垢和脱壳等缺陷。螺纹损伤不得超过两牙。

2. 拆卸正时带轮时的注意事项

1）正时带轮拆卸后若再使用时，为保证按原方向组装，应在正时带背面标上转动方向。

2）把张紧轮弹簧的安装螺栓拧回三圈。

3）用钳子夹住张紧轮一侧的张紧轮弹簧的端部，从张紧轮支架钩上卸下弹簧。

4）松开张紧轮安装螺栓，并卸下正时带。

5）拆卸凸轮轴正时带轮的螺栓时，应先利用专用工具固定凸轮轴正时带轮，然后再拆下凸轮轴正时带轮的螺栓。

3. 配气机构装配与调整的注意事项

1）装配前必须对各机件进行清洗、检验。

2）各零件必须按原位装入，不得装错。

3）安装凸轮轴时，第一气缸凸轮必须朝上。凸轮轴转动时，活塞不可置于上止点，以防损坏气门及活塞顶部。

4）装凸轮轴油封及气门杆油封时，在油封外周及唇边涂油，并用专用工具安装到合适位置。

5）各紧固件必须按规定的顺序和拧紧力矩进行拧紧。

第三节 燃油系的结构与检修

汽油发动机燃料供给系分为化油器式和电子喷射式。汽油机化油器式燃料供给系由油箱、油泵、滤清器、油管、化油器、进排气歧管、消声器等组成。目前，化油器已经被淘汰。

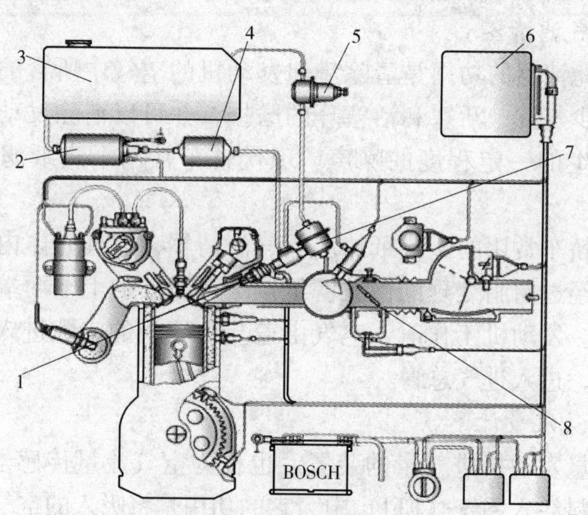

图 2-22 电子喷射式燃料供给系

1—喷油器 2—汽油泵 3—油箱 4—滤清器 5—压力调节器 6—电控单元 7—油压调节器 8—节气门

电子喷射式燃料供给系由两部分组成，一部分是空气供给系统，另一部分是燃油供给系统，如图 2-22 所示。

一、空气供给装置

空气供给装置的功用是控制并测量吸入发动机的空气量，提供可燃混合气形成所需的空气。电控汽油喷射系统按对空气量的检测方式不同可分为歧管压力计量式（D 型）和空气流量计量式(L 型)。

空气供给装置主要由空气滤清器、空气计量计（或进气压力传感器)、节气门体、进气管、进气歧管和怠速控制阀等组成。发动机在运行时，空气经空气滤清器过滤，由空气流量计或进气压力传感器计量后，通过节气门体进入进气管，再分配到各进气歧管。在进气歧管内，空气与喷油器喷出的汽油混合后被吸入气缸内燃烧。怠速控制阀可根据发动机电子控制单元（ECU）指令对发动机怠速进行控制。发动机 ECU 利用传感器收集发动机的怠速运行状态、冷却液温度、空调开启使用情况、用电器载荷等信号，经综合比较、分析，最终输出指令使怠速控制阀对发动机的怠速进行控制。

1. 空气滤清器

空气滤清器的功用是清除流向发动机的空气中所含的尘土和砂粒，以减少气缸、活塞和活塞环的磨损，并可以消除发动机吸气行程中所产生的一定程度的噪声。现代轿车常用干式纸滤芯空气滤清器。

现代轿车常用的干式纸滤芯空气滤清器，在其壳体内装有纸滤芯，它由经过树脂处理的微孔滤纸制成，滤芯的上下两端用塑料密封圈密封。发动机工作时，空气由盖与外壳间的空隙进入，经纸质滤芯过滤，进入进气总管。

2. 空气流量计

是测量发动机进气量的装置，也称为空气流量传感器，用于 L 型电子燃料注入系统（EFI）中，它的功用是将吸入的空气量转换为电信号送给发动机的 ECU，是发动机 ECU 确定发动机基本喷油量的重要信号之一。根据测量原理的不同，空气流量计常见的有叶片式、卡门旋涡式和热式等。其中热式空气流量计能测出空气质量流量，

避免了因海拔（压力）引起的误差，并且其响应时间短，测量精度高，现已成为电控汽油喷射系统较流行的空气流量计。

3. 节气门体

汽油机的功率调节采用量调节。驾驶员通过加速踏板控制节气门体上的节气门开度改变发动机的进气量，进行发动机的功率调节。

节气门体上一般安装有节气门、节气门位置传感器和用于控制发动机怠速的怠速空气阀等部件，不同型号的节气门体如图2-23所示。

图2-23　不同型号的节气门体

4. 进、排气管

进气管的功用是将可燃混合气送至发动机的各个气缸；排气管的功用是汇集各气缸燃烧后的废气，经排气管消声器排出。

进、排气管一般用铸铁制成。进气管也有用铝合金铸造的。两者可铸成一体，也可分别铸出，用双头螺柱固定在气缸体上或气缸盖上。为防止漏气，其接合面装有石棉衬垫，进、排气管的各支管分别与进、排气门的通道相连。

排气消声器装在排气管口。其目的是消耗废气流的能量，并平衡气流的压力波动，以消除强烈的排气噪声。

废气在排入大气前，应用净化装置处理，以减少有害成分排放。

陶瓷-蜂窝三元催化器可以将排气中的CO、HC和NO_x分别转化为CO_2、H_2O和N_2等无毒气体。因催化器对铅十分敏感，吸入的铅

会降低催化功能，故此时应使用无铅汽油。

在发动机工作过程中，适时、适量地将部分废气再次引入气缸内，废气可将燃烧产生的部分热量吸收，降低气缸燃烧的最高温度，从而可抑制 NO_X 化合物的生成量。EGR 阀即废气再循环控制阀安装在进气歧管和排气歧管之间的特殊通道中，控制 EGR 阀真空气室中的真空度，即可控制阀门与阀座之间的开度，从而控制再循环废气量。

二、燃油供给系统

燃油供给系统（见图 2-24）主要由电动燃油泵、汽油滤清器、喷油器、燃油压力调节器和燃油管路等组成。

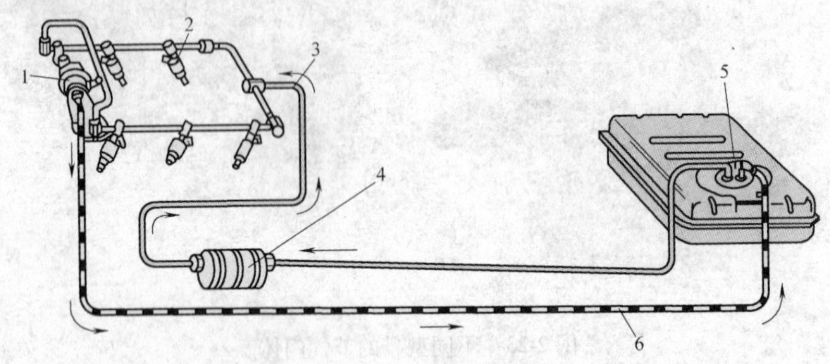

图 2-24　燃油供给系统

1—燃油压力调节器　2—喷油器　3—输油管路

4—汽油滤清器　5—燃油泵　6—回油管

1. 电动燃油泵

电动燃油泵的作用是供给各喷油器及冷起动喷油器所需要的燃油。主要由油泵电动机、滚柱泵、单向阀、卸压阀、外壳、泵盖及滤网等组成。分为滚柱式燃油泵和齿轮式燃油泵。

（1）滚柱式燃油泵　滚柱式燃油泵主要由直流电动机、滚柱式油泵、溢流阀和单向阀组成，如图 2-25 所示。

滚柱式燃油泵的工作原理如图 2-26 所示。由转子、滚柱和泵体围成的腔室随转子转动使容积大小发生变化，在容积由小变大一侧燃油被吸入，在容积由大变小一侧燃油被压出。起动时，只要起动

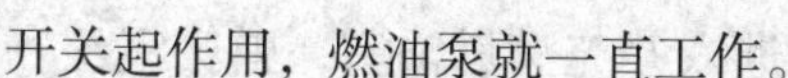

开关起作用，燃油泵就一直工作。

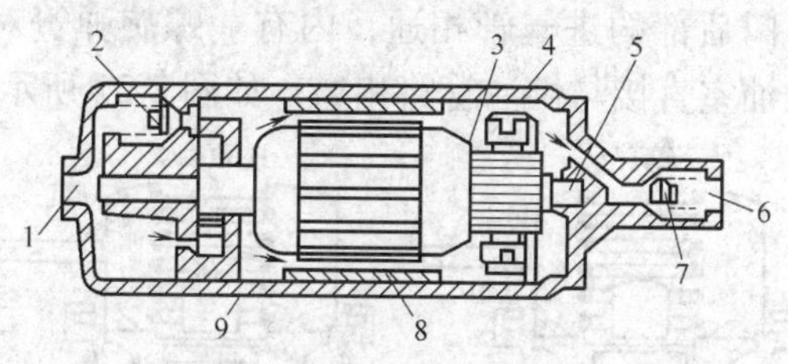

图 2-25 滚柱式燃油泵

1—进油口 2—溢流阀 3—电枢 4—泵壳

5—电枢轴 6—出油口 7—单向阀 8—永久磁铁 9—泵体

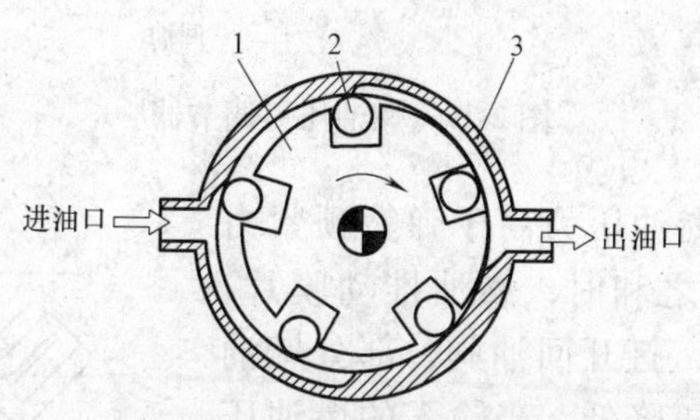

图 2-26 电动燃油泵工作原理

1—盘形转子 2—滚柱 3—泵体

（2）齿轮式燃油泵　齿轮式燃油泵主要由直流电动机、主动齿轮、从动齿轮和辅助装置组成。主动齿轮与泵体（包括从动齿轮）偏心安装。另外，辅助装置包括溢流阀、单向阀、进油口和排油口等。

电动机转动时，带动主动齿轮转动，主动齿轮又带动从动齿轮转动。由于主动齿轮与从动齿轮不同心，使主动齿轮的外齿、从动齿轮的内齿和两侧面的泵壳三者之间所包含的容积在进油处周期性变大，在出油口处周期性减小，使燃油从吸入口一侧吸入，从另一侧的排油口处压出。

2. 燃油压力调节器

燃油压力调节器安装在燃油分配管上，是一种膜片控制的溢流调节器。它有一个金属外壳，一个膜片将内部空间分成弹簧室和燃

油室。燃油泵输送的燃油从进油口进入并充满燃油室，弹簧室经一通气管与节气门后部的进气管相通，内有一螺旋弹簧对膜片施加一个作用力。燃油室直接与供油管路相通，如图 2-27 所示。

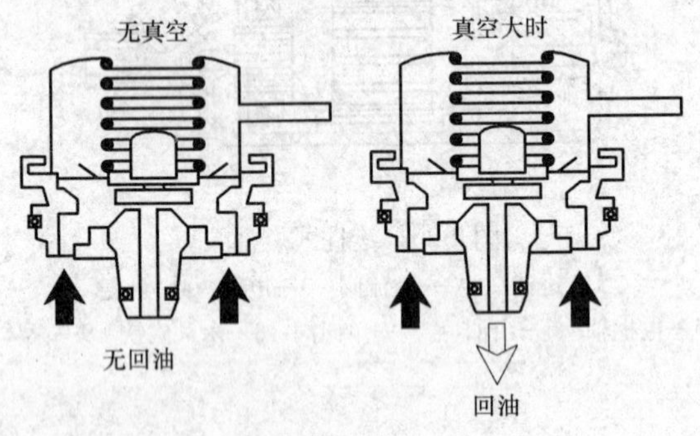

图 2-27　燃油压力调节器

当输入的燃油压力高于弹簧预紧力与进气管压力之和时，燃油推动膜片，向上压缩弹簧，打开回油阀，部分燃油流回油箱，油压降低。当输入的燃油压力低于弹簧预紧力与进气管压力之和时，回油阀关闭，油压升高。

3. 喷油器

喷油器一般分为轴针式喷油器和球阀式喷油器两种类型。

(1) 轴针式喷油器　轴针式喷油器的结构如图 2-28 所示，喷油器主要由喷油器外壳、滤网、电插头、电磁线圈、衔铁、针阀、喷油轴针、上下密封圈组成。当喷油器的电磁线圈无电流通过时，针阀在弹簧的作用下将喷油器的阀口关闭，喷油器不喷油。当电磁线圈通电时，线圈产生磁场，电磁吸力将铁心吸起上移，与铁心一体的针阀同时上移，喷油器的阀口被打开，燃油从精密的环形喷口以雾状喷出。

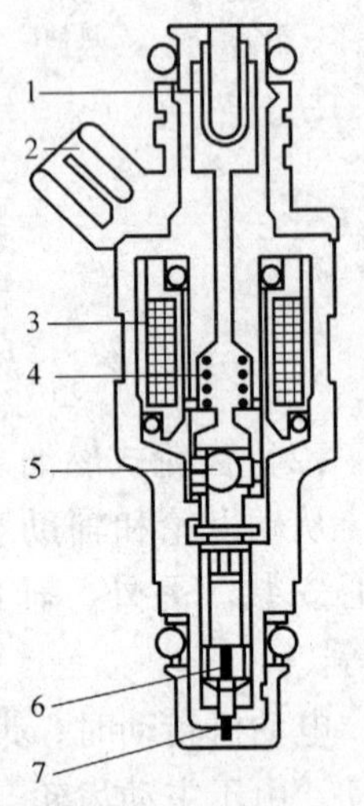

图 2-28　轴针式喷油器

1—滤网　2—电插头
3—电磁线圈　4—回位弹簧
5—衔铁　6—针阀　7—喷油轴针

（2）球阀式喷油器　球阀式喷油器结构如图2-29所示。它与轴针式喷油器的主要区别在于阀针的结构。球阀式的阀针是由钢球、导杆和衔铁用激光束焊接成整体的结构。

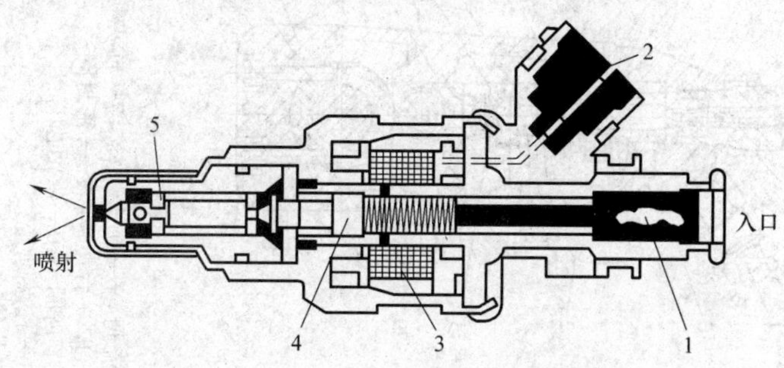

图2-29　球阀式喷油器

1—进油滤网　2—线束连接器　3—电磁线圈　4—衔铁　5—球阀

为了保证燃油密封，轴针式阀针必须有较长的导向杆，而球阀具有自动定心作用，无须较长的导向杆，因此，球阀式的阀针质量小，只有普通轴针式阀针的一半，这是采用短的空心导杆实现的，且具有较高的燃油密封能力，明显优于轴针式针阀。

当喷油脉冲输入电磁线圈时，产生电磁吸力，固定在阀针上的衔铁向上吸起，阀针离开阀座，燃油开始通过计量孔喷出。当喷油脉冲终止时，吸力消失，阀针在弹簧力作用下返回阀座，于是喷油结束。因此，每次喷油量取决于输入电磁线圈的电流脉冲宽度。

三、柴油机柱塞式喷油泵

柱塞式喷油泵一般由分泵、油量调节机构、传动机构和泵体组成。下面以A型喷油泵为例介绍喷油泵各部分的构造与原理，如图2-30所示。

1. 分泵

分泵是带有一副柱塞偶件的泵油机构，喷油泵分泵数目与发动机缸数相等，各分泵的结构和尺寸完全相同。

分泵的主要零件有柱塞偶件、柱塞弹簧、弹簧上下座、出油阀偶件、出油阀弹簧、减容器和出油阀紧帽等。

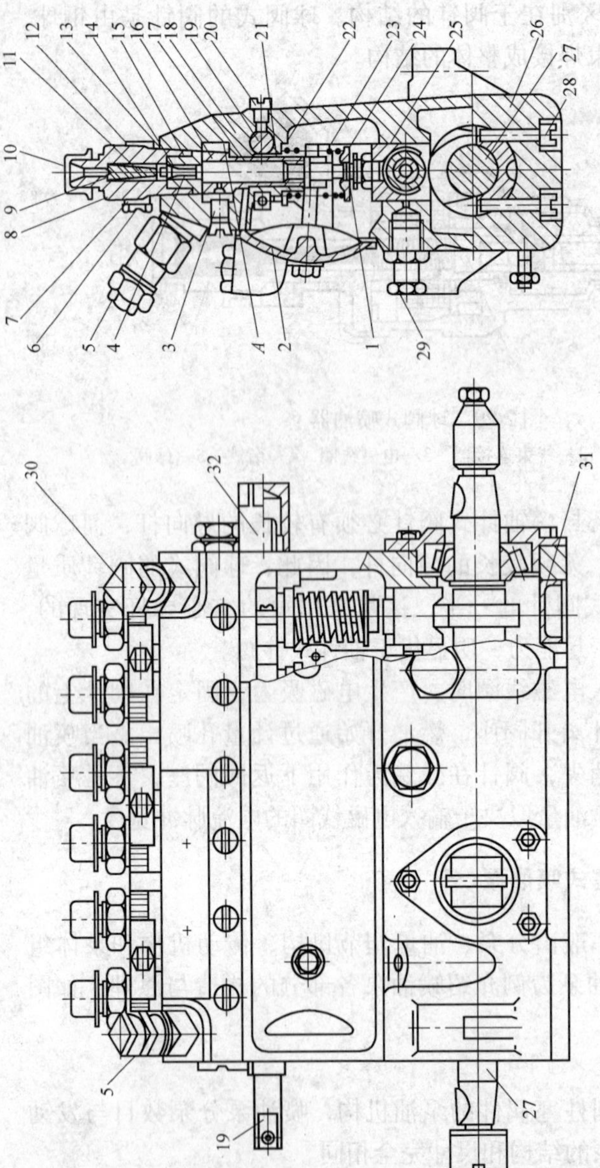

图2-30 A型喷油泵

1—调整螺钉 2—检查窗盖 3—挡油螺钉 4—出油阀 5—溢流阀 6—锁夹螺栓 7—前夹板 8—出油阀压紧座 9—减容器 10—护帽 11—出油阀弹簧 12—后夹板 13—密封圈 14—垫圈 15—出油阀座 16—柱塞套 17—柱塞 18—调节齿圈 19—供油齿杆 20—齿杆限位螺钉 21—控制套筒 22—弹簧上支座 23—柱塞弹簧 24—弹簧下支座 25—滚轮传动部件 26—泵体 27—凸轮轴 28—紧固螺钉 29—润滑油进油空心螺栓 30—柴油进油空心螺栓 31—碗形螺栓 32—油量限制器

柱塞上部的圆柱表面有与轴线成45°夹角的直线斜槽，斜槽底部与柱塞顶面有孔道相通。

柱塞和柱塞套是喷油泵中的精密偶件，用优质合金钢制造，并通过精密加工和选配，严格控制其配合间隙（约为0.0015～0.0025mm），以保证燃油的增压和柱塞偶件的润滑。间隙过大时，易漏油，使油压下降；间隙过小时，则柱塞偶件的润滑困难。为保证油压力不低于规定值，出油阀弹簧在装配后应有一定的预紧力。

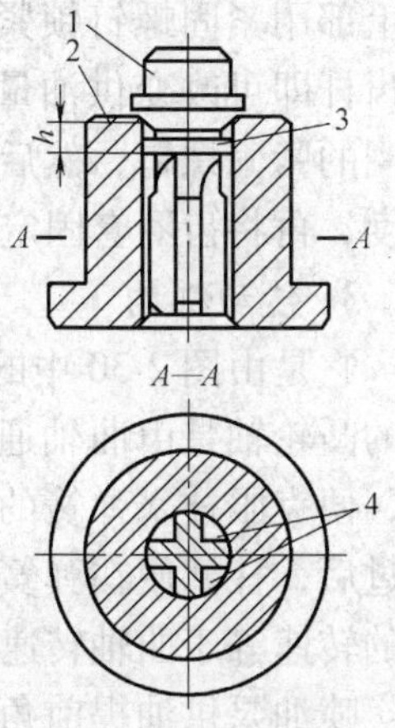

图2-31　出油阀

1—出油阀座　2—出油阀　3—减压环带　4—切槽

出油阀常制成如图2-31所示的结构。出油阀的圆锥面是密封表面，阀的尾部与阀座内孔间为间隙配合，起运动导向作用。出油阀中部的圆柱面称为减压环带，其作用是在喷油泵供油停止后迅速降低高压油管中的燃油压力，使喷油器立即停止喷油。

2. 油量调节机构

油量调节机构的作用是根据柴油机载荷和转速的变化相应改变喷油泵的供油量并保证各缸的供油量一致。

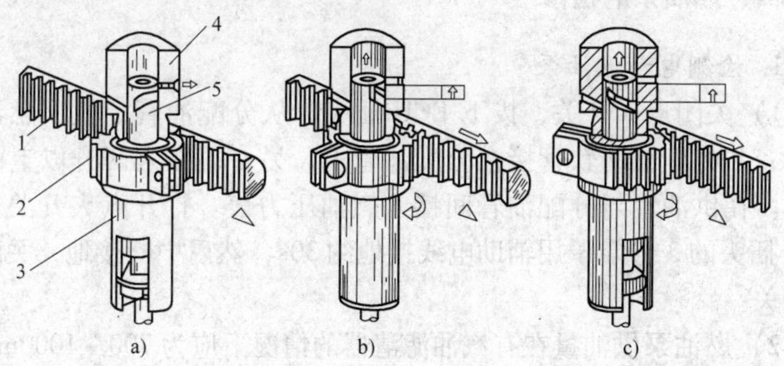

图2-32　油量调节机构

a）不供油　b）部分供油　c）全部供油

1—控制套筒　2—可调齿圈　3—齿杆　4—柱塞套　5—柱塞

A 型喷油泵采用齿杆式油量调节机构，如图 2-32 所示。柱塞下端的条状凸块伸入套筒的缺口内，套筒则套在柱塞套的外面。套筒的上部用紧固螺钉锁紧一个可调齿圈，可调齿圈与齿杆相啮合，移动齿杆即可改变供油量。当需要调整某个缸的油量时，先松开可调齿圈的紧固螺钉，然后转动套筒，并带动柱塞相对于齿圈转动一个角度，再将齿圈套固定。

3. 传动机构

它是由图 2-30 中的凸轮轴 27 和滚轮传动部件 25 组成的。喷油泵的凸轮轴是由曲轴通过齿轮驱动的。当凸轮凸起部分与滚轮接触时，便克服柱塞弹簧的弹力推动柱塞向上运动。当凸轮的凸起部分转过后，柱塞便在弹簧的作用下回位。四冲程柴油机的喷油泵凸轮轴的转速等于曲轴转速的 1/2。

喷油泵供油提前角调整方法两种，一是改变喷油泵凸轮轴与曲轴的相对角位置，它是通过调整万向节或供油提前角自动调节器来实现的；二是改变滚轮传动部件的高度，它是通过转动调整螺钉来实现的。

4. 泵体

A 型泵泵体采用整体式结构，由铝合金铸成。分泵、油量调节机构及传动机构都装在泵体上。

四、燃油系的检修

1. 检测电动燃油泵

1）关闭点火开关，拔下 ECU 插头。从分配油管上撤出燃油回流管，并将一辅助软管接在分配油管上，另一端放入两升以上的量杯中。在供油管与分配油管间接入燃油压力表。打开点火开关。将 ECU 插头的 3 号端子用辅助电线接地约 30s，然后中断接地，关闭点火开关。

2）燃油泵供油量在有汽油滤清器的情况下应为 700 ~ 1000mL。

3）燃油压力表指示应在 0. 28 ~ 0. 30MPa 之间。

4）撤走辅助软管，重新接好回流管，打开点火开关。将 ECU 插头的 3 号端子用辅助电线接地。燃油压力表指示应在 0. 29 ~

0. 31MPa 之间，然后中断接地。

5）关闭点火开关，检查供油系统的密封性。

6）压力调节功能检测。接好 ECU 插头，起动发动机，怠速运行。注意观察燃油压力，急速打开节气门时，压力只应在这一时刻变大。怠速时为 0. 25 MPa，变大时为 0. 28MPa。

7）关闭点火开关。拔下 ECU 插头将电压表接到燃油泵的供油插头上，打开点火开关。将 ECU 插头的 3 号端子用辅助电线接地，运行燃油泵，读出供电电压。再将电压表转接在电池正极和油泵插头正极，读出电压下降值。

8）关闭点火开关，拔下 ECU 插头，用电压表检测端子 18 与端子 2、14、19、24 间的电压，均应接近 12V。

2. 检测、更换油压调节器

1）当系统油压过高时，首先对系统卸压。拆下油压调节器上的回油管，套上准备好的容器，接通点火开关或起动一下，观看油压调节器回油管，如回油少或没有回油，则油压调节器不良，应更换。

2）当系统油压过低时，首先起动发动机并怠速运行，用手压住回油软管，如油压立即上升至 400kPa 以上，则油压调节器不良，应更换。注意不要使系统油压高于 450kPa 以上，否则容易损坏油压调节器。

3）起动发动机并怠速运行，拔去油压调节器上的真空管，油压应上升 50kPa 左右。如不符合，则油压调节器不良，应更换。

4）如油压调节器内的膜片损坏，也应更换油压调节器。

3. 检测、清洁、更换喷油器

（1）喷油器的停机初步检查

1）检查喷油器线圈的电阻，如图 2-33 所示。

断开点火开关，拔下喷油器的插头，用万用表电阻挡测量喷油器线圈的电阻值。喷油器按阻值可分为低阻和高阻两种。

2）检查喷油器电磁阀是否动作。发动机怠速运行时，用手接触喷油器，应有振动感，或用一把旋具搭在喷油器上，将耳朵贴放在旋具另一端应听到清脆的“嗒嗒”声（电磁阀开、关声）。如用手摸无振动感或听不到电磁阀动作声音，则说明该喷油器不工作，但

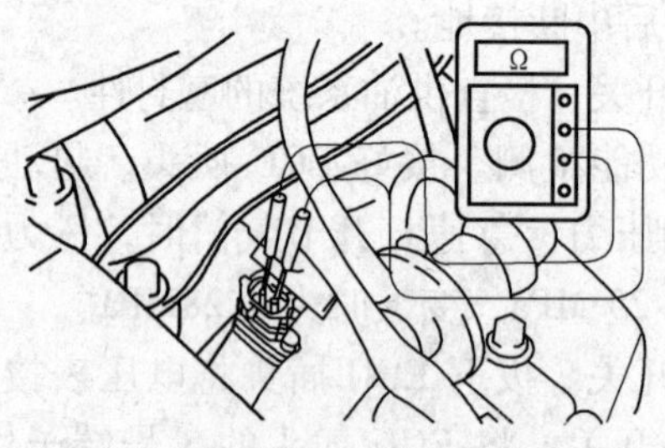

图 2-33　喷油器线圈的电阻检查

如果手摸有振动感或听到电磁动作声音，并不能确定喷油雾化是否良好或是否漏油，还需将喷油器拆下作进一步检查。

（2）检查喷油情况

1）断开点火开关，拆下蓄电池搭铁线。

2）将进油管与分油管拆开，装上软管连接头和检查用的软管，连接头和油管应旋紧。

3）把喷油器、压力调节器和油管用连接头和连接卡夹连接好，如图 2-34 所示。

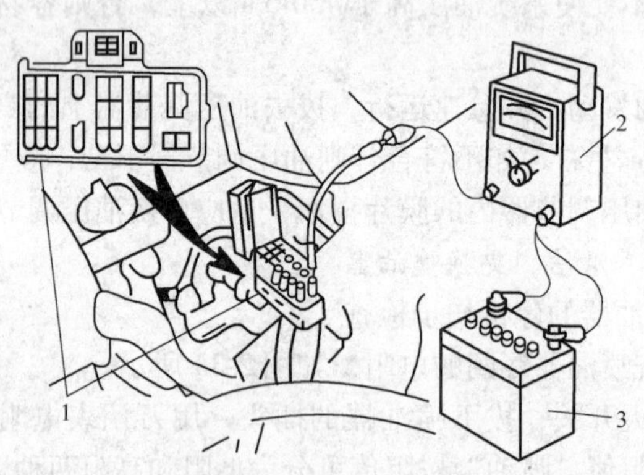

图 2-34　喷油器、压力调节器和油管的连接
1—检查连接器　2—转速表　3—蓄电池

4）在喷油器喷口处套上塑料管，塑料管伸入量筒中。

5）用连接线把连接插头中 + B 与 Fp 端子连接起来，重新装上蓄电池搭铁线。

6）接通电源 15s，检查喷油器喷油雾化情况，并用量筒测出喷油量，如图 2-35 所示。

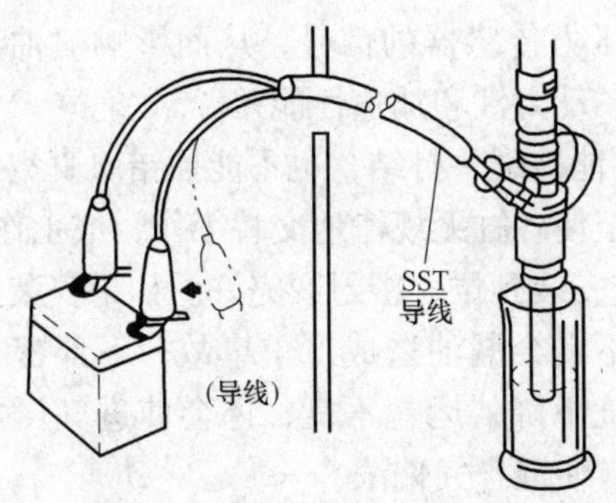

图 2-35　喷油器喷油量的检查

7）每个喷油器测 2 ~ 3 次，标准喷油量为 70 ~ 80mL/15s，各喷油器允许误差 9mL，喷油状况如图 2-36 所示。

8）停止喷油后检查喷油器喷口处有无漏油，每分钟漏油量不允许大于一滴。

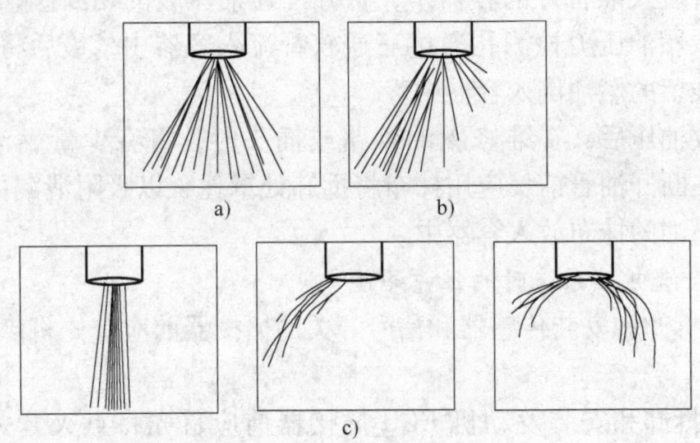

图 2-36　喷油状况

a）良好　b）尚可使用　c）差

4. 检修进气系统时的注意事项

1）发动机量油尺、机油加油口盖必须安装到规定位置，否则会影响发动机运行。

2）进气软管不能有破裂，喉箍要安装紧固。因为漏气会影响空气流量计或进气压力传感器的信号，从而影响喷油量，使发动机怠速不稳，易熄火，动力性和加速性能差。

3）真空管不能破裂、打结，也不能插错。真空管插错会使发动机怠速不稳，甚至使各缸无规律地交替工作，或工作性能不良。

4）喷油器应安装到位，密封圈完好。如果安装不到位或密封圈损坏，上部密封不良会漏油造成严重事故；下部密封不良会造成漏气使发动机真空度下降，运行不良，还会使进气压力传感器信号增加，喷油量增加，使混合气偏浓。

5. 检修燃油系统时的注意事项

拆卸油管前首先应卸压，以防止较高压力的燃油喷洒出来引起火灾。卸压的方法如下：

1）松开油箱上的加油盖，释放油箱中的蒸汽压力。

2）将三通油压表一端的软管连接到燃油压力检测头上。连接燃油压力表时，用抹布罩好燃油压力插头周围，防止燃油溢洒。将另一端软管装入准备好的容器中，打开三通油压表的切断阀，系统中的燃油从燃油压力检测孔通过三通软管流入容器中，最后将燃油压力表中残留的燃油倒入容器中。

释放油压后，在维修燃油管路或插头时，将有少量燃油泄出。所以，在断开油管前，应用抹布将拆卸处罩住，以吸附泄漏的燃油，将吸附燃油的抹布放入容器中。

6. 检修电控系统时的注意事项

1）拆卸和安装传感器和信号开关的插接器前应首先将点火开关关闭。

2）拆卸和安装发动机 ECU 插接器前应首先将点火开关关闭，然后拆下蓄电池负极柱上的极桩线。

3）安装蓄电池时应特别注意不可将正、负极接反。

4）拆蓄电池负极桩线后，发动机 ECU 所有诊断码都会被清除，因此，如有必要，应在拆蓄电池负极线前备份诊断代码。

5）不可用起动电源帮助起动。

6）不可用水冲洗发动机室。

7）检测控制系统中输入信号和发动机控制系统的输出信号时，不可用汽车上的灯泡作试验用灯。

8）万用表有指针型和液晶显示两种，检测控制系统电阻时必须使用内阻 10MΩ 以上的液晶显示万用表。

9）不可用刮火的方法来判断是否有电或是否为相线。

10）晴天拆卸、安装发动机 ECU 时应注意防止静电。

11）车上不宜装功率超过 8W 的无线电台。

12）在车身上使用手工电弧焊时，应先断开蓄电池负极线。

第四节 冷却系的结构与检修

冷却系的作用是将受热零件吸收的部分热量及时散发出去，保证发动机在最适宜的温度状态下工作。

一、冷却系的结构

水冷发动机的冷却系（见图 2-37）通常由散热器、水泵、风扇、储水箱和节温器等组成。

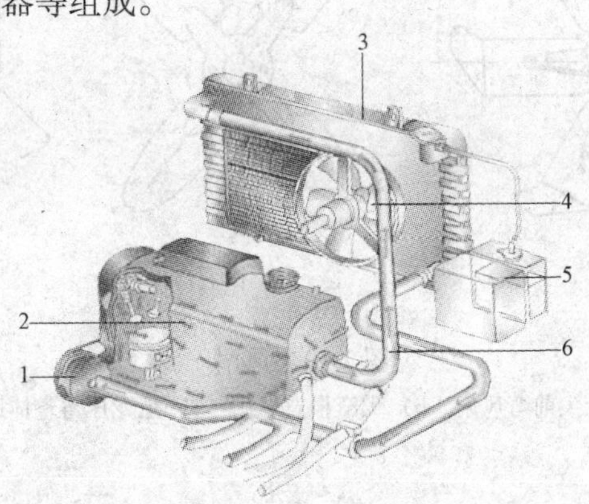

图 2-37 冷却系统的组成

1—水泵 2—冷却水 3—散热器 4—风扇 5—储水箱 6—水管

1. 散热器

散热器又称为水箱，由上水室、散热器芯和下水室等组成，如图 2-38 所示。安装在发动机前的车架横梁上。其作用是将冷却液在水套中所吸收的热量散发到大气中，使水温下降。

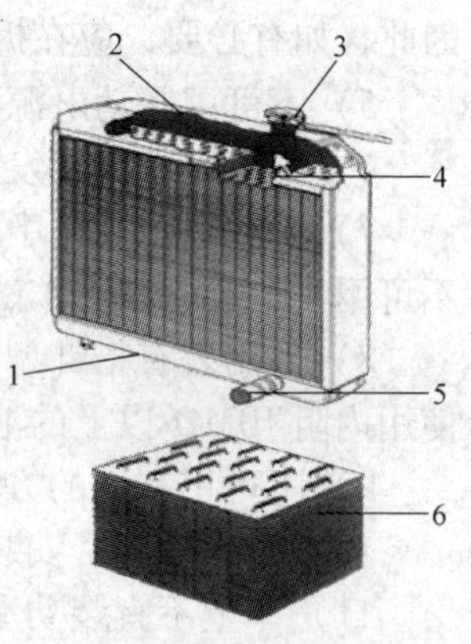

图 2-38 散热器

1—下水箱 2—上水箱

3—散热器盖 4—进水管安装处

5—出水管口 6—散热器芯

2. 水泵

汽车上广泛使用离心式水泵。水泵的结构紧凑、泵水量大，即使因故障而停止工作时，也不妨碍水在冷却系内部自然循环。

3. 风扇

风扇用来提高流经散热器空气的流速和风量，增强散热器的散热能力。

汽车上常使用的风扇为轴流式风扇，风扇叶片有三种形式，如图 2-39 所示。

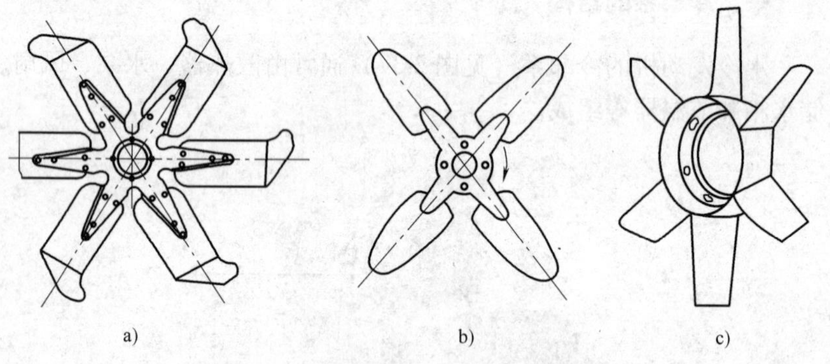

图 2-39 风扇

a）叶尖前弯风扇 b）尖窄根宽风扇 c）尼龙压铸整体风扇

4. 节温器

节温器的作用是根据发动机载荷大小和水温的高低，自动改变水的循环流动路线，从而控制通过散热器冷却液流量的。

目前多数发动机采用蜡式节温器，如图 2-40 所示。

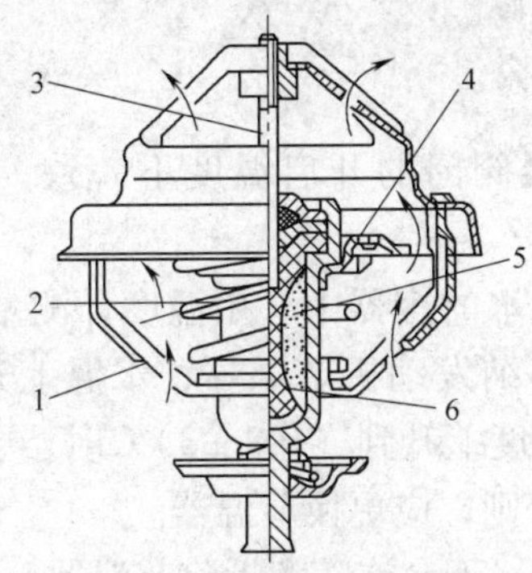

图 2-40　蜡式节温器

1—外壳　2—弹簧　3—推杆

4—主阀门　5—石蜡　6—胶管

二、冷却线路

冷却液在冷却系内的循环流动路线有两条：一条为大循环，另一条为小循环。

所谓大循环是水温较高时，水经过散热器而进行的循环流动；而小循环就是水温较低时，水不经过散热器而进行的循环流动，从而使水温升高。两者具体的冷却线路如图 2-41 所示。

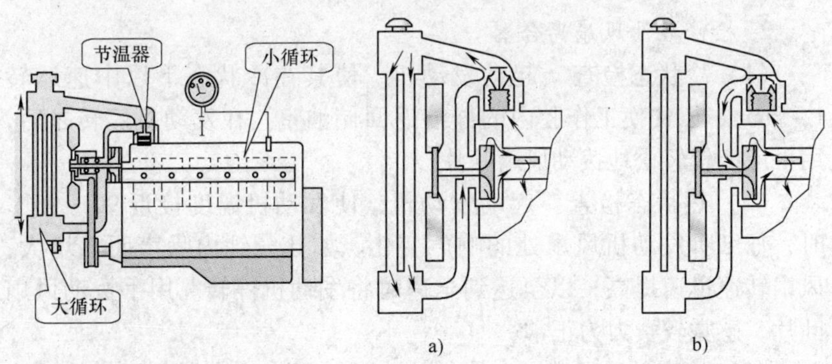

图 2-41　冷却线路

a）大循环　b）小循环

三、冷却系的检修

1. 检修节温器

不同车型节温器阀门的开启温度不一致，检修方法如图 2-42 所示。

将节温器放在盛水的容器中，用温度计测量水温，观察节温器的工作情况。对桑塔纳发动机节温器，水温上升到（87±2）℃时，主阀门开始开启，温度上升到（102±3）℃时，主阀门完全开启，升程应不少于 7mm，否则，应更换节温器。

注意：在使用中，不允许随意拆除节温器。

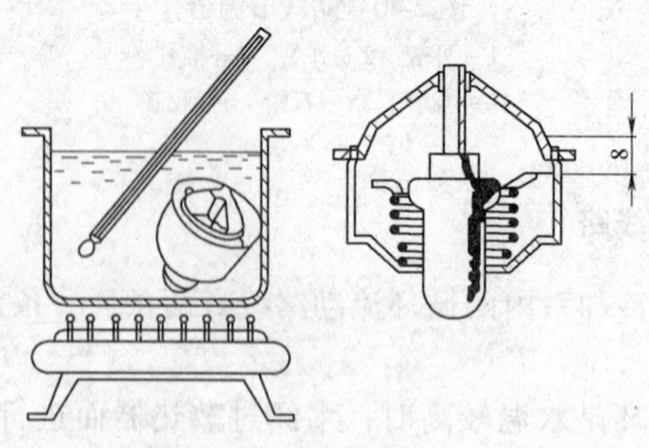

图 2-42　节温器的检修方法

2. 检修硅油风扇离合器

（1）冷状态检查　起动发动机，使其在冷状态下以中速运转 1～2min，以便使工作腔内的硅油返回储油室。在发动机停转之后，用手应能较轻松地拨动风扇叶片。

（2）热状态检查　起动发动机，使发动机温度接近 90～95℃时，仔细听发动机风扇处的响声变化。如几分钟内噪声明显增大，风扇转速迅速提高，以至达到全速时将发动机停转。用手拨动风扇叶片，感觉较费力为正常。

（3）检查硅油风扇离合器　检查硅油风扇离合器是否损坏或渗漏，如果漏油，随着油量减少，风扇转速会降低，引起发动机过热。

3. 检修风扇温控开关

检修风扇温控开关，如图 2-43 所示。

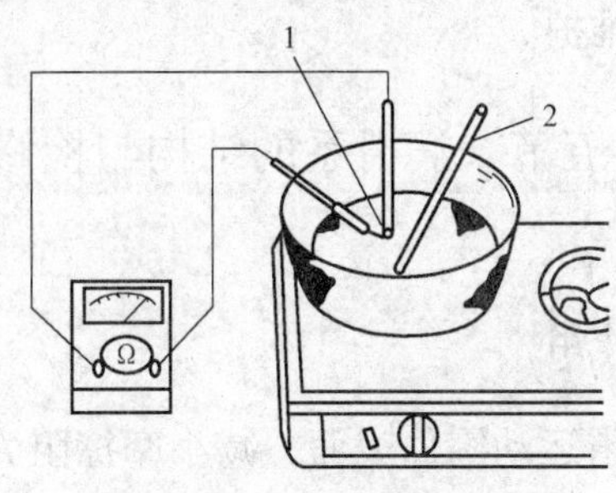

图 2-43　检修风扇温控开关
1—温控开关　2—温度计

把温控开关拆下并放入水中，万用表选为电阻挡，把两触针分别触及温控开关的接线端及外壳上。改变水的温度，观察万用表指针的动态，冷却液温度达到（92 ±0.5）℃时，散热器温控开关导通，万用表指示接通。冷却液温度降至（87 ±2）℃时，万用表指示断开。

4. 检修水泵

（1）检修水泵壳体　水泵壳体砂眼可用铸铁焊条焊上或用环氧树脂胶粘接。水泵壳体平面发生翘曲变形，其接合面翘曲变形超过 0.15mm 时，应车平或磨平。但车削总厚度不应大于 0.50mm。装配时，根据车削厚度加厚水泵盖的密封衬垫。水泵壳的轴承孔磨损时，可采用镶套法修复，然后镗出座孔。

（2）检修水泵轴　水泵轴与轴承内径的配合间隙应不大于 0.03mm，如超过规定，应更换新件。水泵轴弯曲超过 0.50mm 时，应冷压校直。

（3）检修水泵叶轮　水泵叶轮破裂，应更换新件。

（4）检查水封　水封座圈外径磨损以及水封老化、变形时，应更换水封总成。桑塔纳发动机的水封转动环与静止环接触面磨损起槽，表面剥落或破裂导致漏水时，也应更换水封总成。

（5）检查水泵叶轮与泵盖端面的间隙　水泵叶轮与泵盖端面的间隙应为 1.0 ~1.8mm，否则用垫片调整。

（6）检查水泵叶轮与泵壳间隙　水泵叶轮与泵壳间隙应为0.8~2.2mm，否则应更换叶轮。有的桑塔纳轿车装有密封式轴承，在正常工作下，不需维护。

第五节　润滑系的结构与检修

一、润滑系的作用

（1）润滑　润滑运动零件表面，减小摩擦阻力和磨损，减小发动机的功率消耗。

（2）清洗　机油在润滑系内不断循环，清洗摩擦表面，带走磨屑和其他异物。

（3）冷却　机油在润滑系内循环带走摩擦产生的热量，起到冷却作用。

（4）密封　在运动零件之间形成油膜，提高它们的密封性，有利于防止漏气或漏油。

（5）防锈蚀　在零件表面形成油膜，对零件表面起保护作用，防止腐蚀生锈。

二、润滑方式

1. 压力润滑

利用机油泵，将具有一定压力的润滑油源源不断地送往摩擦表面。例如，在曲轴主轴承、连杆轴承及凸轮轴轴承、摇臂等处形成油膜以保证润滑。

2. 飞溅润滑

利用发动机工作时运动零件飞溅起来的油滴或油雾来润滑摩擦表面的润滑方式称为飞溅润滑。可使裸露在外面承受载荷较轻的气缸壁，相对滑动速度较小的活塞销，以及配气机构的凸轮表面、挺柱等得到润滑。

3. 定期润滑

对于载荷较小的发动机，辅助装置则只需定期、定量加注润滑脂进行润滑，例如水泵及发电机轴承等，它们不属于润滑系的工作范畴。近年来在发动机上采用含有耐磨润滑材料（如尼龙、二硫化钼等）的轴承来代替加注润滑脂的轴承。

三、润滑系的组成

润滑系主要由集滤器、机油泵、机油滤清器、限压阀、旁通阀、机油压力传感器和主油道等组成。

1. 机油泵

机油泵将机油从油底壳中吸出，加压后不间断地输送到需要压力润滑的工作表面。

现代汽车发动机通常采用齿轮式机油泵，如图 2-44 所示。

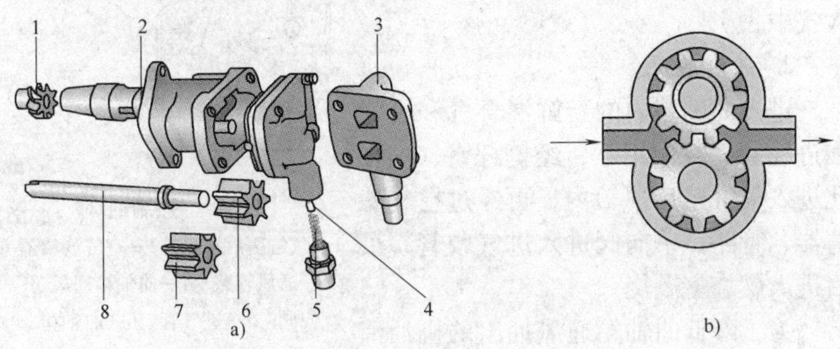

图 2-44　齿轮式机油泵

a）结构　b）工作原理

1—油泵驱动齿轮　2—泵体　3—泵盖　4—限压阀　5—限压阀弹簧　6—动齿轮　7—从动齿轮　8—主动齿轮油

2. 机油滤清器

为了保证滤清效果，一般使用多级滤清器，包括集滤器、粗滤器和细滤器。与主油道串联的滤清器一般为粗滤器；与主油道并联的滤清器一般为细滤器，过油量约为 10% ~30% 。

四、曲轴箱通风

发动机运转时，有少量工作混合气经过气缸壁进入曲轴箱内。

进到曲轴箱内的汽油蒸汽凝结后会将机油稀释，从而降低机油的黏度使机油变质。采取曲轴箱通风方式可将水蒸气和汽油蒸汽带出去或加以利用，有效防止机油变质。

曲轴箱的通风方式有自然通风和强制通风（见图2-45）两种。

1. 自然通风

在曲轴箱连通的气门室盖或润滑油加注口处接出一根下垂的出气管，管口处切成斜口，切口的力与汽车行驶的方向相反。由于汽车的前进和冷却系风扇造成的气流作用，使管内形成真空而将废气抽出，曲轴箱中的气体会直接导入大气中去。

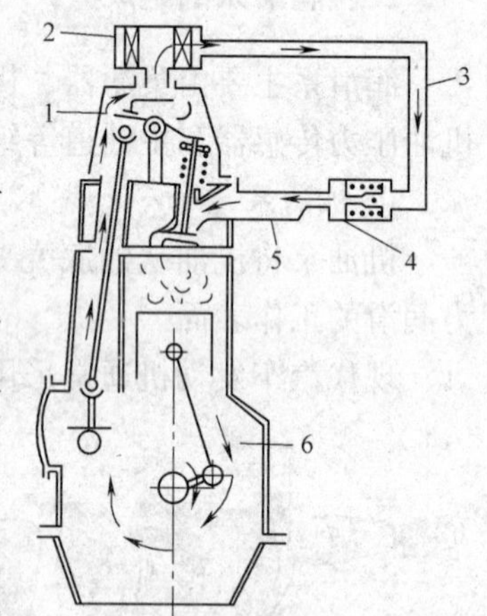

图2-45　强制通风

1—气缸盖后罩盖　2—空气滤清器　3—通风管路　4—曲轴箱通风单向阀　5—进气管　6—曲轴箱

2. 强制通风

进入曲轴箱内的新鲜混合气和废气在进气管真空作用下，经挺杆室、推杆孔进入气缸盖后罩盖内，再经过空气滤清器、管路、单向阀进入进气歧管，最后进入燃烧室燃烧。

为了降低曲轴箱通风抽出的机油消耗，除在气缸盖后罩盖内装有挡油板外，在后罩盖上部还装有起油气分离作用的小滤清器，在管路中串联安装曲轴箱通风单向阀。

五、润滑系的检修

1. 检修机油泵

(1) 检修泵体与泵盖

1）直观检验泵体及泵盖，若发现裂纹应进行焊接修复或换用新件。

2）用金属直尺检查泵体及泵盖的接合面的平面度误差，若超过0.10mm应进行研磨或磨削修复。

3）检查机油泵主动轴与孔的配合间隙，一般为0.15mm，否则应对轴进行镶套修复。

4）泵盖上装有限压阀时，检查弹簧弹力及限压阀密封是否良好，否则应换用新件。

（2）检修机油泵轴　用指示表检查机油泵轴的弯曲变形程度，其直线度误差在全长上如超过0.03mm，应进行校正。从动轴如有单面磨损时，可将磨损面掉转180°，再压入孔内继续使用。

（3）检修主、从动齿轮　当机油泵的主、从动齿轮若有磨损，工作面剥落，已磨成台阶状或磨损量超过0.25mm时，均应换用新件；如工作面有轻微点蚀或毛刺，用油石磨光后可继续使用。

2. 检测、维修废气再循环阀及曲轴箱通风阀

（1）检测、更换废气再循环（EGR）阀

1）检测EGR阀和气道

①把一只转速表接到发动机上。

②起动发动机并运转至正常工作温度。

③脱开通往EGR阀的真空软管，在其插头处插入手动真空泵软管。

④发动机置于空挡怠速状态，向EGR阀施加4kPa左右的真空信号。

⑤观察发动机转速表读数：如果随着真空信号的施加，怠速转速下降150r/min或更多，说明EGR阀正在工作；如果转速不发生变化或下降量低于规定的最小值，说明有废物沉积在EGR阀和进气歧管气道上，需卸下EGR阀，检查、清洁EGR阀气道及进气歧管的气道。

2）EGR阀的维修。　如果诊断出EGR阀有过量的沉积物，需从发动机上卸下此阀，检查提升阀及安置部位的状况。如果沉积物已超过一层薄膜，可用如下方法清洗：

①向提升阀及安置部位加适量的歧管热控阀溶剂。加溶剂时要极其小心，以免泼洒到膜片上损坏膜片。

②等待约30min，让溶剂充分软化沉积物。

③将手动真空泵软管与膜片插头连接，施加足够的真空度使提升阀全部打开，不要推动膜片开启阀门，只能利用其真空源。

④用一个有利刃的工具细心刮去提升阀及座上已软化变松的沉

积物，如果清洁阀门后发现阀杆，说明阀与底座之间有过量磨损，需更换 EGR 阀总成。

⑤在发动机上安放新垫片，更换 EGR 阀，然后用 14N · m 左右的转矩拧紧紧固螺栓。

⑥连接通往阀的真空管路，按前述方法测试系统。

（2）检测曲轴箱强制通风（PCV）阀

1）PCV 阀的检测。使发动机怠速运转，从气缸罩盖的软管处拆下 PCV 阀，检查其是否堵塞。如图 2-46 所示，若把手放在 PCV 阀接口处，手指可感到有强烈的真空吸力。

另一种检查方法是，将 PCV 阀装回后从空气滤清器上卸下曲轴箱进气管，用一张薄纸轻轻盖在管口上，待曲轴箱内压力减小时（约 1min 后），应明显见到薄纸被吸向管口。此外，停止发动机运转后，卸下 PCV 阀用手摇动检查，若听到有“咔嗒”声，说明 PCV 阀灵活可用。

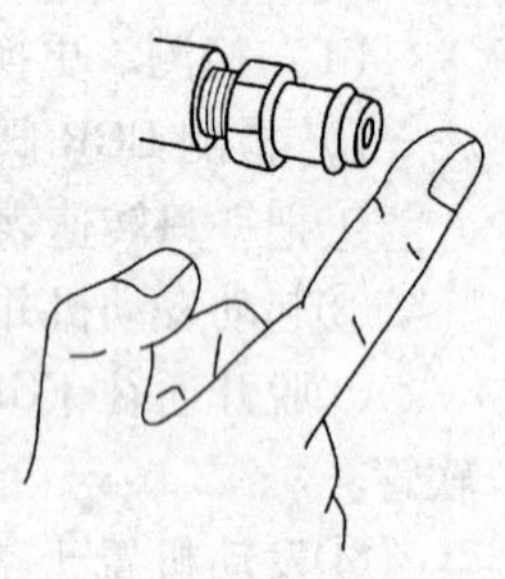

图 2-46　用手检查 PCV 阀

2）PCV 阀软管和插头的检测。用眼查看软管、插头和垫圈有无裂纹、泄漏或损坏。

第六节　点火系的结构与检修

点火系的作用是将汽车电源供给的低压电转变为高压电，并按发动机的做功顺序和点火时间要求，配送至各缸的火花塞，在其间隙处产生火花，点燃可燃混合气。

点火系分传统点火系、电子点火系和微机控制点火系三种。

一、传统点火系

传统点火系主要由电源、点火开关、点火线圈、分电器、火花塞和高低压导线等组成，如图 2-47 所示。目前传统点火系已经被淘汰。

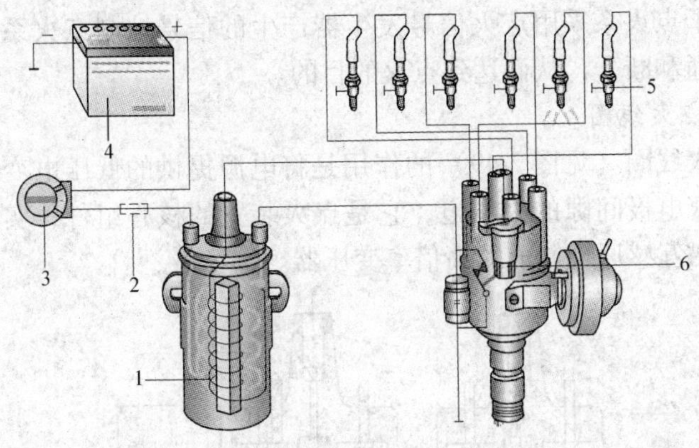

图 2-47　传统点火系的组成

1—点火线圈　2—电阻　3—点火开关
4—蓄电池　5—火花塞　6—分电器

二、电子点火系

电子点火系主要由电源、点火线圈、点火开关、分电器、火花塞、点火器及点火信号发生器等部件组成，如图 2-48 所示。

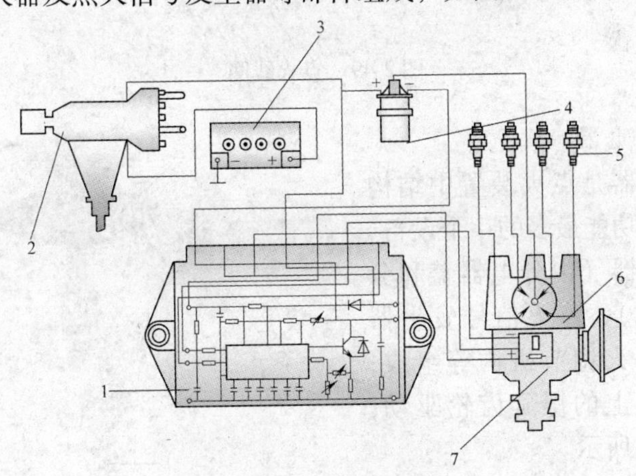

图 2-48　电子点火系

1—点火器　2—点火开关　3—蓄电池　4—点火线圈
5—火花塞　6—分电器　7—点火信号发生器

电子点火系采用点火信号发生器产生的信号控制点火系初级电路的接通和断开，从而达到点火的目的。

1. 点火线圈

点火线圈（见图2-49）的作用是将电源提供的低压电变成能击穿火花塞电极间隙的高压电，它是点火装置的核心组件，实质上是利用电磁互感原理制成的高倍率变压器。

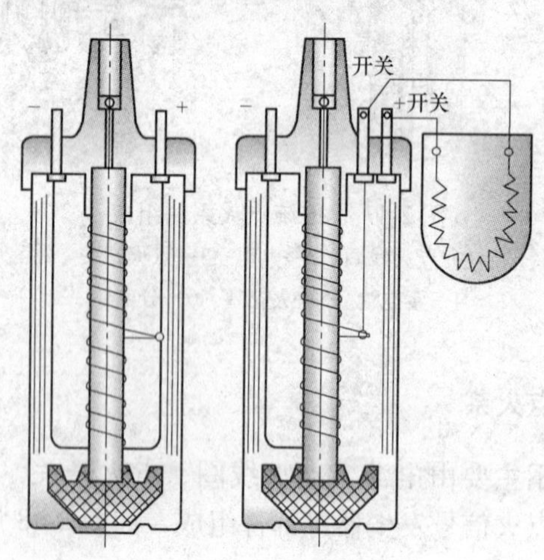

图2-49　点火线圈

2. 分电器

分电器是点火装置中结构最复杂、功能最多的一个设备，它由配电器（由分电器盖和分火头组成）、点火信号发生器和真空点火调节机构等组成，由凸轮轴上的螺旋齿轮驱动，如图2-50所示。

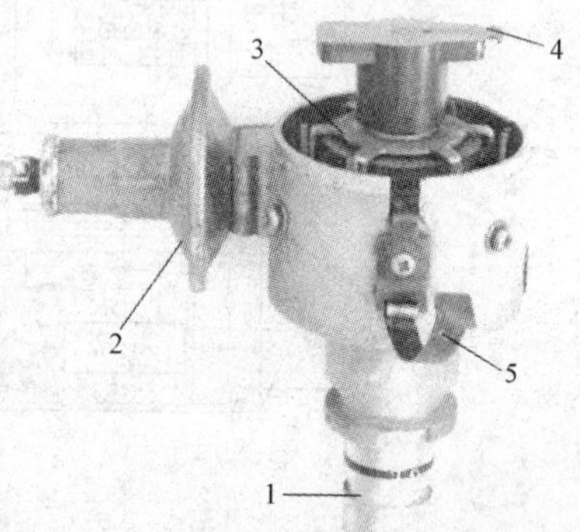

图2-50　分电器

1—联轴器　2—真空点火调节机构

3—点火信号发生器　4—分火头　5—卡箍

配电器由分火头和分电器盖组成。配电器的作用是将点火线圈产生的高压电按发动机

的工作循序送至工作缸火花塞。

点火信号发生器（见图 2-51）通常安装在分电器上。当分电器轴转动时，点火信号发生器产生一电信号并送至点火器，点火器对电信号进行适当的处理用以控制点火系初级电路的接通和断开，使点火线圈产生高压电。

目前，汽车上应用最为广泛的电子点火系按点火信号发生器的不同，主要分为电磁式、霍尔式和光电式等。

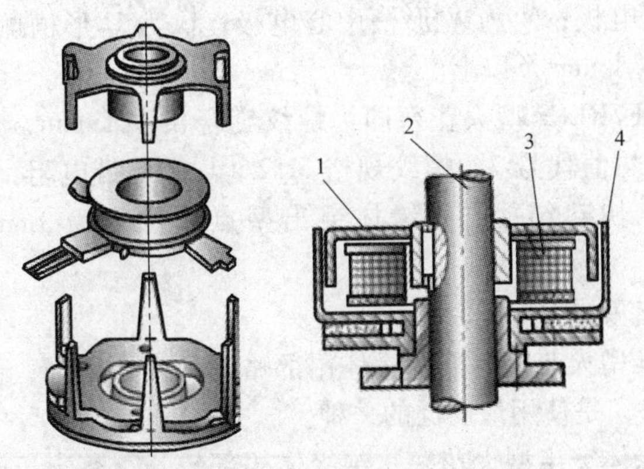

图 2-51　点火信号发生器

1—爪形转子　2—分电器轴　3—传感线圈　4—爪形定子

点火调节机构有真空式和离心式两种。真空式点火调节机构根据发动机载荷的变化自动调节点火提前角，使点火提前角随发动机载荷的增大而减小；离心式点火调节机构是根据发动机的转速变化自动调节点火提前角，使点火提前角随发动机的转速提高而增大。

3. 火花塞

根据国家专业标准 QC/T 430-2005《火花塞产品型号编制方法》的规定，火花塞型号由三部分组成：

一为单位或双位字母，表示火花塞的结构类型及主要形式尺寸。

二为阿拉伯数字，表示火花塞的热值，从热型到冷型，以 1、2、3、4、……表示。

三用字母和阿拉伯数字表示火花塞派生产品、发火端特性、材

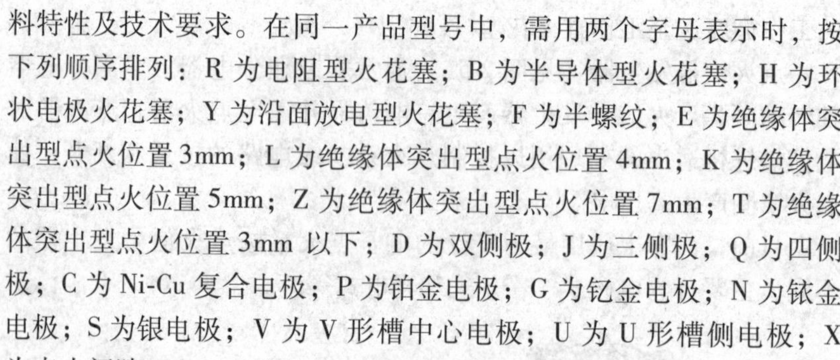

料特性及技术要求。在同一产品型号中，需用两个字母表示时，按下列顺序排列：R 为电阻型火花塞；B 为半导体型火花塞；H 为环状电极火花塞；Y 为沿面放电型火花塞；F 为半螺纹；E 为绝缘体突出型点火位置 3mm；L 为绝缘体突出型点火位置 4mm；K 为绝缘体突出型点火位置 5mm；Z 为绝缘体突出型点火位置 7mm；T 为绝缘体突出型点火位置 3mm 以下；D 为双侧极；J 为三侧极；Q 为四侧极；C 为 Ni-Cu 复合电极；P 为铂金电极；G 为钇金电极；N 为铱金电极；S 为银电极；V 为 V 形槽中心电极；U 为 U 形槽侧电极；X 为点火间隙 1.1 mm 及以上。

例如：DF7REC2 型火花塞即为螺纹旋合长度 19mm，壳体六角对边 16mm，热值代号 7，螺纹规格 M12 × 1.25，带电阻，Ni-Cu 复合中心电极，快热结构，绝缘体突出型点火位置为 3mm 平座火花塞。

常用火花塞的类型：

（1）标准型火花塞　其绝缘体裙部略缩入壳体端面，侧电极在壳体端面以外，是使用最广泛的一种。

（2）绝缘体突出型火花塞　绝缘体裙部较长，突出于壳体端面以外。它具有吸热量大、抗污能力好等优点，且能直接受到进气的冷却而降低温度，因而也不易引起炽热点火，故热适应范围宽。

（3）细电极型火花塞　其电极很细，特点是火花强烈，点火能力好，在严寒季节也能保证发动机迅速可靠地起动，热范围较宽，能满足多种用途。

（4）锥座型火花塞　其壳体和旋入螺纹制成锥形，因此不用垫圈即可保持良好密封，从而缩小了火花塞体积，对发动机的设计更为有利。

（5）多极型火花塞　侧电极一般为两至四个，优点是点火可靠，间隙不需经常调整，故在电极容易烧蚀和火花塞间隙不能经常调节的一些汽油机上经常采用。

（6）沿面放电型火花塞　它是一种最冷型的火花塞，其中心电极与壳体端面之间的间隙是同心的。它必须与点火能量大、电压上升率快的电容放电型点火系统配合使用，可完全避免火花塞“炽热

点火”及电极“跨连”现象，即使在油污情况下也能正常发火。其缺点是可燃气体不易接近电极，故在混合气不足的情况下，不能充分发挥汽油机的功能。另外，由于点火能量增大，中心电极容易烧蚀。

此外，为了抑制汽车点火系统对无线电的干扰，又生产了电阻型和屏蔽型火花塞。电阻型火花塞是在火花塞内装有 5 ~ 10kΩ 的电阻，屏蔽型火花塞是利用金属壳体把整个火花塞屏蔽密封起来。屏蔽型火花塞不仅可以防止无线电干扰，还可用于防水、防爆的场合。

三、微机控制点火系

微机控制点火系的工作原理与电子点火系高压电的原理相同。与电子点火系相比，微机控制点火系所控制的点火提前角更接近发动机的理想点火提前角。在各种运行情况下，点火提前角可获得复杂而精确的控制。在怠速时，最佳点火提前角在保证发动机运转平稳的前提下，使污染物的排放控制在最低限度；在部分载荷时，以经济性为控制目标，最佳点火提前角应保证发动机的最低燃油消耗量；在大载荷和加速工况时，以动力性为主，最佳点火提前角使发动机获得最大的输出转矩。

四、点火系统的检修

1. 检修分火头和分电器盖窜电

（1）检修分火头　如图 2-52 所示。若中心高压线末端对分火头跳出火花，表明分火头已击穿。

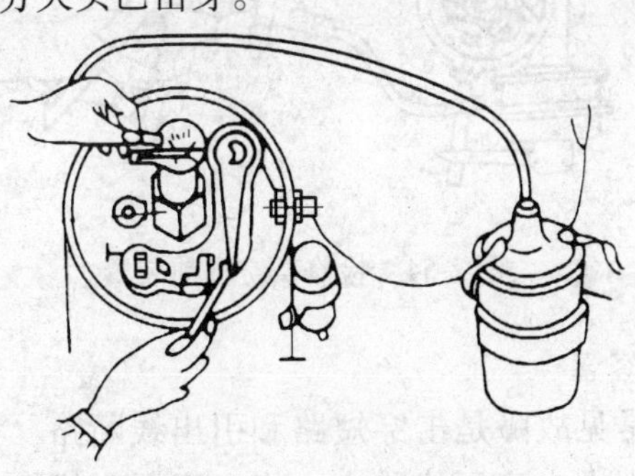

图 2-52　分火头的检查

（2）检修分电器盖的窜电（见图 2-53）。

a）

b）

图 2-53　检修分电器盖的窜电

a）中央孔与旁插孔窜电检查　b）旁插孔间窜电检查

2. 检修提前装置

（1）检修离心提前装置　离心提前装置在分电器轴固定不动时，使凸轮向其工作方向转至极限，放松时应立即回原位。

（2）检修真空提前装置　真空提前装置在手动真空泵对其施加负压时，膜片能带动拉杆移动，负压消失时，拉杆能迅速回位（见图 2-54）。

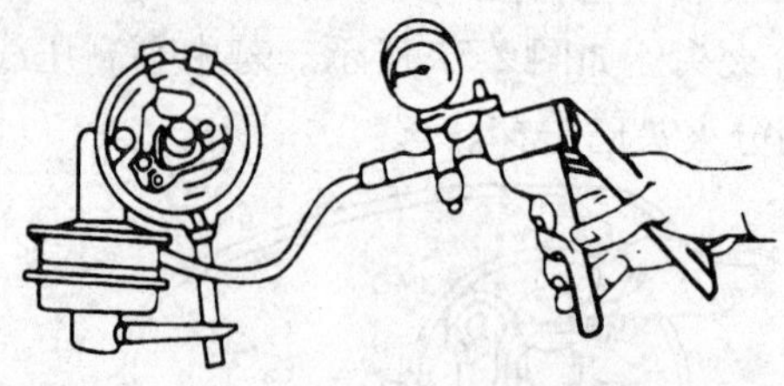

图 2-54　检修真空提前装置

3. 检修电容器

电容器的常见故障是击穿短路和引出线断路。将电容器引线拆下，取点火线圈中央高压线跳火。将电容器引线接上，再取点火线

圈中央高压线跳火。前者的火花应比后者弱，若两次跳火强度一致，说明电容器失效。若拆去反而有高压火，而接回无高压火，说明电容器已击穿短路。

4. 检修点火线圈

(1) 查看点火线圈的外表　若绝缘盖破裂或外壳碰裂，容易受潮而失去点火能力，应更换。

(2) 用万用表测量　用万用表测量点火线圈的初级绕组、次级绕组以及附加电阻的电阻值，应符合规定，否则说明有故障。用兆欧表检查接线柱与外壳的绝缘电阻，当采用500V绝缘电阻表测量时，阻值不得小于200MΩ。

(3) 点火线圈的跳火强度试验　在点火线圈一次绕组、二次绕组、附加电阻值正常的情况下，应用跳火试验的方法进一步检验其性能。其方法是：用专用跨接线及夹子一端接点火线圈的“－”接线柱，另一搭铁夹子搭铁，然后接通点火开关，并用端部不间断地轻轻碰触搭铁。当端部离开搭铁点时，若中央高压线端部产生强烈电火花，说明点火线圈性能良好。

5. 检修火花塞

1）定期或在对某缸火花塞性能有怀疑时，可进行单缸断火试验。根据发动机运转情况判断火花塞的好坏，若性能不良或有明显损坏时，一般应更换。

2）定期拆下火花塞，观察绝缘体裙部颜色：

①呈浅褐色，并且干净，说明选型正确。

②为黑色，说明选用火花塞太冷。

③呈灰白色，且电极有被烧蚀痕迹，则选用的火花塞太热。

3）检查并调整火花塞的间隙。测量时应用专用量规，不得使用普通塞尺。若间隙不符合规定值，可用专用工具扳动侧电极进行调整（见图2-55）。

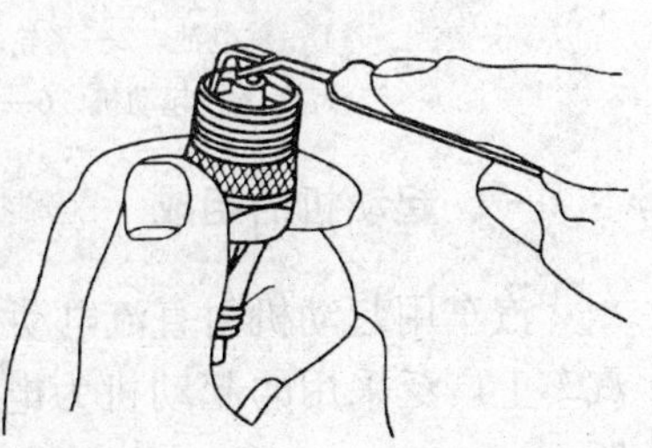

图2-55　检查并调整火花塞的间隙

第七节　起动系的结构与检修

起动系一般由蓄电池、起动机、起动开关、起动继电器等组成，如图 2-56 所示。其中，蓄电池为起动机提供电能，起动机将电能转化为机械能，并输出转矩带动发动机运转；起动开关与点火开关（汽油发动机汽车）或电源开关（柴油发动机汽车）为一体，开关做成钥匙式，用来控制起动机工作；起动继电器是用来保护起动开关的。

起动机是起动系中最主要的组成部件。

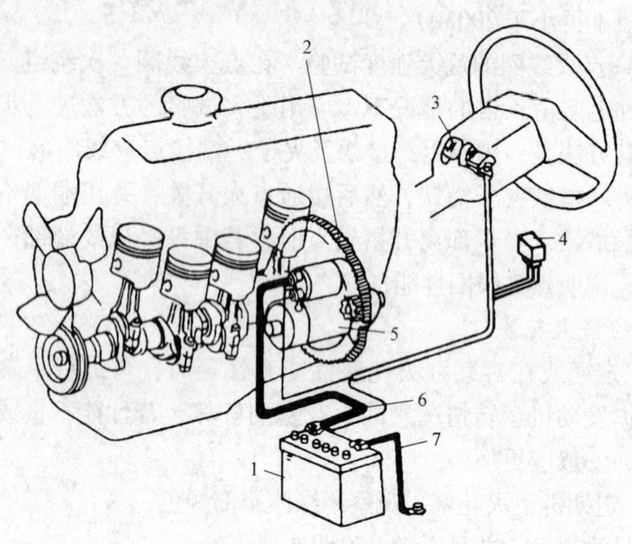

图 2-56　起动系的组成与安装

1—蓄电池　2—飞轮　3—点火开关　4—起动继电器
5—起动机　6—起动机电缆　7—搭铁电缆

一、起动机的组成

汽车用起动机由直流电动机、传动机构、控制装置三部分组成。汽车上广泛采用的起动机为电磁操纵强制啮合式起动机，如图 2-57 所示。

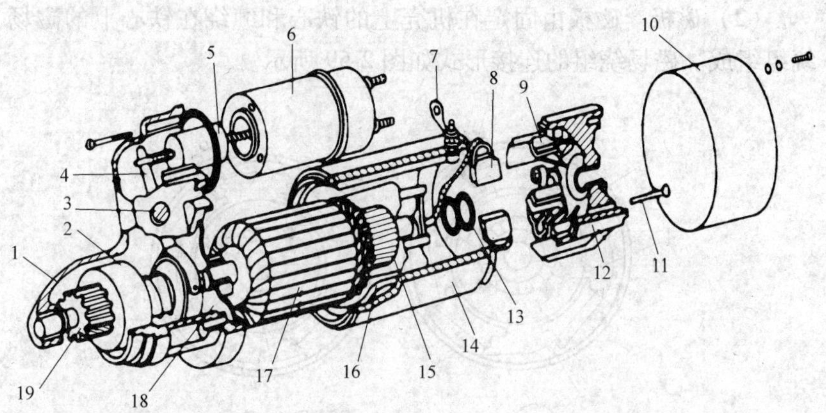

图 2-57　电磁操纵强制啮合式起动机的结构

1—前端盖　2—滚柱式离合器　3—拨叉销轴　4—拨叉　5—活动铁心　6—电磁开关　7—导电片　8—电刷　9—电刷架　10—防尘器　11—穿心螺钉　12—后端盖　13—止推垫圈　14—外壳　15—磁极铁心　16—励磁绕组　17—电枢总线　18—中间支撑板　19—驱动齿轮

1. 直流电动机的结构

汽车用起动机的直流电动机一般为串励式直流电动机，主要由电枢、换向器、磁极以及机壳等部件组成。

（1）电枢与换向器　电枢由电枢轴、电枢铁心和电枢绕组等组成，电枢的结构如图 2-58 所示。

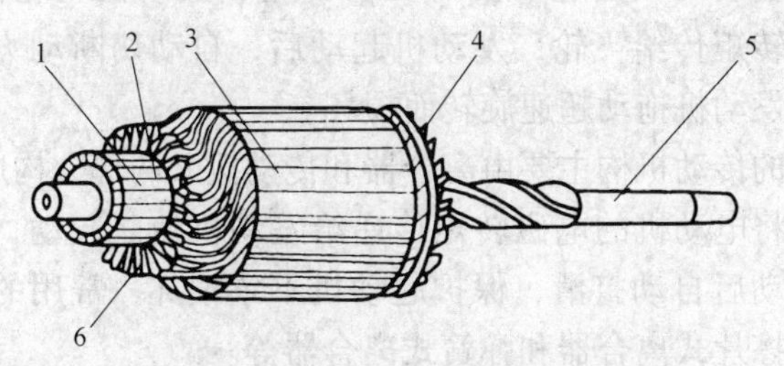

图 2-58　电枢的结构

1—换向器铜片　2—云母片　3—电枢铁心　4—电枢绕组　5—电枢轴　6—电枢绕组接线端

（2）磁极　磁极由固定在机壳上的铁心和缠绕在铁心上的磁场绕组组成。磁场绕组的连接形式如图 2-59 所示。

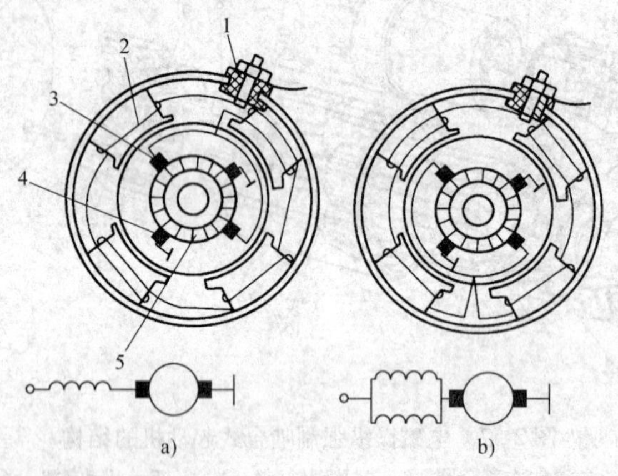

图 2-59　磁场绕组的连接形式

a）四个磁场绕组相互串联　b）两个磁场绕组串联后再并联

1—绝缘接线柱　2—磁场绕组　3—绝缘电刷　4—接地电刷　5—换向器

（3）电刷及电刷架　电刷与电刷架的作用是将电流引入电动机，使电枢产生定向转动力矩。电刷一般用铜粉和石墨粉压制而成，以利于减小电阻及增加耐磨性。

2. 传动机构

发动机起动时，使起动机的驱动齿轮和发动机飞轮齿环啮合，将电动机的转矩传给飞轮；发动机起动后，自动切断动力传递，防止电动机被发动机拖动超速旋转而损坏。

起动机的传动机构主要由离合器和传动拨叉两部分构成。

离合器将电动机的电磁转矩传递给发动机使之起动，同时又能在发动机起动后自动打滑，保护起动机不致损坏。常用的有滚柱式离合器、摩擦片式离合器和弹簧式离合器等。

（1）滚柱式单向离合器

1）结构。如图 2-60 所示，驱动齿轮 1 与外壳 2 制成一体，十字块 3 与花键套筒 6 制成一体，在外壳 2 与十字块 3 形成的 4 个楔形槽中分别装有一套滚柱 11 与压帽弹簧 12，花键套筒 6 外面装有移动衬

套及缓冲弹簧8。整个离合器总成利用花键套筒6套在电枢轴的花键上，拨叉拨动移动衬套时，离合器总成可在电枢轴上做轴向移动，花键套筒6和十字块3都要随电枢轴转动。

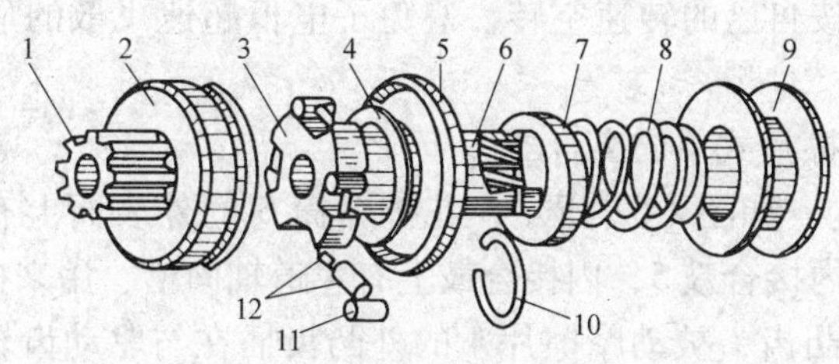

图2-60　滚柱式单向离合器

1—驱动齿轮　2—外壳　3—十字块　4—垫圈　5—护盖
6—花键套筒　7—弹簧座　8—缓冲弹簧　9—拨叉环
10—卡簧　11—滚柱　12—压帽弹簧

2）工作过程。起动发动机时，拨叉环9使离合器总成沿电枢轴花键移动，开始时驱动齿轮1与发动机飞轮齿圈啮合，然后起动机通电旋转，转矩由花键套筒6传到十字块3，十字块3则随电枢旋转，这时滚柱11在摩擦力的作用下滚入楔形槽的窄端卡死，迫使驱动齿轮1带动发动机飞轮旋转，起动发动机（见图2-60）。

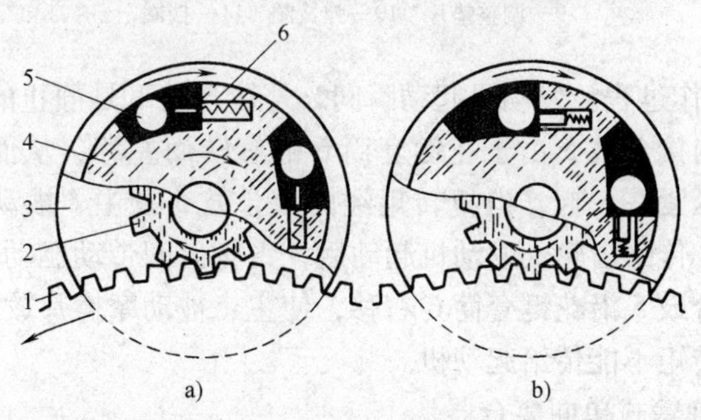

图2-61　滚柱式单向离合器工作原理图

a）发动机起动时　b）发动机起动后

1—飞轮齿圈　2—驱动齿轮　3—外壳　4—十字块
5—滚柱　6—压帽弹簧

起动发动机后，由于飞轮转速升高，飞轮齿圈 1 变为主动轮，带动驱动齿轮 2 旋转，在摩擦力的作用下，滚柱 5 滚入楔形槽的较宽一端，于是滚柱 5 打滑，发动机动力不能传给电枢，起到分离作用，电枢只按自己的转速空转，避免了电枢超速飞散的危险（见图 2-61）。

（2）摩擦片式单向离合器

1）结构。如图 2-62 所示，花键套筒 6 的外表面上有三线螺旋花键，套着内接合鼓 5，内接合鼓上有 4 道轴向槽，用来插放主动摩擦片 8 的内凸齿，被动摩擦片 4 的外凸齿插在与驱动齿轮成一体的外接合鼓 1 的槽中，主、被动摩擦片相间排列。

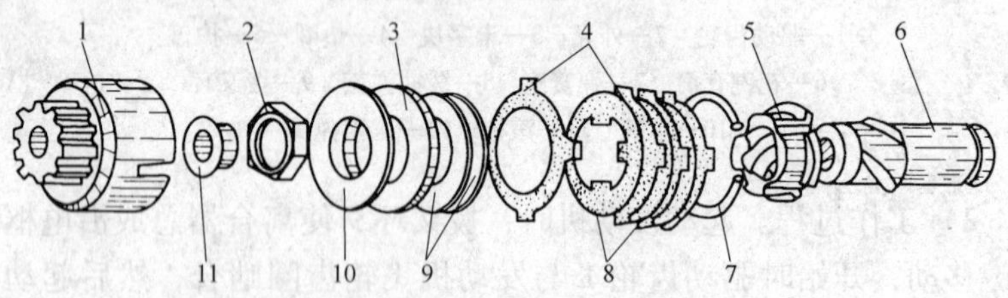

图 2-62　摩擦片式单向离合器结构

1—驱动齿轮及外接合鼓　2—调整螺母　3—压环　4—被动摩擦片
5—内接合鼓　6—花键套筒　7—卡簧　8—主动摩擦片
9—调整垫片　10—弹簧圈　11—挡圈

2）工作过程。发动机起动瞬间，外接合鼓 1 是静止的，在惯性作用下，内接合鼓 5 由于花键套筒 6 的旋转而左移，从而使主、被动摩擦片压紧在一起，电枢转矩经内接合鼓 5 及主、被动摩擦片和外接合鼓 1 传给齿轮。发动机起动后，飞轮齿圈带动驱动齿轮旋转，于是内接合鼓 5 沿花键套筒 6 右移，使主、被动摩擦片放松而打滑，发动机的转矩不能传给起动机。

（3）弹簧式单向离合器

1）结构。弹簧式单向离合器的结构如图 2-63 所示。花键套筒 6 套在电枢轴的螺旋花键上，驱动齿轮 1 套在电枢轴的光滑部分，两者之间用两个半圆形键 3 联接，使驱动齿轮 1 与花键套筒 6 之间不能做轴向移动，但可以相对转动。在驱动齿轮柄和花键套筒 6 外装

有扭力弹簧 4，弹簧的两端 1/4 圈内径较小，分别箍紧在齿轮柄和花键套筒 6 上。

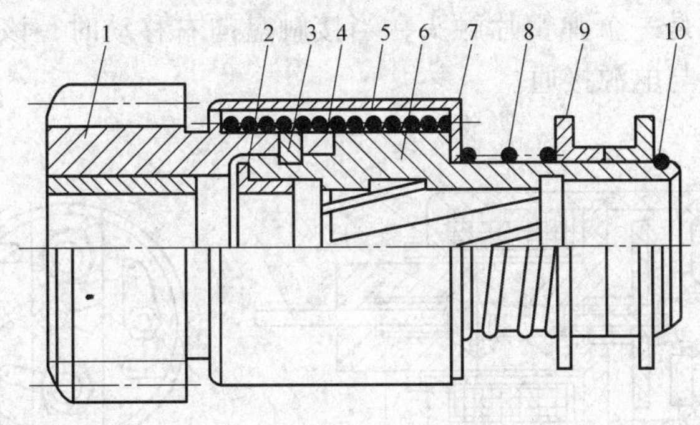

图 2-63 弹簧式单向离合器

1—驱动齿轮 2—挡圈 3—半圆形键 4—扭力弹簧
5—护圈 6—花键套筒 7—垫圈 8—缓冲弹簧
9—移动衬套 10—卡簧

2）工作过程。起动发动机时，电枢轴带动花键套筒 6 转动，扭力弹簧 4 顺着其螺旋方向将齿轮柄与花键套筒 6 包紧，起动机转矩经扭力弹簧 4 传给驱动齿轮 1，起动发动机。

发动机起动后，驱动齿轮 1 转速高于花键套筒 6，扭力弹簧 4 放松，驱动齿轮 1 与花键套筒 6 松开，发动机的转矩不能传递给电动机电枢。

3. 控制装置

起动机的控制装置目前使用的是电磁操纵式控制机构（电磁开关）。

（1）结构 电磁开关的构造如图 2-64 所示，胶木盖上有两个主接线柱 3（在外部分分别与蓄电池和电动机连接），它们伸入开关内部的部分为触点。电磁开关的另一端有铜套，上面绕着吸引线圈与保持线圈 5，两线圈的公共端引出一个“起动开关”或起动继电器的“起动机”接线柱，吸引线圈 5 的另一端接电动机主接线柱 3，保持线圈的另一端直接搭铁。位于固定铁心中心孔内的推杆上绝缘地安装着铜质接触盘 4。铜套内有活动铁心 9，它与拨叉通过拉杆 8

相连。电磁开关内的弹簧是用来使接触盘 4 或活动铁心 9 回位的。电磁开关上还有一个接点火线圈“开关”的接线柱，该接线柱伸入开关内部的是一个弹簧片触头，当接触盘向右移动时，该触头与接触盘接触而与电源接通。

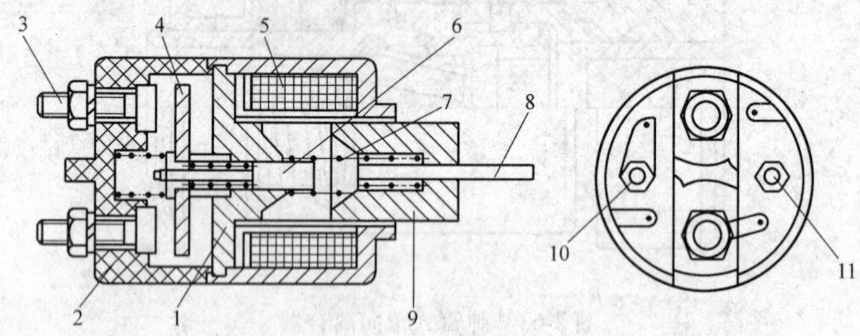

图 2-64　电磁开关的构造

1—固定铁心　2—开关盖　3—主接线柱　4—铜质接触盘　5—吸引线圈与保持线圈　6—推杆　7—复位弹簧　8—拉杆　9—活动铁心　10—点火开关或起动继电器接线柱　11—附加电阻短路接线柱

（2）工作过程　图 2-65 所示是电磁操纵式起动机的原理电路，其工作过程如下。

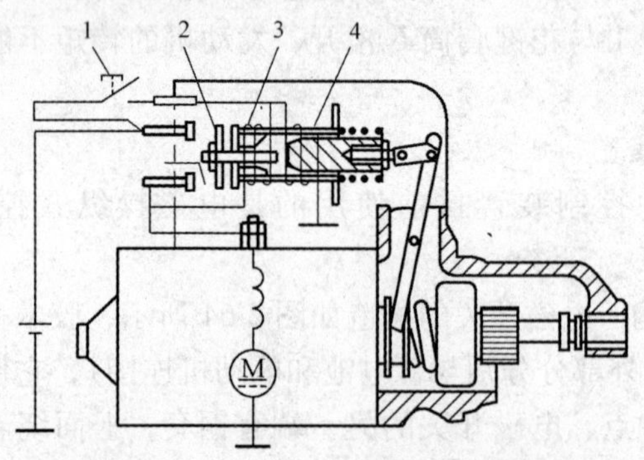

图 2-65　电磁操纵式起动机的原理电路

1—起动开关　2—接触盘　3—吸引线圈　4—保持线圈

1）起动瞬间。刚接通起动开关时，吸引线圈和保持线圈的电流回路为：

蓄电池＋→起动开关（点火开关）→ ┬→保持线圈 ┐→蓄电池－
└→吸引线圈→电动机 ┘

此时，吸引线圈和保持线圈产生的磁场方向相同，活动铁心在电磁力的作用下克服弹簧的作用被吸入，同时带动拨叉将驱动齿轮推出，使驱动齿轮与发动机飞轮齿圈啮合。在它们即将完全啮合时，接触盘与各接触点接触，将电动机主电路接通，电动机产生转矩带动发动机曲轴运转。

2）起动过程。主电路接通后，接触盘将吸引线圈短路，而保持线圈仍有电流，且回路不变，这时在保持线圈的作用下，电磁开关仍保持在吸合位置上，起动机继续通电运转。

3）起动后。刚断开起动开关时，吸引线圈和保持线圈构成的电流回路为：蓄电池＋→主接线柱及接触盘→吸引线圈→保持线圈→蓄电池－。

由于此时吸引线圈中的电流与起动瞬间该线圈中的电流方向相反，所以吸引线圈和保持线圈产生的磁场方向相反而相互抵消，于是活动铁心在复位弹簧的作用下退回原位。接触盘退回时切断了起动机主电路，拨叉将处于打滑状态的离合器拨回原位，齿轮脱离啮合，起动机停止工作。

二、起动机的检修与试验

1. 检修电枢总成

（1）检修电枢绕组

1）若电枢绕组断路，一般可由目测观察到，断路处可用焊接法修复。

2）检验电枢绕组搭铁。用万用表 $R\times10\text{k}\Omega$ 挡检查各换向片与电枢轴（或铁心）的绝缘情况。如图 2-66a 所示，如果万用表指示值为零，或如图 2-66b 所示的 220V 交流指示灯亮，均表明电枢绕组（或换向器）已搭铁，一般应更换电枢总成。

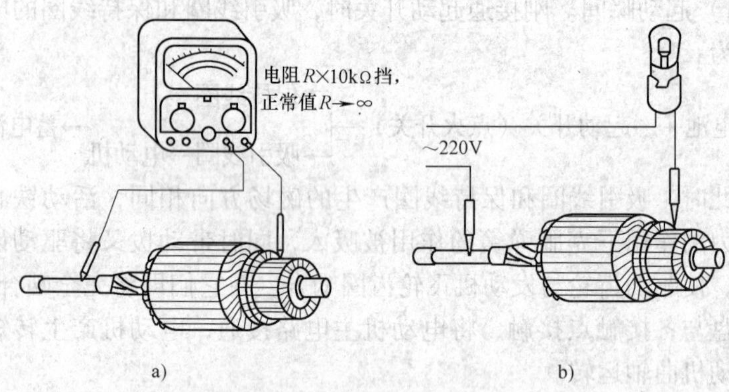

图 2-66　电枢绕组搭铁的检验
a）用万用表　b）用试灯

（2）检修换向器

1）检修换向器表面。如表面脏污，可用干净棉纱蘸少量汽油擦拭干净；若表面不平或有轻微烧蚀，可用“00”号砂纸打磨（见图 2-67）；若表面严重烧蚀或有过深沟槽，可选择尽量小的加工余量车削。当换向器换向片的厚度小于 2mm 时，应更换换向器或电枢总成。

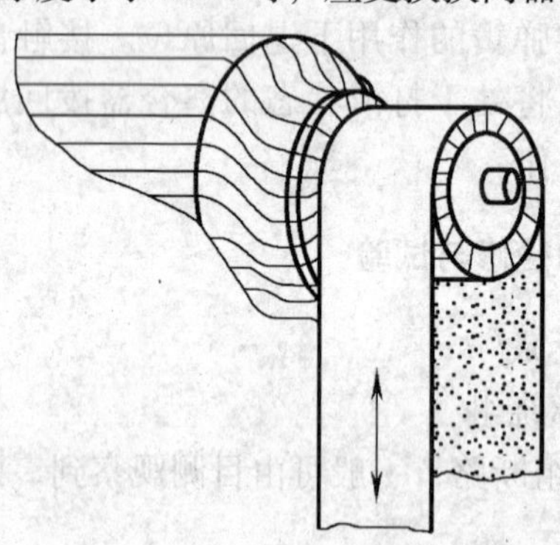

图 2-67　用砂纸打磨换向器表面

2）换向器的径向圆跳动检验。检验方法如图 2-68 所示，转动电枢，指示表显示的最大值与最小值之差如果超过 0. 05mm，应车削修复。

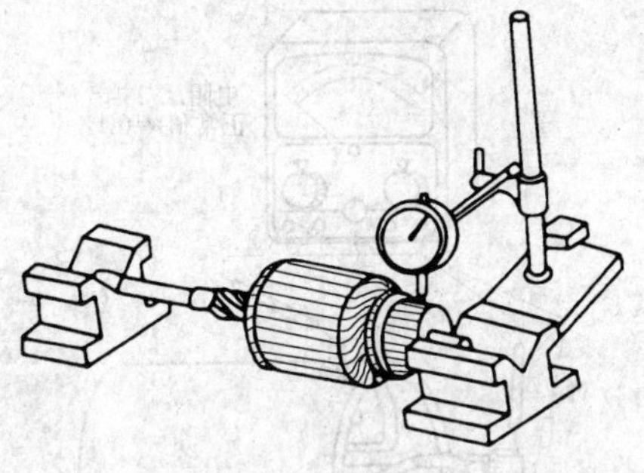

图 2-68　换向器的径向圆跳动检验

3）换向器铜片间绝缘层的高低。应检查其深度是否为 0.5 ~ 0.8mm（见图 2-69），否则可用薄钢锯条锯削。

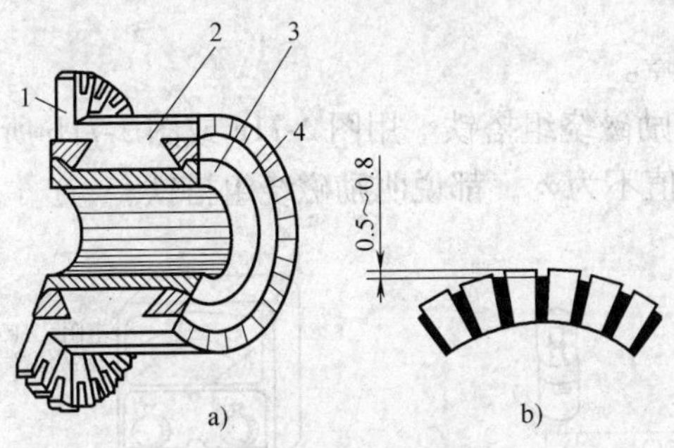

图 2-69　换向器

a）换向器结构　b）铜片间云母片的高低

1—凸缘　2—铜片　3—轴套　4—压环

（3）检修电枢轴　用指示表检验电枢轴中间轴颈处的径向圆跳动应不大于 0.05mm，铁心表面的最大径向圆跳动应小于 0.15mm，否则应校正。

2. 检修励磁绕组

（1）检修励磁绕组断路　用万用表 $R \times \Omega$ 挡，按图 2-70 所示的方法进行检查，若阻值为∞，说明励磁绕组出现了断路，这一般是由于脱焊或虚焊造成的，重新焊牢即可。

（2）检修励磁绕组短路　对励磁绕组通以 2V 的直流电，用钢片触试各磁极，如某磁极的吸力明显小于其他磁极，则该磁极上的

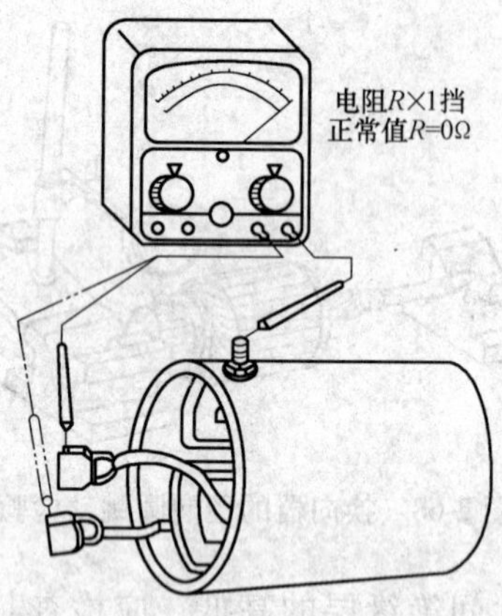

图 2-70　励磁绕组断路的检验

绕组有短路故障。

（3）检修励磁绕组搭铁　用图 2-71a 或图 2-71b 所示的方法，若试灯亮或电阻值不为∞，都说明励磁绕组搭铁。

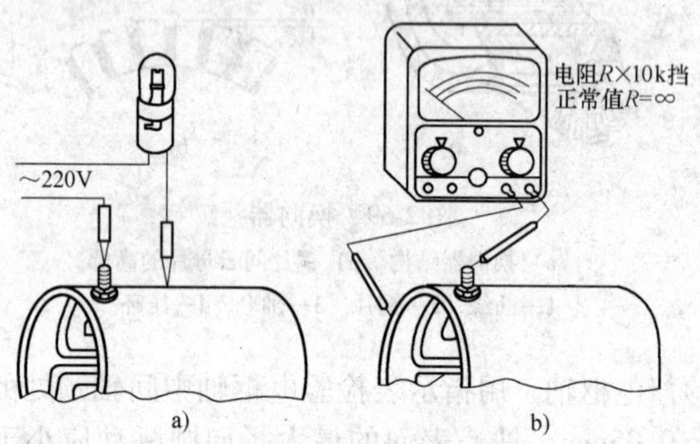

图 2-71　励磁绕组搭铁的检验

a）试灯法　b）用万用电表检验

（4）检修励磁绕组　励磁绕组出现短路、搭铁故障时，应拆下磁极和绕组，更换绕组绝缘层，重新包扎、浸漆，烘干后装复。

1）拆卸磁极。用磁极支撑器撑紧要拆卸的磁极，以防外壳变形，用图 2-72 所示的专用工具卸下固定螺钉，取下磁极。

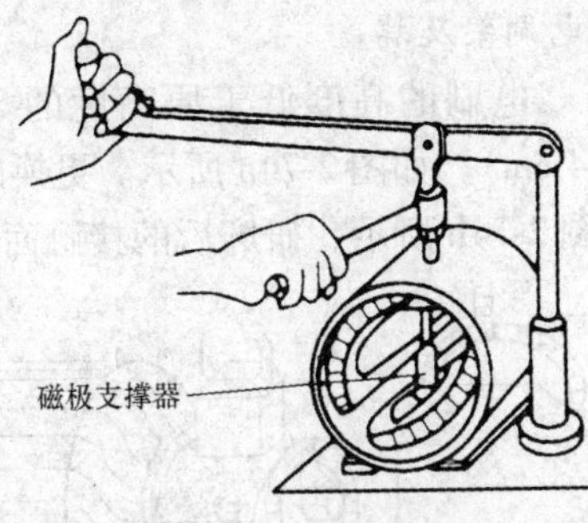

图 2-72　拆卸磁极

2）清除励磁绕组的旧包扎层及绝缘层。

3）填装新绝缘纸。将厚度为 0.3～0.4mm 的青壳纸裁成比绕组铜线稍宽的纸条，将其嵌入绕组各匝间（见图 2-73a）。

4）重新包扎。按图 2-73b 的方法，用白纱带包扎励磁绕组。

5）浸漆及烘干。用规定的绝缘漆浸透后在 110～120℃ 下烘干 10h。

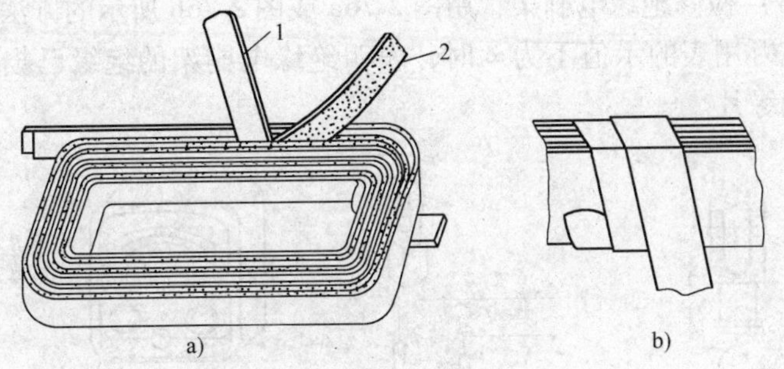

图 2-73　更换绝缘层及包扎

a）更换绝缘层　b）励磁绕组的包扎

1—刀片　2—青壳纸

6）按原连接关系装复。装复后应进行检验。对励磁绕组通 2V 直流电，同时用小钢片测试磁极极性。如果小钢片总能被吸到相邻的任意两个磁极上，说明 N、S 极交叉排列，磁极安装正确。否则应拆下磁极，重新焊接和安装。

3. 检修电刷、电刷架及端盖

（1）检修电刷　电刷的高度低于原高度的 2/3 时，应予更换（新电刷的高度为 14mm），如图 2-74a 所示。更换的电刷应研磨其接触面，研磨方法如图 2-74b 所示，研磨后的接触面积应大于 75%。

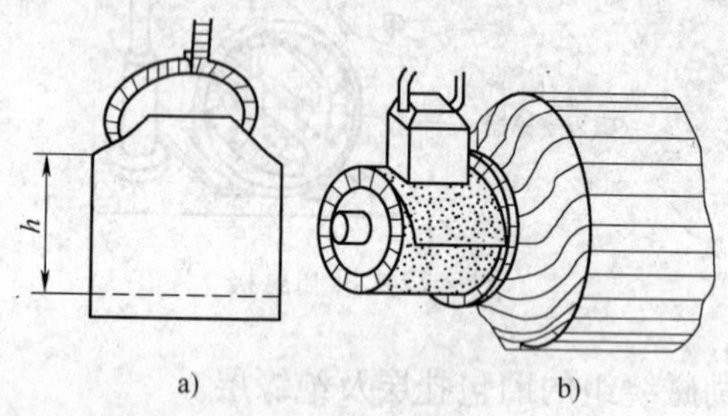

图 2-74　电刷的高度与接触面的研磨
a）高度　b）研磨

（2）检修电刷弹簧压力　用弹簧秤测量电刷弹簧压力的方法，如图 2-75 所示。若压力低于 11.7～14.7N，应予更换。

（3）检修绝缘电刷架　用图 2-76a 或图 2-76b 所示的方法，当试灯亮或万用表的示值不为∞时，表明绝缘电刷架的绝缘已损坏，应更换绝缘片。

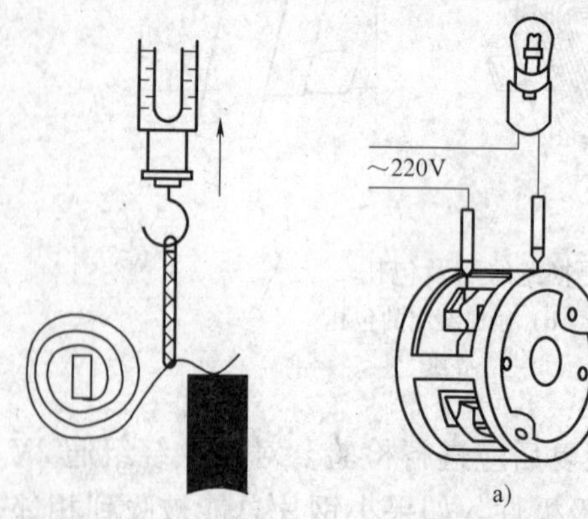

图 2-75　电刷弹簧压力的检查

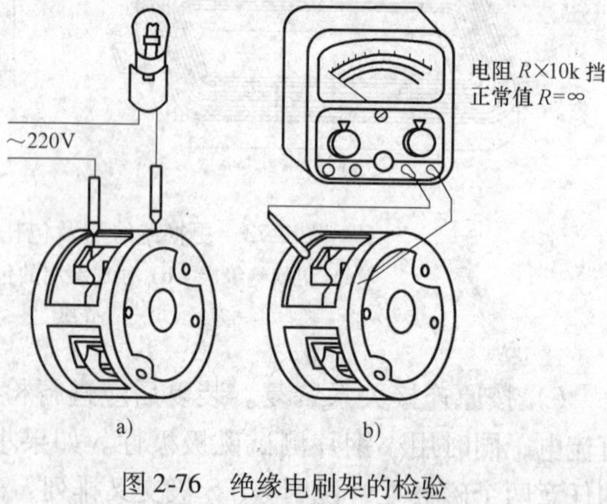

图 2-76　绝缘电刷架的检验
a）试灯法　b）用万用表检验

（4）检修各滑动轴承与轴的配合间隙　前后端盖间隙应均为0.03～0.09mm，中间支撑板轴承间隙应为0.23～0.45mm，如有超差（用手感觉晃动量较大），应予更换。更换的轴承与端盖的过盈量应为0.08～0.18mm。

4. 检查传动机构

（1）检查驱动齿轮　驱动齿轮端面应无崩角和碎裂，磨损不应超过3mm，否则应更换新件。

（2）检查离合器与电枢轴的配合情况　离合器在轴上应移动自如，无卡滞现象，否则应对配合部位清洁、修整，用锉刀修平碰痕或毛刺。

（3）检查离合器是否正常　用手转动驱动齿轮，应在一个方向上锁止，在另一个方向上转动自如，否则应更换离合器。

5. 检查电磁开关

（1）检查吸引线圈（见图2-77a）　将万用电表的表笔分别接S接线柱和电动机的主接线柱，测量电阻值，并由此判定其技术状况（常用12V起动机的线圈阻值为0.6Ω左右）。

（2）检查保持线圈（见图2-77b）　将万用表的表笔分别接S接线柱和壳体，根据测量结果，判定其技术状况（常用12V起动机的线圈阻值为1Ω左右）。

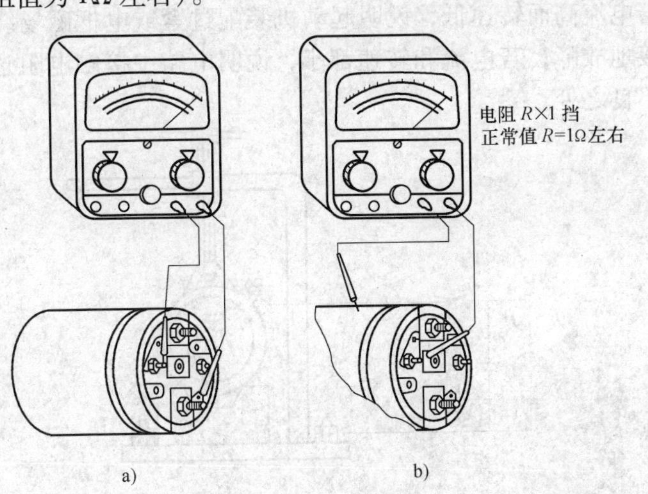

图2-77　检查电磁开关
a）检查吸引线圈　b）检查保持线圈

6. 调整起动机

（1）起动机的驱动齿轮端面与端盖凸缘距离的调整　驱动齿轮端面与端盖凸缘间应有一定的距离，间距不当时，可通过定位螺钉调整，如图 2-78 所示。无定位螺钉时，则需通过加减垫片进行调整。

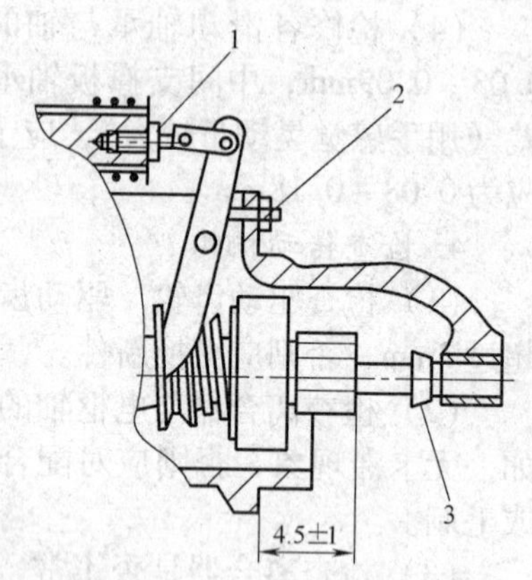

图 2-78　起动机调整

1—调节螺杆　2—定位螺钉　3—限位螺母

（2）开关接通时间的调整　接触盘与主电路接通时，驱动齿轮与限位螺母的间距应符合要求。若不符合要求，可通过调节螺杆进行调整。

7. 检验起动机的工作性能

（1）空载试验　如图 2-79 所示，将起动机固定在夹具上，接好试验线路，接通起动机电路，起动机应运转均匀，无碰擦声，且电刷无强烈火花产生。此时电压表、电流表、转速表和读数应符合规定。若电流高而转速低，说明起动机装配过紧或电枢磁场绕组有短路或接地故障；若电流和转速都小，说明电路中接触电阻过大，有接触不良之处。

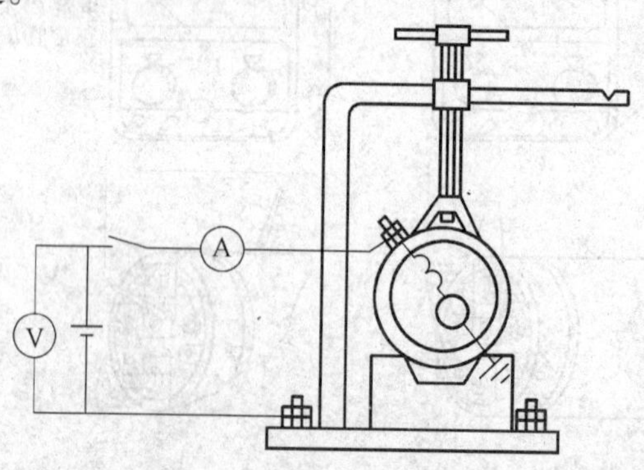

图 2-79　空载试验

（2）全制动试验（转矩试验）　如图 2-80 所示，将起动机夹紧在试验台上，使制动力矩杠杆（扭力杠杆）的一端夹住起动机的起动齿轮。另一端挂在弹簧秤上，接通起动机电路（接通时间不大于 5s），观察单向离合器是否打滑，并迅速记下电流表、电压表和弹簧秤的读数，然后与原技术标准对照。若转矩小而电流大，说明电枢和磁场绕组中有接地短路故障；若转矩和电流都小，说明电路中有接触不良之处；若驱动齿轮不转而电枢轴有缓慢转动，说明单向离合器打滑。

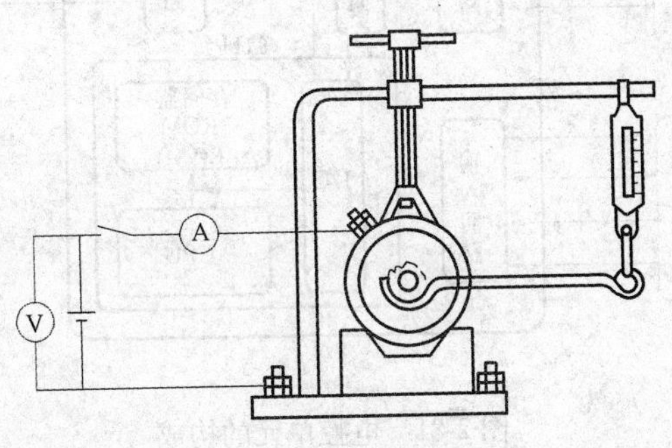

图 2-80　全制动试验

8. 检修起动机与注意事项

1）用蓄电池测试电磁开关和起动机时，检查时间不宜过长。

2）起动机夹在电器万能试验台夹具上时，注意必须和驱动轴同轴。

第八节　汽车电控单元

一、电控单元的功用

电控单元（ECU）是发动机的综合控制装置。它的功用是根据自身存储的程序对发动机各传感器输入的各种信息进行运算、处理、判断，然后输出指令，控制有关执行器动作，达到快速、准确、自动控制发动机工作的目的。

二、电控单元的组成

电控单元（ECU）的基本构成主要是微型计算机（微机），如图2-81所示。

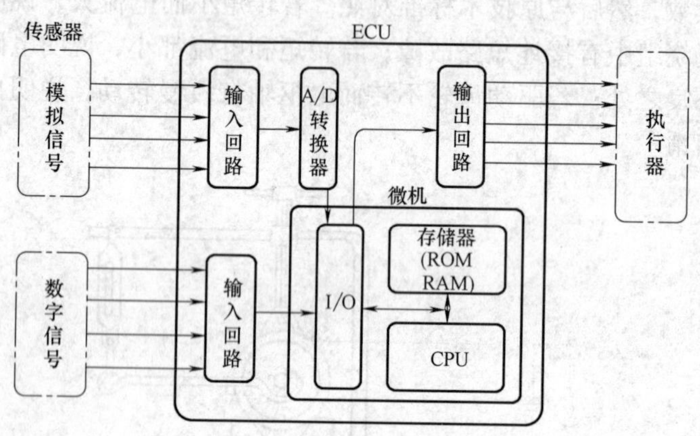

图2-81　电控单元的构成

1. 输入回路

从传感器传来的信号，首先进入输入回路。在输入回路里，对输入信号进行预处理，一般是去除杂波和把正弦波变为矩形波后，再转换成输入电压信号。

2. A/D 转换器（模/数转换器）

从传感器送出的信号有相当一部分是模拟信号，经输入回路处理后，虽已变成相应的电压信号，但微机不能直接处理这些信号，需经过相应的 A/D 转换器，将模拟信号转换成数字信号后再输入微机中。

3. 微型计算机

微机是发动机电子控制的中心，它能根据需要把各种传感器送来的信号，用内存程序和数据进行运算处理，并把处理结果送至输出回路。

微机主要由中央处理器（CPU）、存储器、输入/输出端口（I/O）等组成。

（1）中央处理器（CPU）　中央处理器主要由运算器、寄存器和控制器组成。CPU 的工作是在时钟脉冲发生器操作下进行的，当微机通电后，脉冲发生器立即产生一连串的具有一定频率和脉宽的电压脉冲，使计算机全部工作同步，保证同一时间内完成一定的操作，实现控制系统各部分协调工作的目的。

（2）存储器　存储器的主要功能是储存信息。存储器一般分为以下两种：

1）RAM（随机存储器）：主要用来储存计算机操作时的可变数据。如用来储存计算机输入、输出数据和计算过程中产生的中间数据等。当电源切断时，所存入 RAM 的数据均完全消失，所以一般 RAM 都通过专用电源后备电路与蓄电池直接连接。但拔掉蓄电池线缆时，数据仍会消失。

2）ROM（只读存储器）：它是只能读出的存储器，用来储存固定数据，即存放各种永久性的程序和数据。如喷油特性脉谱、点火控制特性脉谱等。这些资料一般都是在制造时由厂家一次性存入的，新的数据不能存入，电源切断时 ROM 信息不会消失。

只读存储器存储的大量程序和数据，是计算机进行操作和控制的重要依据，它们都是通过大量试验获得的。存入只读存储器中数据的精确性，如各种工况和因素影响下发动机的喷油控制数据、点火控制数据等，是满足微机控制发动机动力性、经济性和排放等的最重要的保证。

（3）输入/输出端口（I/O）　I/O 是 CPU 与输入装置（传感器）、输出装置（执行器）间进行信息交流的控制电路。根据 CPU 的命令，输入信号以所需要的频率通过 I/O 端口接收，输出信号则按发出控制信号的形式和要求通过 I/O 端口，以最佳的速度送出。输入、输出装置一般都通过 I/O 端口才能与微机连接。它起着数据缓冲、电压信号匹配、时序匹配等多种功能。

4. 输出回路

它是微机与执行器之间建立联系的一部分装置，它将微机发出的指令转变成控制信号来驱动执行器工作。输出回路一般起着控制信号的生成和放大等功能。

三、电控单元的工作过程

当发动机起动时，电控单元进入工作状态，某些程序和步骤从ROM中读取后进入CPU。包括可以是控制点火时刻、控制汽油喷射、控制怠速等的程序。通过CPU的控制，指令逐个地进行循环。执行程序中所需的发动机信息，来自各个传感器。从传感器来的信号，首先进入输入回路，对其信号进行处理。如果是数字信号，根据CPU的安排，会经I/O端口直接进入微机；如果是模拟信号，还要经过A/D转换器，转换成数字信号后，才能经I/O端口进入微机。大多数信息暂存在RAM内，根据指令再从RAM送至CPU。下一步是将ROM存储器中的参考数据调入CPU，使输入传感器的信息与之比较。对来自有关传感器的每个信号，依次取样，并与参考数据进行比较。CPU对这些数据进行比较运算后，作出决定并发出输出指令信号，经I/O端口进行放大，必要的信号还经D/A转换器变成模拟信号，最后经输出回路控制执行器的动作。

第九节　汽车常用传感器

一、传感器的类型与功用

传感器的主要功用是把非电信号转换成电信号，或者将物理量、电量、化学量的信息转换成电控单元（ECU）能够接收的信号。

用于汽车发动机电控系统的传感器主要有温度传感器、空气流量传感器、压力传感器、转速和位置传感器、氧传感器和爆燃传感器等。

1. 温度传感器的类型与功用

温度传感器根据工作原理不同，分为热电偶、金属测温电阻和热敏电阻三种类型。汽车上常用的温度传感器主要有水温传感器、进气温度传感器、变速器油温传感器、水温表传感器和排放温度传感器等。

（1）水温传感器　水温传感器的结构如图2-82所示，它安装在

发动机缸体或缸盖的水套上，与冷却液直接接触，从而测得发动机冷却液的温度。它的内部是一个半导体热敏电阻，温度越低，电阻越大；反之电阻越小。电控单元根据这一变化测得发动机冷却液的温度，作为燃油喷射和点火正时的修正信号。

（2）进气温度传感器　进气温度传感器如图2-83所示。它的内部也是一个热敏电阻，外部由环氧树脂密封。通常安装在空气滤清器之后的进气软管上或空气流量计上，用于检测进气温度，向电控单元输入进气温度信号，作为燃油喷射和点火正时的修正信号。

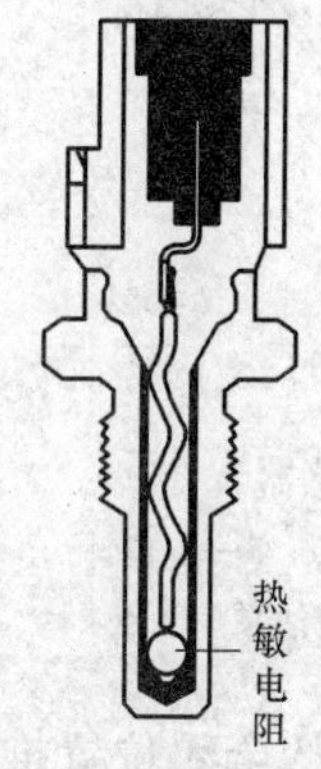

图2-82　水温传感器

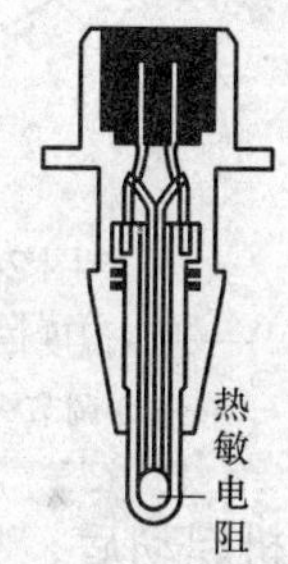

图2-83　进气温度传感器

（3）变速器油温传感器　变速器油温传感器安装在自动变速器油底壳内的阀板上，其内部是一个具有负的温度电阻率的半导体热敏电阻。温度越高，电阻越低。电控单元根据其电阻的变化测出自动变速器液压油的温度，作为电控单元进行换挡控制、油压控制和锁止离合器控制的依据。

2. 空气流量传感器的类型与功用

空气流量传感器测量发动机吸入的空气量，并将信号传给电控单元，该信号作为燃油喷射和点火控制的主控制信号。空气流量传感器一般安装在进气管上。

空气流量传感器有多种形式，目前广泛使用的有翼片式、热丝式、热膜式、卡门式和压力式等。

（1）翼片式空气流量传感器　翼片式空气流量传感器安装在空气滤清器和节气门之间，其结构如图 2-84 所示。

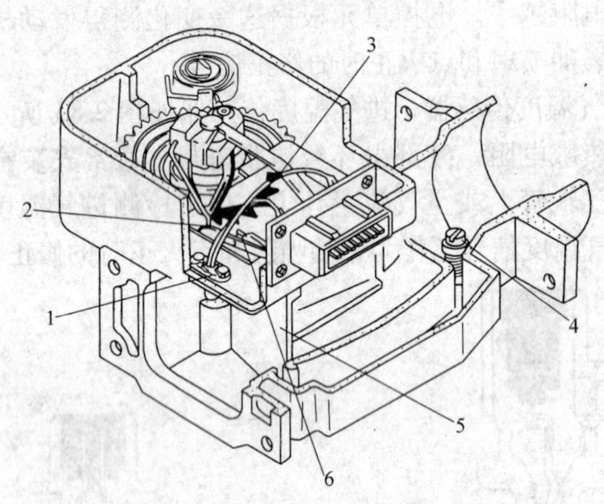

图 2-84　翼片式空气流量传感器

1—进气温度传感器　2—电动汽油泵动触点　3—电位计
4—CO 调节螺钉　5—测量片　6—电动汽油泵静触点

当发动机起动后，吸入的空气把测量片从全闭位置推开，使其绕轴偏转。当气流推力与测量片复位弹簧张力平衡时，测量片便停留在某一位置上。进气量越大，测量片开启的角度也越大。这时测量片转轴上的电位计滑臂也绕轴转动，使电位计的输出电压随之变化。该信号输入到电控单元，电控单元再根据进气温度传感器的信号进行修正，即可测出实际的进气流量。

缓冲室及缓冲板用于衰减加速时或减速时引起的测量片的摆振，使电位计得以实时地检测进气流量，防止进气管内气流脉动。

旁通气道上的 CO 调整螺钉用于调整怠速混合气的浓度。

空气流量计上还有电动汽油泵开关。当发动机起动后，测量片偏转时，其触点闭合；当发动机熄火时，其触点分开，避免当出现意外事故时，汽油泵仍在工作，导致汽油外溢而引起火灾。

（2）光电式卡门涡旋空气流量传感器　这种空气流量计的结构和工作原理如图 2-85 和图 2-86 所示。

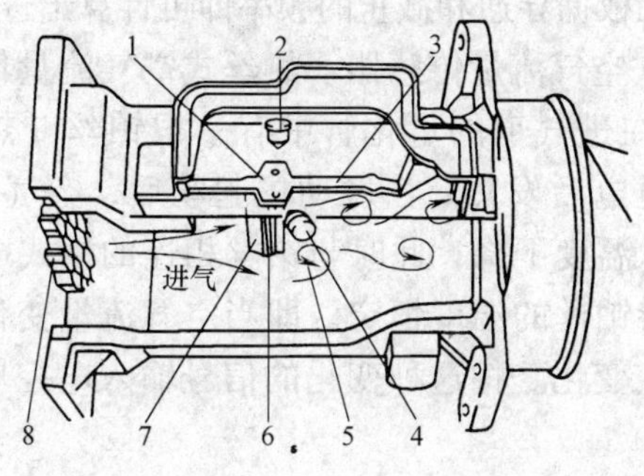

图 2-85　光电卡门涡旋空气流量传感器

1—反射镜　2—发光二极管　3—金属箔　4—光敏晶体管

5—涡旋　6—压力传递孔　7—立柱　8—整流网

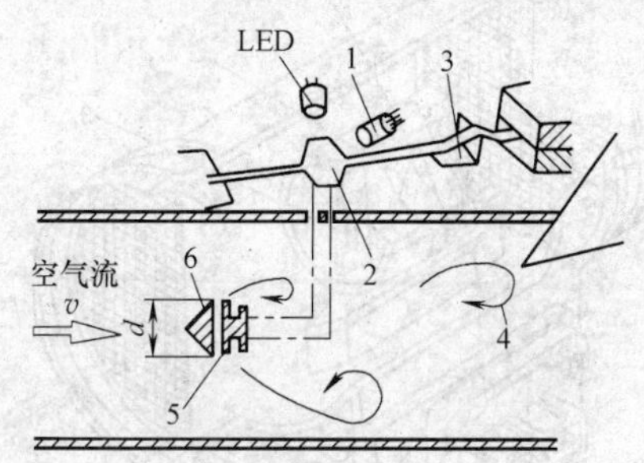

图 2-86　卡门涡旋空气流量传感器的工作原理

1—光敏晶体管　2—反射镜　3—板弹簧　4—卡门涡流

5—导压孔　6—涡流发生器

光电式卡门涡旋空气流量传感器是利用卡门涡旋理论来测量空气流量的。在传感器进气道的正中间有一个流线形或三角形立柱 7，空气流经这个立柱时，在立柱 7 后方的气流中会产生空气涡旋，涡旋发生器两侧的压力会发生变化，将这个压力加至金属箔 3（安装反射镜）的表面上时，金属箔 3 会产生振动。发光二极管 2 发出的光束被一个反射镜 1 反射到光敏晶体管 4 上，使光敏晶体管 4 导通。由于反射镜 1 同金属箔 3 一同振动，因此被反射的光束也以相同的频率振动，致使光敏晶体管 4 也随光束的变化以同样的频率导通或

截止。电控单元根据导通和截止的频率即可计算出进气量。

（3）热丝式空气流量传感器　热丝式空气流量传感器的结构如图 2-87 所示。在进气道的量化管中有一根铂丝（热丝，直径约为 0.07mm），经通电后发热。当发动机起动后，空气流进铂丝周围，使其热量散失，温度下降，此时与铂丝相连的桥式电路的电流将发生变化，以保持铂丝的温度恒定，即当空气流量变化时，流进铂丝的电流随之发生变化。将这种变化的信号输入电控单元，即可测得空气流量。

这种流量计中的前保护网用于进气整流，后保护网用于防止发动机回火时烧坏铂丝。

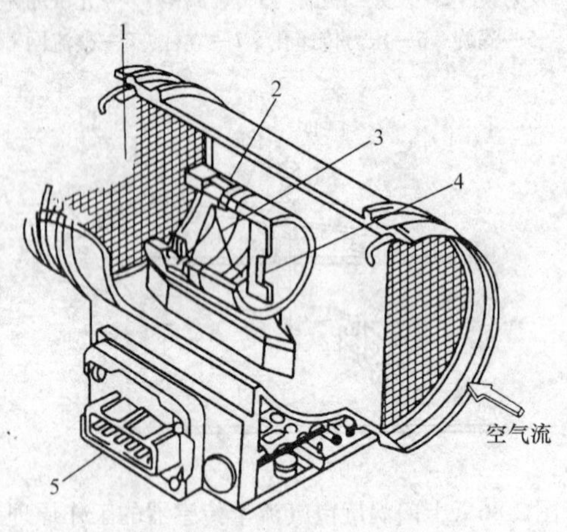

图 2-87　热丝式空气流量传感器的结构

1—防回火滤网　2—量化管　3—铂丝

4—温度传感器　5—接线插座

3. 压力传感器的类型与功用

（1）膜盒式进气压力传感器　膜盒式进气压力传感器的结构如图 2-88 所示。在这种压力传感器中设有弹性金属膜盒 2 与大气相通。与膜盒 2 连接在一起的衔铁 6 可在线圈绕组 8 中移动。当进气歧管压力 3 发生变化时，膜盒 2 膨胀，衔铁 6 在线圈绕组 8 内的位置随之发生变化，从而影响线圈绕组 8 周围的磁场。这样便把膜盒 2 的机

械运动转换成电信号。电控单元根据这个电信号可测出进气歧管中的进气压力。

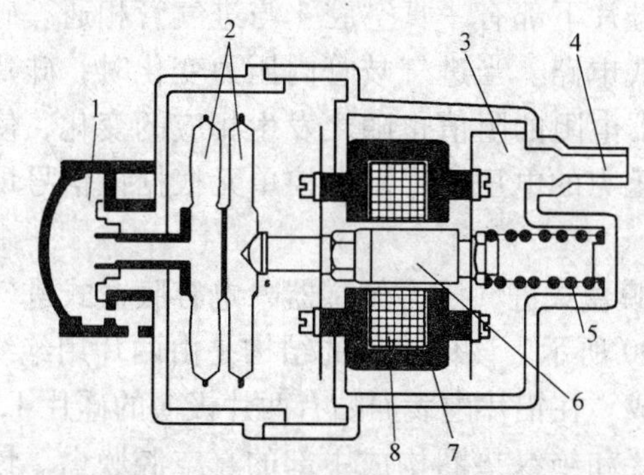

图 2-88　膜盒式进气压力传感器的结构

1—大气压力　2—膜盒　3—进气歧管压力　4—进气管真空接管

5—复位弹簧　6—衔铁　7—电控单元　8—线圈绕组

（2）应变仪式进气压力传感器　应变仪式进气压力传感器的结构如图 2-89 所示。这种传感器的主要元件是硅片 1，硅片的外围较

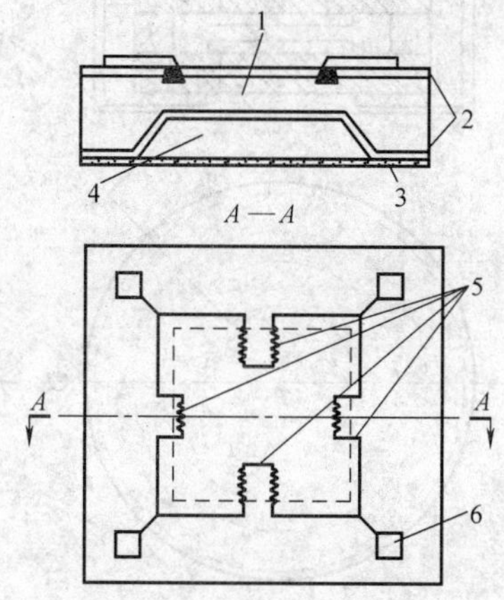

图 2-89　应变仪式进气压力传感器的结构

1—硅片　2—二氧化硅膜　3—硼硅酸玻璃片

4—真空腔　5—传感电阻　6—金属块

厚，中间最薄。硅片上下两面各有一层二氧化硅膜2。在膜层中沿硅片四边有四个传感电阻5。在硅片四角各有一个金属块6，通过导线与电阻相连。硅片下部有一真空腔4与进气管相通。硅片上的四个电阻连接成桥式电路。当进气歧管内压力变化时，硅片随之发生变化。这时传感器电阻的阻值也随之发生相应的变化，使桥式电路输出正比于进气压力的电压信号。电控单元根据该信号即可测出进气歧管的压力。

（3）电容膜盒式进气压力传感器　电容膜盒式进气压力传感器的结构如图2-90所示。该传感器的结构是由两片用绝缘垫圈隔开的氧化铝片5组成。在铝片内表面贴有两片极薄的硅片4，分别与一根引线连接。铝片和绝缘垫圈构成中部的真空腔膜盒。该膜盒装在与进气管相通的容器内。当进气歧管1中的进气压力发生变化时，氧化铝片弯曲变形，使硅片间的距离随之改变，从而引起电容量的变化。这时电控单元可根据电容量的变化测出进气歧管的进气压力。

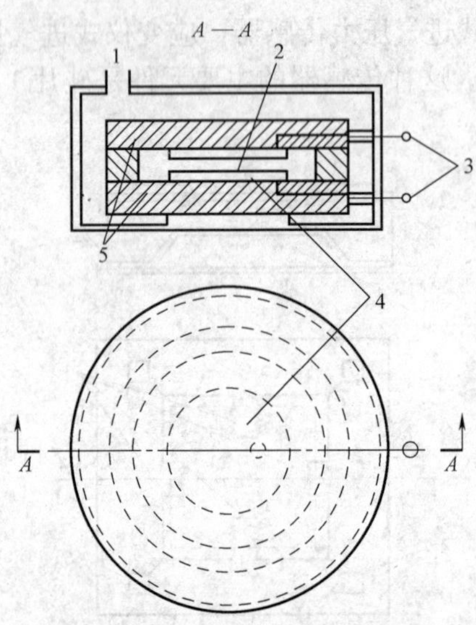

图2-90　电容膜盒式进气压力传感器

1—进气歧管　2—真空腔膜盒　3—引线

4—硅片　5—氧化铝片

4. 转速和位置传感器的类型与功用

（1）节气门位置传感器　节气门位置传感器用于检测节气门的开度，并将其转换成电信号输送给电控单元，作为电控单元判定发动机运转工况的依据。

1）开关式节气门位置传感器。其结构如图 2-91 所示，在这种传感器内部有两对触点，怠速开关触点和全载荷开关触点。

发动机在怠速或强制怠速时，怠速触点闭合，电控单元据此信号对怠速时的混合气进行微调，并修正点火提前角，切断废气再循环系统；强制怠速时，暂时切断供油。

当节气门开度超过一定角度时，全载荷触点闭合，电控单元据此信号加浓混合气，提高发动机的输出功率。

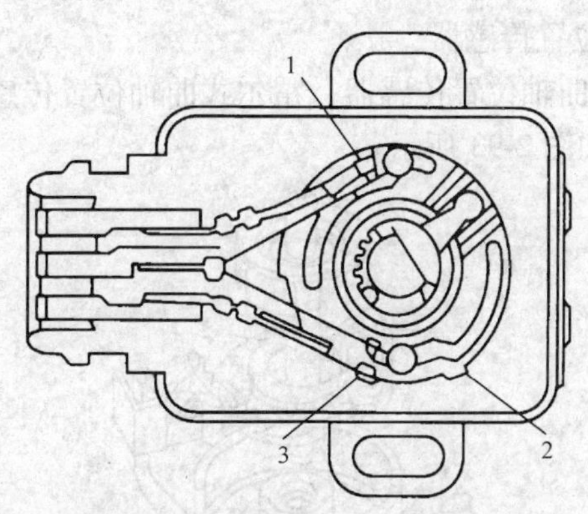

图 2-91　开关式节气门位置传感器

1—怠速开关触点　2—导向凸轮　3—全载荷开关触点

2）滑动电阻式节气门位置传感器。其结构如图 2-92 所示，主要由可变电阻、节气门轴和壳体组成。可变电阻的滑臂与节气门轴一同转动，从而改变输入电控单元的信号电压。

这种传感器是一种线性电位计。电控单元通过该传感器可以获取表示节气门开度从全闭到全开连续变化的信号及开闭速度信号，从而更精确地判断发动机的运行工况，以提高控制精度和效果。

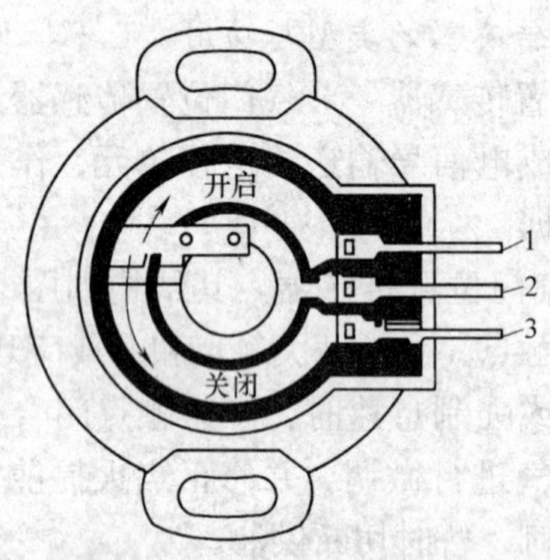

图 2-92　滑动电阻式节气门位置传感器

1—基准电压　2—节气门开度输出电压　3—搭铁

（2）曲轴位置传感器

1）霍尔式曲轴位置传感器。霍尔式曲轴位置传感器安装在分电器内，其结构如图 2-93 所示。

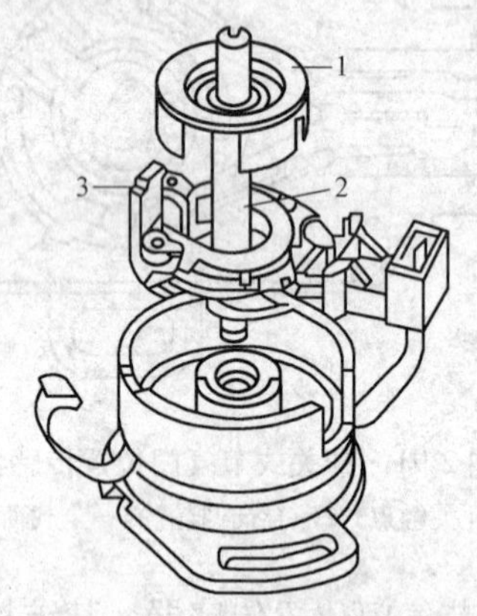

图 2-93　霍尔传感器

1—触发器叶片　2—分电器轴　3—霍尔发生器

在霍尔传感器的触发叶轮上设有四个叶片和四个窗口。当发动机转动时，配气凸轮轴便通过中间轴驱动分电器轴转动，分电器轴又带动触发叶轮转动，触发叶轮的叶片和窗口便在传感器的气隙中交替转过，从而使传感器输出矩形波信号。分电器轴每转一圈，曲

轴便转两圈，霍尔传感器输出四个矩形波。电控单元根据每分钟接收矩形波信号的数量便能迅速计算出发动机曲轴的转速。

2）光电式曲轴位置传感器。光电式曲轴位置传感器安装在分电器内，它由发光二极管和光敏晶体管及遮光盘组成，如图2-94所示。

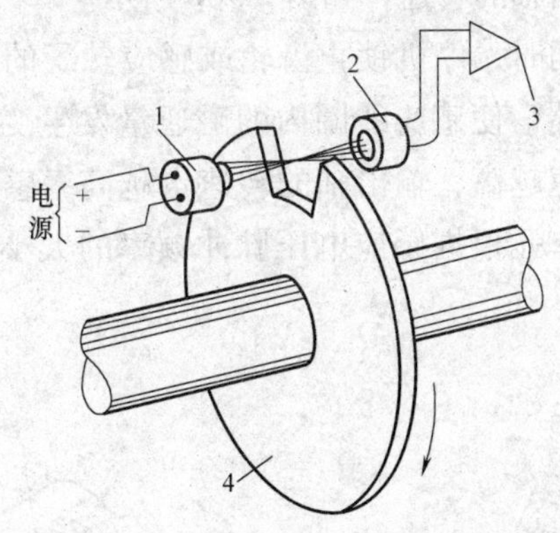

图2-94 光电式曲轴位置传感器

1—发光二极管 2—光敏晶体管 3—输出信号 4—转盘

光电式曲轴位置传感器的工作原理如图2-95所示。发光二极管正对着光敏二极管，发光二极管以光敏二极管为照射目标。信号盘位于发光二极管和光敏晶体管之间，当信号盘随发动机曲轴运转时，因信号盘上有光孔，产生透光和遮光的交替变化，生成信号发生器输出表示曲轴位置和转角的脉冲信号。电控单元根据此信号计算出发动机曲轴的转速。

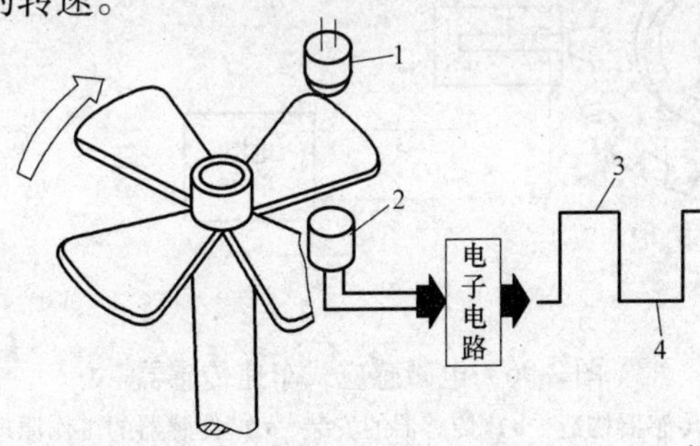

图2-95 光电式曲轴位置传感器的工作原理

1—发光二极管 2—光敏晶体管 3—光源照射 4—遮蔽光源

3）电磁感应式车速传感器。电磁感应式车速传感器由永久磁铁和电磁感应线圈组成，如图 2-96a 所示。它安装在自动变速器输出轴附近的壳体上，靠近输出轴上的停机锁止齿轮或感应转子，用于检测自动变速器输出轴的转速，如图 2-96b 所示。

当输出轴转动时，停机锁止齿轮或感应转子的凸齿不断地靠近或离开车速传感器，使感应线圈内的磁通量发生变化，从而产生交流感应电压。车速越高，输出轴的转速也越高，感应电压的脉冲频率也越大。电控单元根据感应电压脉冲频率的大小计算出车速，如图 2-96c 所示。

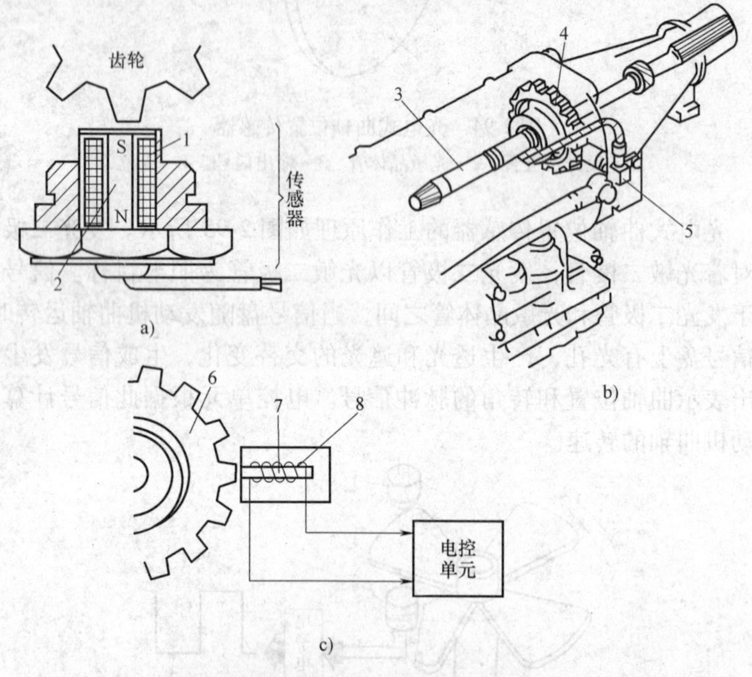

图 2-96　电磁感应式车速传感器

a）传感器构造　b）传感器的安装　c）传感器的工作原理

1、8—线圈　2、7—永久磁铁　3—输出轴

4、6—停机锁止齿轮　5—车速传感器

5. 氧传感器的类型与功用

氧传感器用于电子控制燃油喷射装置的反馈控制系统，用来检测排放气体中的氧浓度与空燃比，在发动机内进行理论空燃比（14.7：1）燃烧的监控，并向电控单元输送反馈信号。

氧传感器均安装在发动机排气管上。

（1）二氧化锆式氧传感器。二氧化锆式氧传感器的基本元件是专用陶瓷体，即二氧化锆（ZrO_2）固体电解质。陶瓷体制成试管式的管状，亦称锆管，如图 2-97a 所示。

锆管固定在带有安装螺钉的固定套中，锆管内外表面都覆盖着一层多孔铂膜作为电极。锆管内表面电极与大气相通，外表面则与废气接触。为了防止废气中的杂质腐蚀铂膜，在锆管外表的薄膜上覆盖着一层多孔的氧化铝保护层，并且还加装一个防护套管。氧传感器的接线端有一个金属保护套，其上开有一孔，用于使锆管内表面与大气相通，导线将锆管内表面铂极经绝缘套从传感器引出。

为了保证氧传感器具有稳定的输出信号，必须保证氧传感器处于 300°C 以上环境工作。因此，许多氧传感器增设了加热器。

二氧化锆式氧传感器的工作原理（见图 2-97b）如下：

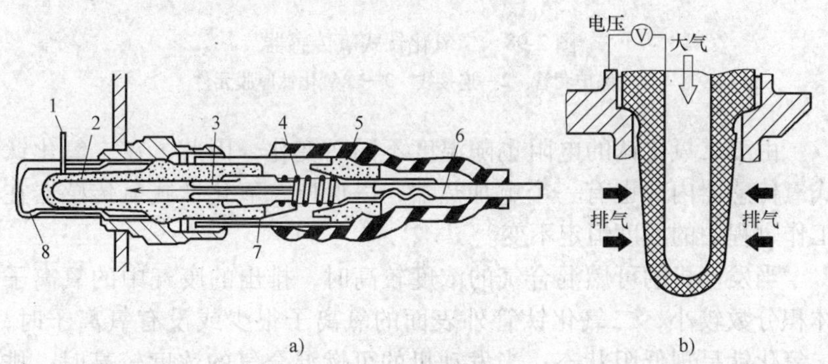

图 2-97　二氧化锆式氧传感器

a）构造　b）工作原理

1—废气　2—锆管　3—电极　4—弹簧　5—绝缘体

6—信号输出导线　7—空气　8—保护套管

二氧化锆是一种具有氧离子传导性的固体电解质，二氧化锆在高温下具有这样一种特性，即当内外侧的氧浓度差较大时，就会产生电动势。大气侧和汽车排出废气侧的氧气浓度及氧气分压是不同的，氧离子会从氧气分压高的一侧（大气侧）移向氧气分压低的一侧（汽车排出废气侧），即在电极之间产生了电动势。

当空燃比较大时，排放气体中的氧气比较少，大气中的氧离子通过二氧化锆管后产生电压；反之，当空燃比较小时，氧气浓度很高，产生的电压很低。

（2）二氧化钛式氧传感器。二氧化钛式氧传感器的外形和二氧化锆式氧传感器相似，如图 2-98 所示。在传感器前端的护罩内是一个二氧化钛厚膜元件。纯二氧化钛在常温下是一种高电阻的半导体，但表面一旦缺氧，其晶格便出现缺陷，电阻也随之减小。

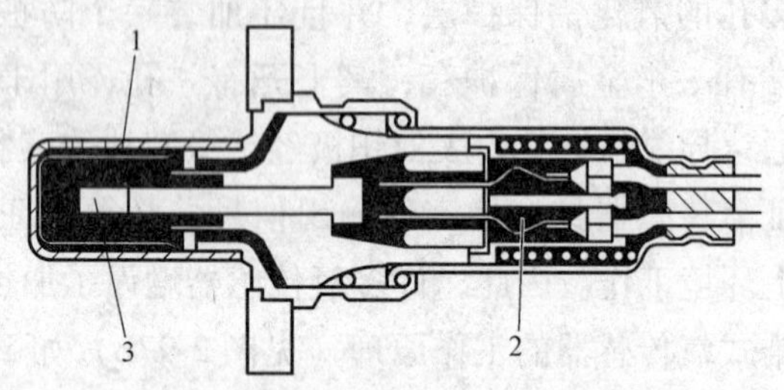

图 2-98　二氧化钛式氧传感器

1—保护套管　2—连接线　3—二氧化钛厚膜元件

由于二氧化钛的电阻也随温度不同而变化，因此，在二氧化钛式氧传感器内部也有一个电加热器，以保持二氧化钛式氧传感器在工作过程中的温度恒定不变。

当发动机的可燃混合气的浓度较高时，排出的废气中的氧离子体积分数较小，二氧化钛管外表面的氧离子很少或没有氧离子时，二氧化钛呈现低阻状态；当发动机的可燃混合气的浓度较高时，排出的废气中的氧离子体积分数较大，二氧化钛管外表面的氧离子浓度较大时，二氧化钛呈现高阻状态。由于氧传感器的电阻发生了改变，使得与电控单元连接的氧传感器负极上的电压降也产生了变化。当氧传感器负极上的电压高于参考电压时，电控单元判定混合气过

浓，于是就控制喷油器逐渐减少喷油量。通过这样的反馈控制，使混合气的浓度保持在理论空燃比附近的狭小范围内。

二、传感器的检测

1. 检测、更换冷却水温度传感器

（1）冷却水温度传感器的电阻检测

1）就车检测。将点火开关置于 OFF 位置，拆卸冷却水温度传感器的导线插接器，用数字式高阻抗万用表欧姆挡，按图 2-99 所示，测试传感器两端子间的电阻值。其电阻值与温度的高低成正比，在热机时应小于 1kΩ。

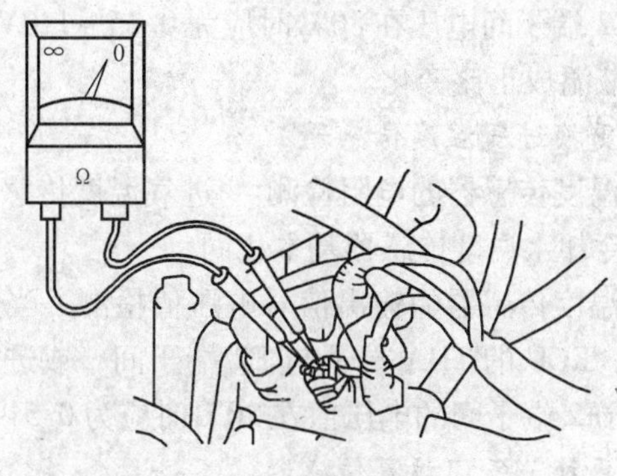

图 2-99　冷却水温度传感器电阻的就车检测

2）单件检查。拔下冷却水温度传感器的导线插接器，然后从发动机上拆下传感器。将该传感器置于烧杯内的水中，加热烧杯，同时用万用表欧姆挡测量在不同水温条件下冷却水水温传感器两接线端子间的电阻值，如图 2-100 所示。将测得的值与标准值相比较，如果不符合标准，则应更换冷却水温度传感器。

（2）冷却水温度传感器输出信号电压的检测　装好冷却水温度传感器后，将此传感器的导线插接器插好，当点火开关置于“ON”位置时，从水温传感器导线插接器“THW”端子（丰田车）或从 ECU 插接器“THW”端子与 E2 间测试传感器的输出电压信号。丰

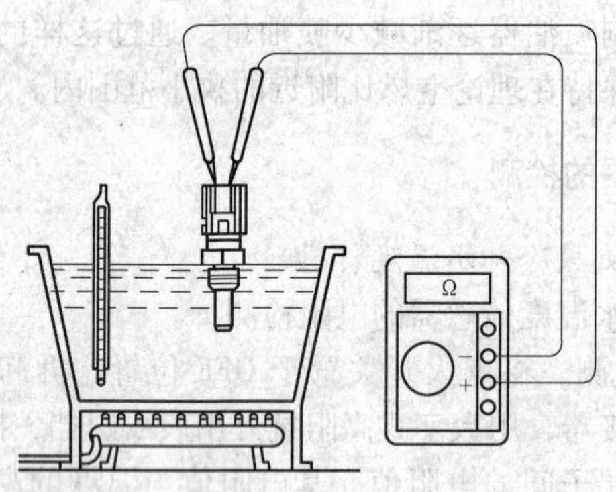

图 2-100　测量冷却水温度传感器电阻

田车 THW 与 E2 端子间电压在 80℃时应为 0.25 ~ 1.0V。所测得的电压值应随冷却液温成正比变化。

2. 检测、更换进气温度传感器

（1）进气温度传感器的电阻检测　进气温度传感器的电阻检测方法和要求与冷却水温度传感器基本相同。

（2）进气温度传感器的输出信号电压值检测　当点火开关置于"ON"位置时，ECU 的 THA 端子与 E2 端子间，或进气温度传感器插接器 THA 与 E2 端子间的电压值在 20℃时应为 0.5 ~ 3.4V。

3. 检测、更换节气门位置传感器

节气门位置传感器一般采用万用表测量电阻和电压。

（1）电阻检测　拔去节气门位置传感器的插头，用万用表电阻挡测量怠速触点与全开触点的电阻。对于 IDL-E1 间电阻：节气门全闭时电阻值应为"0"，部分载荷时应为"∞"，全载荷时应为"∞"，否则应更换。PSW-E1 间电阻：节气门全闭时应为"∞"，部分载荷时应为"∞"，全载荷时应为"0"，否则应更换。

（2）电压检测　将万用表的表笔接在节气门位置传感器插头后面的导线处，检测怠速触点和全开触点的电压值。IDL-E1 间电压：节气门全闭时应为"0"，部分载荷时应为"12V"，全载荷时应为"12V"，否则应更换。PSW-E1 间电压：节气门全闭时应为"12V"，部分载荷时应为"12V"，全载荷时应为"0"，否则应更换。

复习思考题

1. 拆卸正时带（链）、正时齿（链）轮的注意事项有哪些？
2. 配气机构的检测要点有哪些？
3. 修磨气门与气门座的操作要点与技术参数有哪些？
4. 凸轮轴的检测操作要点是什么？
5. 气缸盖的装配注意事项有哪些？
6. 配气机构的装配与调整注意事项有哪些？
7. 气缸体裂纹的检查方法是什么？
8. 气缸体接合面的检修方法是什么？
9. 气缸磨损的检测要点是什么？
10. 测量曲轴弯曲度的操作要点是什么？
11. 连杆弯曲或扭曲变形的原因是什么？
12. 电控燃油喷射系统主要部件的结构与工作原理是什么？
13. 检测、更换电动燃油泵及燃油泵继电器的注意事项有哪些？
14. 检测、更换油压调节器的注意事项有哪些？
15. 如何检测、更换进气温度传感器、冷却液温度传感器和节气门位置传感器？
16. 节温器的结构与工作原理是什么？
17. 机油泵的分类、结构与工作原理是什么？
18. 分电器的结构与工作原理是什么？
19. 点火线圈的结构与工作原理是什么？
20. 火花塞的分类、型号与选配方法是什么？
21. 起动机的分类、结构与工作原理是什么？
22. 如何测试起动机的性能？

第三章

底盘结构与检修

培训目标 通过本章的学习，掌握底盘结构及修理的专业知识，为工作中能够解决实际问题打下良好的基础。

第一节 传动系的结构与检修

一、传动系的布置形式

汽车传动系的布置形式取决于汽车的使用性质、发动机的安装位置和汽车的驱动形式。

汽车的驱动形式通常用汽车车轮总数×驱动车轮数来表示（其中车轮数按轮毂数计）。例如，普通汽车多装有四个车轮，其中只有两个驱动轮，其驱动形式为4×2。越野汽车的全部车轮都可作为驱动轮，其驱动形式有4×4和6×6等。此外，汽车的驱动形式也可以用车桥总数×驱动桥数来表示，如2×1和2×2等。

1. 发动机前置、后轮驱动（FR型）

一般将发动机、离合器和变速器连成一个整体安装在汽车的前部，而主减速器、差速器和半轴则安装在汽车后部的后桥壳中，两者之间通过万向传动装置相连。这种后轮驱动的布置形式附着力大，易获得足够的驱动力。并且发动机散热条件好，驾驶员可直接操纵发动机、离合器和变速器，因而操纵机构简单，维修方便，是目前

货车上广泛采用的一种传动系布置形式。如解放 CA1092、东风 EQ1090E 汽车，另外，雷克萨斯 LS400、奔驰和宝马系列轿车也采用这种布置形式。

2. 发动机前置、前轮驱动（FF 型）

其变速器、主减速器和差速器装配成一个整体，并同发动机、离合器一起集中安装在汽车前部。发动机散热条件好；且整个传动系集中在汽车的前部，因而其操纵机构比较简单，操纵方便；还省去了很长的传动轴。另外，由于传动系结构紧凑，整车质心降低，汽车高速行驶稳定性好。但前轮驱动的汽车在上坡时附着力减小，易打滑；下坡制动时，前轮载荷过重，高速行驶易发生翻车现象。

发动机前置、前轮驱动的传动系布置形式，在重心较低的微型、普通型轿车上得到了广泛地运用，如上海桑塔纳、奥迪、富康雪铁龙、广州本田雅阁和丰田佳美等轿车，其中夏利轿车为发动机横置，桑塔纳轿车为发动机纵置。

3. 发动机后置、后轮驱动（RR 型）

发动机、离合器和变速器制成一体布置在驱动桥之后，大大缩短了传动轴的长度，并从整个汽车具有较理想的总体布置设计出发，使汽车总质量能较合理地分配在前、后轴上，前轴不易过载，后轮附着力大；传动系结构紧凑，质心有所降低；还能更充分地利用车厢面积，是某些大型客车常采用的一种传动系布置形式，如厦门金龙、Volvo 客车等。

4. 越野汽车传动系的布置形式

越野汽车为了充分利用所有车轮与地面之间的附着条件，以获得尽可能大的牵引力，而采用四轮驱动，如北京切诺基、长城赛弗、东风本田 CRV 汽车等。另外，某些大型三轴自卸车和牵引车也采用四轮驱动。目前部分现代轿车也采用四轮驱动系统，如奥迪 A4 轿车、布加迪威航跑车等。

二、传动系的组成

汽车传动系主要由离合器、变速器、万向节和传动轴组成的万向传动装置、主减速器、差速器和半轴等组成，如图 3-1 所示。发

动机的动力经过各总成传给驱动轮。驱动轮得到的扭矩便给地面一个向后的作用力，从而使地面对驱动轮产生一个向前的反作用力，这个反作用力称为驱动力或牵引力。当驱动力足以克服汽车行驶阻力时，汽车才会起步和正常行驶。

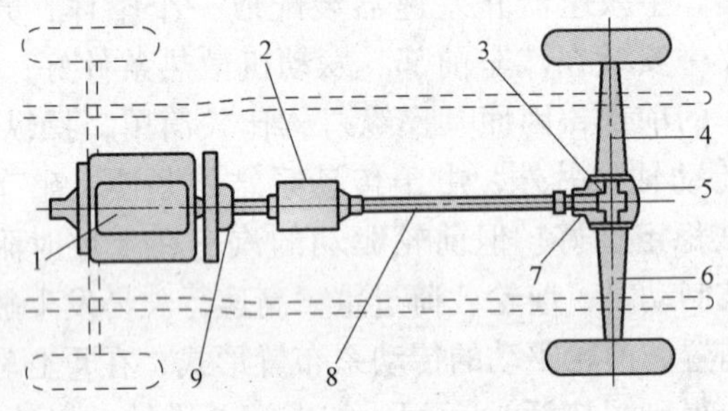

图 3-1　传动系的组成

1—发动机　2—变速器　3—差速器　4、6—半轴　5—驱动桥

7—主减速器　8—万向传动装置　9—离合器

1. 离合器

（1）离合器的功用　离合器是传动系中直接与发动机连系的总成。其主动部分与发动机飞轮相连，从动部分与变速器相连，用于暂时分离和接合发动机的动力传递，保证汽车平稳起步，使换挡时工作平顺，并防止传动系过载。

（2）离合器的类型　现代汽车多采用周布螺旋弹簧离合器和膜片弹簧离合器。

1）单片干式（螺旋弹簧）离合器　单片干式（螺旋弹簧）离合器主要由主动部分（离合器盖和压盘等）、从动部分（从动盘）、压盘弹簧和分离机构（分离杠杆、分离轴承、分离套筒、分离叉组件）等部分组成，如图 3-2 所示。

离合器盖 8 通过螺栓固定在发动机飞轮上，压盘弹簧 9 通过压盘 2 将从动盘紧压在发动机飞轮上，从动盘的键槽套在变速器的输入轴上。当发动机旋转时，带动离合器盖和压盘旋转，通过从动盘和飞轮间产生的摩擦力从而带动从动盘旋转，将动力传给变速器。

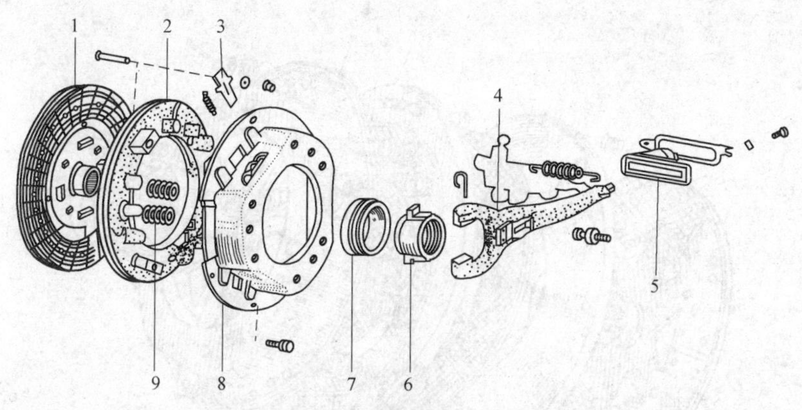

图 3-2　单片干式离合器组成图

1—离合器从动盘　2—压盘　3—分离杠杆　4—分离叉　5—分离叉套
6—分离套筒　7—分离轴承　8—离合器盖　9—压盘弹簧

分离杠杆 3 装在离合器盖和压盘上，当踩下制动踏板时，通过分离叉 4、分离套筒 6 和分离轴承 7 推动分离杠杆，分离杠杆将压盘向后移动，压在从动盘上的压力消失，离合器从动盘和飞轮间的摩擦力消失，动力传递中止。

汽车起步时，应先踩下离合器踏板切断发动机动力，挂上挡后，再缓慢松开离合器踏板，在压紧弹簧作用下，从动盘逐渐与飞轮端面接触并压紧，使动力由小到大传到变速器，达到平稳起步。

汽车换挡时，也应先踩下离合器踏板，切断发动机动力，变速器齿轮不再传递转矩，容易退出原挡位齿轮，也容易挂上新挡位。

当汽车发动机过载，超出从动盘所能传递的最大力转矩时，则传动盘打滑，避免了传动系与发动机产生扭转，保护了机件。

2）双片干式（螺旋弹簧）离合器　双片干式（螺旋弹簧）离合器的工作原理和单片干式（螺旋弹簧）离合器基本相同，如图 3-3 所示。采用了中间从动盘 1，在压盘 6 和从动盘 3 之间设置有隔热垫 4，防止因过热而使压盘弹簧 5 变软。采用双片从动盘使传递的旋转力矩增大，同时还可以使发动机和传动机构连接时得到更好的柔性接合而无冲击。从动盘一般用高摩擦系数的耐热材料制成。

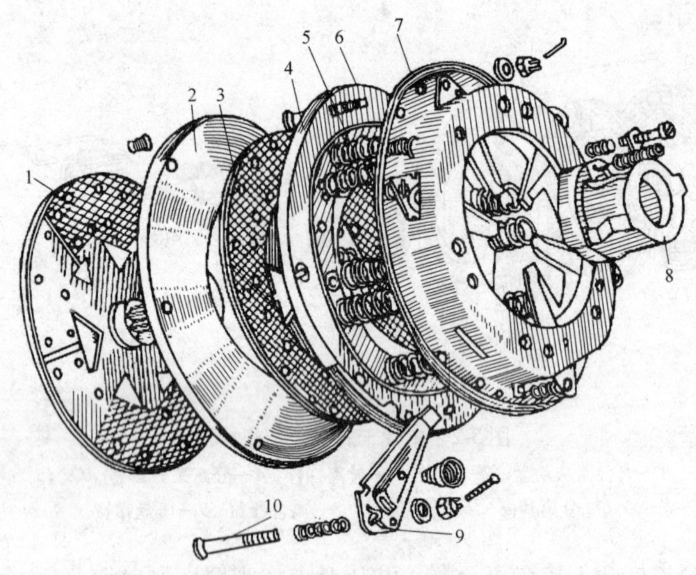

图 3-3　双片干式（螺旋弹簧）离合器

1—中间从动盘　2—中间压盘　3—从动盘　4—隔热垫　5—压盘弹簧　6—压盘　7—离合器盖　8—分离轴承　9—分离杆　10—分离杆螺钉

3）膜片弹簧式离合器　膜片弹簧式离合器主要由从动盘、压盘、离合器盖、膜片弹簧及操纵机构等组成（见图 3-4）。离合器盖 2 通过螺栓固定在发动机飞轮上，与飞轮一起转动。其中，膜片弹簧 1 本身兼有压紧弹簧和分离杠杆的作用。当离合器接合时，膜片弹簧通过压盘 3 将从动盘 4 紧压在飞轮端面上。从动盘通过内花键与变速器的输入轴相连，把发动机的转矩传给变速器。当离合器分离时，离合器操作机构推动分离轴承左移，膜片弹簧反向变形，使压盘和从动盘分离，动力被切断。

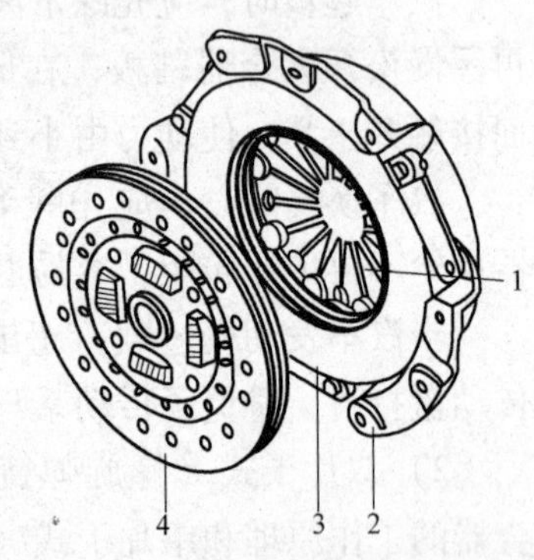

图 3-4　膜片弹簧式离合器

1—膜片弹簧　2—离合器盖　3—压盘　4—从动盘

2. 手动变速器

手动变速器由变速传动机构和变速操纵机构两大部分组成。变速传动机构的主要作用是在传递发动机动力过程中改变转速、转矩和转向；变速操纵机构的作用是控制传动机构实现转速、转矩和转向的变换。变速传动机构分为二轴式和三轴式变速器。

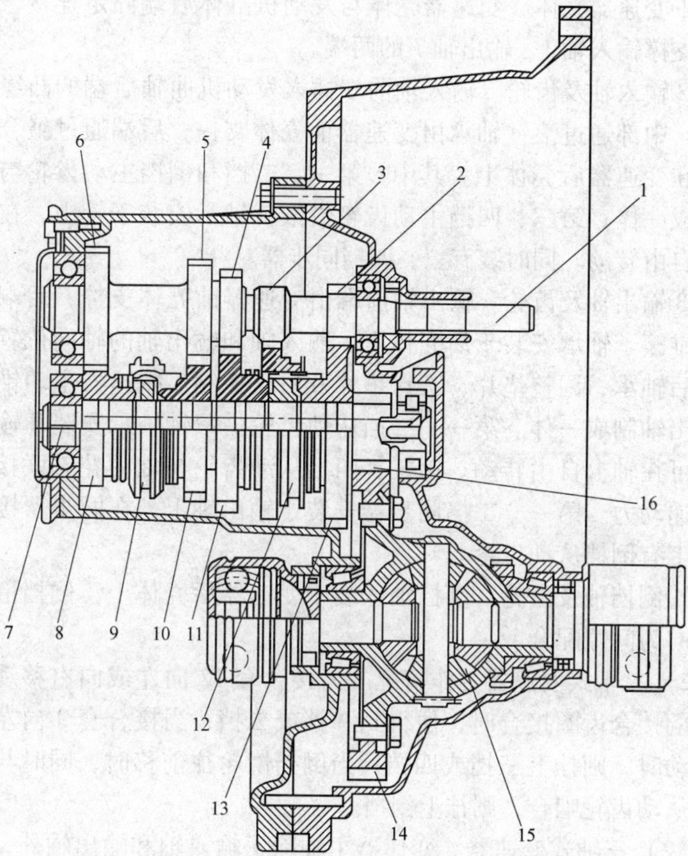

图 3-5　二轴式变速器传动机构

1—输入轴　2—一挡主动齿轮　3—倒挡主动齿轮　4—二挡主动齿轮　5—三挡主动齿轮
6—四挡主动齿轮　7—输出轴　8—四挡从动齿轮　9—三、四挡同步器的接合套
10—三挡从动齿轮　11—二挡从动齿轮　12—一、二挡同步器的接合套和倒挡从动齿轮
13—一挡从动齿轮　14—主减速器从动齿轮　15—差速器　16—主减速器主动齿轮

（1）二轴式变速器　如图 3-5 所示为二轴式变速器传动机构。其变速器主轴包括输入轴和输出轴，故称二轴式变速器。

1）二轴式变速器的构造。变速传动机构主要由输入轴、输出轴、倒挡轴、齿轮组、同步器、支撑轴承和变速器壳体组成。变速器共有四个前进挡和一个倒车挡。

①变速器壳体。变速器壳体与发动机缸体后端固定连接，其作用是支撑输入轴 1、输出轴 7 的两端。

②输入轴及齿轮。输入轴前端插入发动机曲轴后端的凸缘轴承孔中，中部通过滚针轴承由变速器前壳体支撑，后端通过组合式轴承装在变速器后壳体上。其中，第一、二挡和倒挡主动齿轮与输入轴制成一体；第三、四挡主动齿轮借滚针轴承安装于轴上，在轴上可作自由转动。同时装有三、四挡同步器。

③输出轴及齿轮。输出轴前端由变速器前壳体支撑，后端借双列圆锥滚子轴承安装于后壳体上。输入轴和输出轴的轴向位置均由两个后轴承、调整垫片、密封垫片及后盖控制。减速器主动锥齿轮与输出轴制成一体。第一、二挡从动齿轮借滚针轴承安装于输出轴上，可在轴上自由转动。第三、四挡从动齿轮与轴的花键联接，以此传递动力。第一、二挡同步器安装于输出轴上，在同步器接合套上加工有倒挡从动齿轮。

④倒挡轴及齿轮。倒挡轴压装于变速器后壳体上，倒挡惰轮与轴周向为间隙配合。

2）二轴式变速器工作情况。当接合套 12 向左或向右移动到与相应的接合齿圈接合时，便得到一挡或二挡；当接合套 9 向左或向右移动时，则挂上三挡或四挡；当倒挡惰轮往前移时，同时与倒挡主、从动齿轮啮合，则挂上倒挡。

（2）三轴式变速器　变速器主轴除了输入轴和输出轴外，还设有中间轴，所以称为三轴式变速器。如图 3-6 所示为东风 EQ1092 型汽车变速器传动机构，由变速器壳体和支撑轴承、输入轴、输出轴、中间轴、倒挡轴、同步器及轴上的齿轮组成，具有五个前进挡和一个倒车挡，第五挡为直接挡。

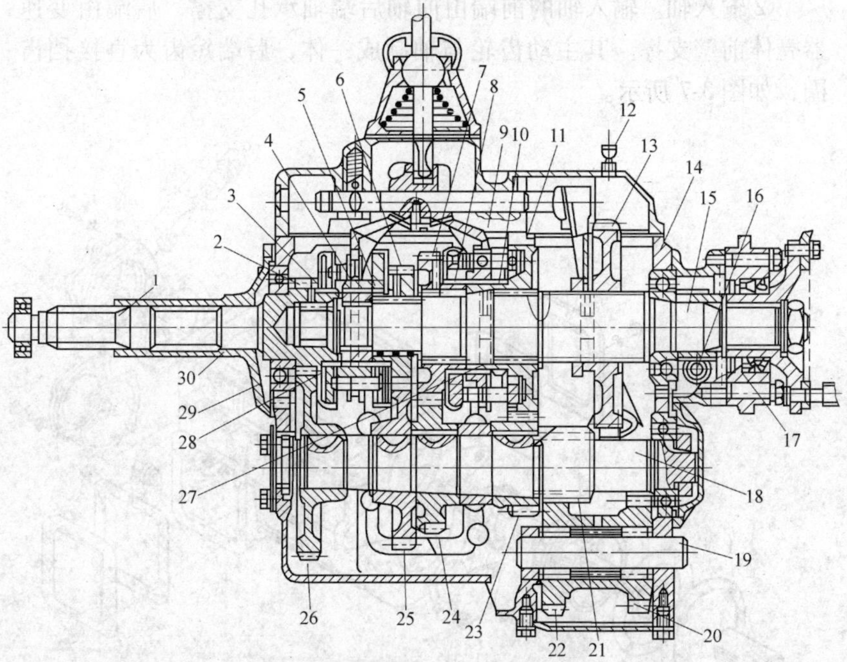

图 3-6 东风 EQ1092 型汽车变速器

1—第一轴 2—第一轴常啮合传动齿轮 3—第一轴齿轮接合齿圈 4、9—接合套 5—四挡齿轮接合齿圈 6—第二轴四挡齿轮 7—第二轴三挡齿轮 8—三挡齿轮接合齿圈 10—二挡齿轮接合齿圈 11—第二轴二挡齿轮 12—通气塞 13—第二轴一挡、倒挡滑动齿轮 14—变速器壳体 15—第二轴 16—车速里程表传动齿轮 17—中央制动器底座 18—中间轴 19—倒挡轴 20、23—倒挡中间齿轮 21—中间轴一挡、倒挡齿轮 22—中间轴二挡齿轮 24—中间轴三挡齿轮 25—中间轴四挡齿轮 26—中间轴常啮合传动齿轮 27、28—花键毂 29—第一轴轴承盖 30—轴承盖回油螺纹

1）三轴式变速器的构造

①变速器壳体。壳体材料为灰铸铁，变速器输入轴、输出轴、中间轴、倒挡轴相互平行，安装于壳体上。变速器靠壳体前端面上的四个螺栓固定于飞轮后端面上，其上开有加油孔和放油孔，变速器齿轮用规定齿轮油润滑。

②输入轴。输入轴的前端由曲轴后端轴承孔支撑，后端由变速器壳体前壁支撑。其主动齿轮与轴制成一体，后端短齿为直接挡齿圈，如图 3-7 所示。

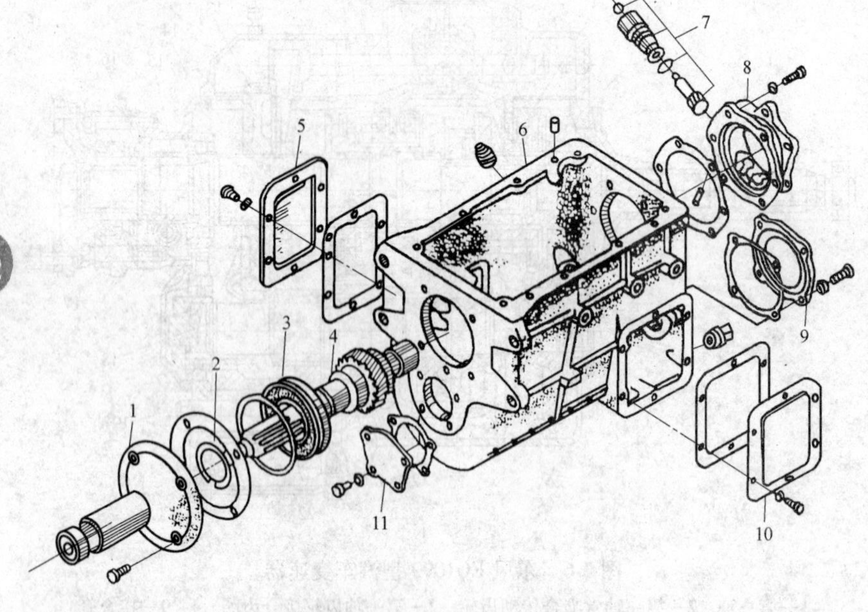

图 3-7　变速器壳体和输入轴

1—轴承盖　2—卡环　3—轴承　4—输入轴　5—侧盖　6—变速器壳　7—里程表驱动机构　8—后轴承盖　9—轴承盖　10—侧盖　11—轴承盖

③中间轴。如图 3-8 所示，中间轴前端由圆锥滚子轴承支撑，后端由深沟球轴承支撑。一挡和倒挡长齿与轴制成一体。常啮合齿轮和第二、三、四挡齿轮均为斜齿轮，它们与中间轴用半圆键联接。

④输出轴。如图 3-9 所示，输出轴前、后端分别支撑于输入轴后端孔内和壳体后壁上。第一挡、倒挡齿轮与输出轴以矩形花键联接。第二、三、四挡常啮合齿轮由双列滚针轴承支撑。两只同步器安装于其轴上。

⑤倒挡轴。两个倒挡齿轮借滚针轴承安装于轴上，其轴压装于

壳体上，并由锁片锁止，如图 3-8 所示。

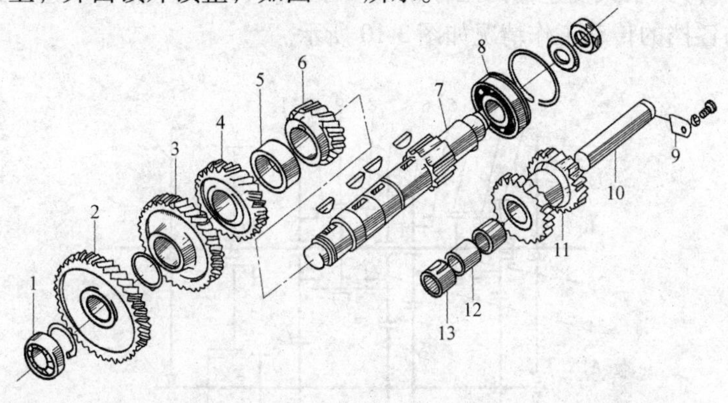

图 3-8　中间轴和倒挡轴

1—前轴承　2—常啮合齿轮　3—四挡齿轮　4—三挡齿轮　5—隔套　6—二挡齿轮　7—中间轴　8—后轴承　9—锁片　10—倒挡轴　11—倒挡齿轮　12—隔套　13—滚子轴承

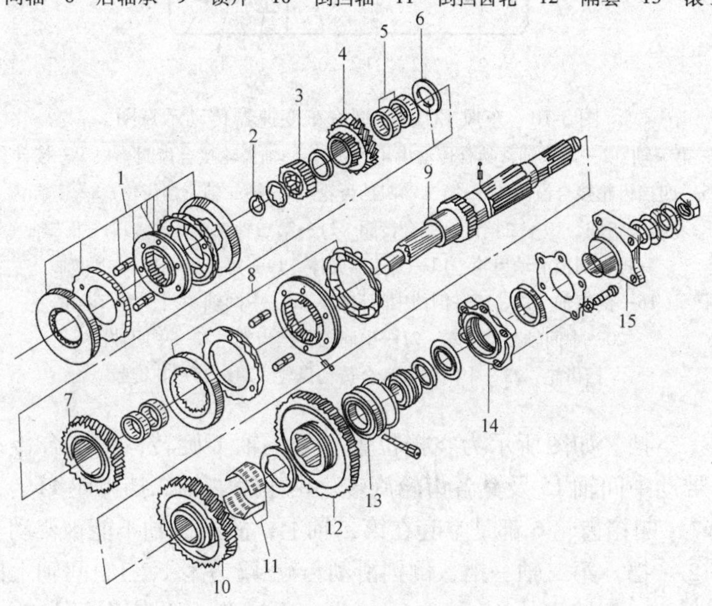

图 3-9　输出轴总成

1—四、五挡同步器　2—卡环　3—齿毂　4—四挡齿轮　5—轴承　6—止推垫圈　7—三挡齿轮　8—二、三挡同步器　9—输出轴　10—二挡齿轮　11—轴承　12—一挡齿轮　13—轴承　14—轴承盖　15—凸缘

2）三轴式变速器的工作情况。东风 EQ1092 型汽车变速器传动机构各挡的传动工作情况如图 3-10 所示。

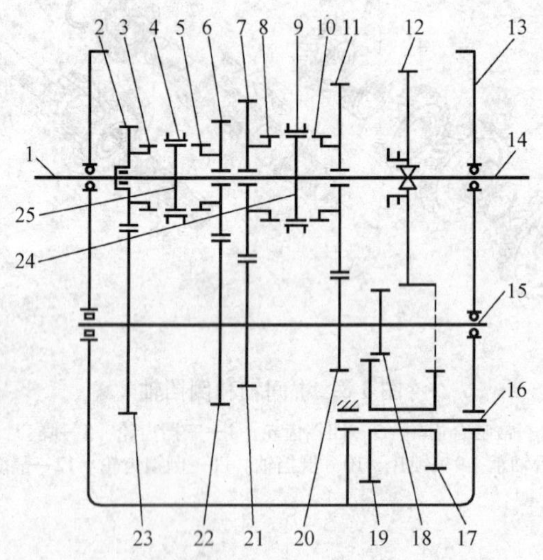

图 3-10　东风 EQ1092 型汽车变速器传动示意图

1—第一轴　2—第一轴常啮合传动齿轮　3—第一轴齿轮接合齿圈　4、9—接合套　5—四挡齿轮接合齿圈　6—第二轴四挡齿轮　7—第二轴三挡齿轮　8—三挡齿轮接合齿圈　10—二挡齿轮接合齿圈　11—第二轴二挡齿轮　12—第二轴一挡、倒挡滑动齿轮　13—变速器壳体　14—第二轴　15—中间轴　16—倒挡轴　17、19—倒挡中间齿轮　18—中间轴一挡、倒挡齿轮　20—中间轴二挡齿轮　21—中间轴三挡齿轮　22—中间轴四挡齿轮　23—中间轴常啮合传动齿轮　24、25—花键毂

①空挡。如图所示为空挡位置。第一轴 1 旋转，常啮合传动齿轮 2 带动中间轴 15 及其各齿轮旋转。由于第二轴二挡齿轮 11、三挡齿轮 7、四挡齿轮 6 都是空套在第二轴上，故第二轴不能被驱动。

②一挡。第二轴一挡、倒挡滑动齿轮 12 左移，与中间轴上的中间轴一挡、倒挡齿轮 18 啮合后，动力通过第一轴依次经齿轮 2 和 23、中间轴 15、齿轮 18 和 12，再通过花键传给第二轴 14。

③二挡。同步器接合套 9 右移，与二挡齿轮 11 的接合齿圈 10 啮合。动力通过第一轴依次经过齿轮 2 和 23、中间轴 15、齿轮 20 和

11、接合齿圈10、接合套9、花键毂24传给第二轴。

④三挡。同步器接合套9左移与三挡齿轮接合齿圈8啮合，动力通过第一轴依次经过齿轮2和23、中间轴15、齿轮21和7、接合齿圈8、接合套9、花键毂24传给第二轴。

⑤四挡。将第二轴四、五挡接合套4向右移动，与接合齿圈5啮合，动力通过第一轴依次经过齿轮2和23、中间轴15、齿轮22和6、四挡齿轮接合齿圈5、接合套4、花键毂25传给第二轴。

⑥五挡。将第二轴四、五挡接合套4向左移动与第一轴常啮合齿轮2的接合齿圈3啮合，动力从第一轴经齿轮2、接合齿圈3、接合套4和花键毂25直接传给第二轴，不再经过中间轴齿轮传动，故称为直接挡。

⑦倒挡。将第二轴一、倒挡滑动齿轮12右移，与倒挡中间直齿轮17啮合，即挂入倒挡。动力通过第一轴依次经过齿轮2和23、中间轴15、齿轮18、19、17、12传到第二轴。第二轴的旋转方向与第一轴相反，汽车向后行驶。

3. 自动变速器

自动变速器（Automatic Transmission，AT）是指汽车行驶时，变速器的操纵和换挡操纵全部或部分实行自动化。与手动变速器相比，自动变速器具有操作简单省力、行车安全性好、舒适性好、机件的使用寿命长、动力性和排放性能好等优点；但也存在结构复杂、精度高、成本高、传动效率低、维修困难等缺点。

目前轿车绝大部分自动变速器采用电子控制辅助液压控制系统完成换挡，它主要由液力变矩器、行星齿轮变速器、液压控制系统、电子控制系统、变速器壳体等组成（见图3-11）。发动机的动力经液力变矩器变速变矩，再经过行星齿轮变速器进一步变速变矩输出动力。

如图3-12所示，电子控制单元（ECU）根据发动机的节气门开度、汽车车速等各种运转参数，按照预先设定的控制程序发出换挡等控制信号，通过各种电磁阀（换挡电磁阀、油压电磁阀等）来操纵阀体总成的工作，完成换挡等控制任务。

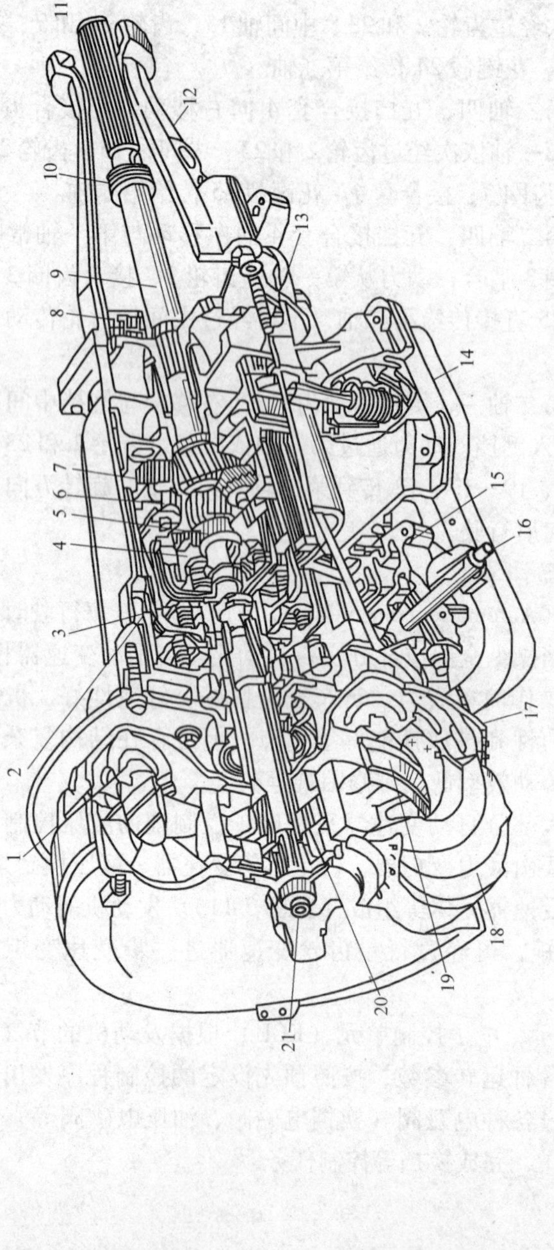

图3-11　典型的自动变速器结构

1—泵轮　2—单向离合器　3—第二离合器　4—第三离合器　5—太阳轮　6—前行星齿轮组　7—后行星齿轮组　8—调速器　9—输出轴　10—速度表驱动齿轮　11—传动轴　12—辅加外壳　13—制动带　14—变速器油底壳　15—阀体　16—手动变换机构　17—变矩器　18—涡轮　19—定子　20—导轮　21—输入轴

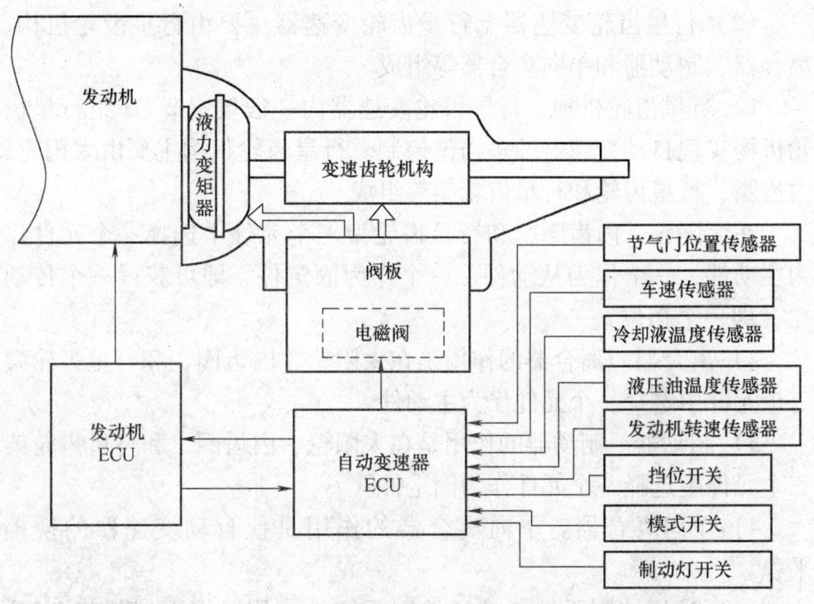

图 3-12 自动变速器电子控制原理图

（1）液力变矩器 液力变矩器主要由泵轮、涡轮和导轮等组成，如图 3-13 所示。液力变矩器的壳体 2 通过螺栓固定在发动机飞轮上，而泵轮 3 和壳体制成一体，涡轮上套装有从动轴（变速器输入轴）5，液力变矩器内充满工作液。飞轮转动时带动泵轮转动，泵轮将工作液甩出并冲击涡轮 1，在液力冲击下，涡轮开始转动，从而带动从动轴转动，液力变矩器将发动机动力传给变速器。

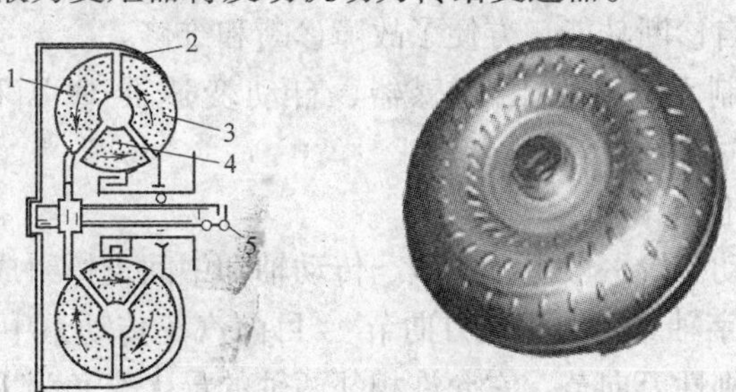

图 3-13 液力变矩器

1—涡轮 2—壳体 3—泵轮 4—导轮 5—从动轴（变速器输入轴）

(2) 行星齿轮变速器　行星齿轮变速器主要由行星齿轮机构、离合器、制动器和单向离合器等组成。

1）行星齿轮机构。行星齿轮变速器内一般设置2～3组行星齿轮机构实现自动变速器的多挡位控制。行星齿轮机构主要由太阳轮、内齿圈、行星齿轮和行星齿轮架等组成。

在太阳轮、内齿圈、和行星齿轮架三个元件中选择一个元件作为主动件，一个作为从动件、一个作为固定件，即可获得一个传动比（即一个挡位）。

2）离合器。离合器的作用是在太阳轮、内齿圈、和行星齿轮架三个元件中选择一个元件作为主动件。

3）制动器。制动器的作用是在太阳轮、内齿圈、和行星齿轮架三个元件中选择一个元件作为固定件。

4）单向离合器。单向离合器的作用是使自动变速器的换挡平稳。

(3) 液压控制系统　液压控制系统的作用是根据节气门开度、车速等信号，将自动变速器油（ATF油）送到不同的控制元件，操纵离合器、制动器等的动作，来选择不同的主动件、从动件和固定件。

液压控制系统主要包括液压油泵、主油路调压阀、手动阀、换挡阀和油道等。

(4) 电子控制系统　电子控制系统的作用是根据行驶要求来控制换挡，使换挡更精确、平稳，提高发动机燃油经济性，减少排放，同时还具有自诊断功能，方便了故障诊断和维修。

电子控制系统主要由传感器、自动变速器 ECU 和执行器等组成。

4. 万向传动装置

万向传动装置一般由万向节、传动轴和中间支撑组成。

(1) 十字轴式普通刚性万向节　目前汽车传动系中用得最多的是十字轴式刚性万向节。它允许相邻两轴的最大交角为15°～20°。

图3-14为解放CA1092型汽车上所用的十字轴式刚性万向节。两万向节叉5和9上的孔分别滑套在十字轴7的两对轴颈上。这样，

当主动轴转动时，从动轴既可随之转动，又可绕十字轴中心在30°~40°夹角范围内任意摆动。为了减少摩擦损失，提高传动效率，在十字轴轴颈和万向节叉孔间装有由滚针3和套筒2组成的滚针轴承。然后用螺钉和轴承盖1将套筒2固定在万向节叉5、9上，并用锁片将螺钉锁紧，防止轴承在离心力作用下从万向节叉内脱出。为润滑轴承，十字轴做成中空的，并有油路通向轴颈。润滑脂从注油嘴8注入十字轴内腔。为避免润滑脂流出及尘埃进入轴承，在十字轴的轴颈上套装有毛毡油封4。在十字轴的中部还装有带弹簧的溢流阀6，如果十字轴内腔润滑脂的压力大于允许值，溢流阀即被顶开，润滑脂外溢，使油封不致因油压过高而损坏。

刚性万向节可以保证当轴间交角变化时可靠地传动，特点是结构简单，传动效率较高。缺点是单个万向节在有夹角的情况下不能传递等角速运动。为了实现刚性十字轴式万向节的等角速传动，可将两个万向节串联安装。

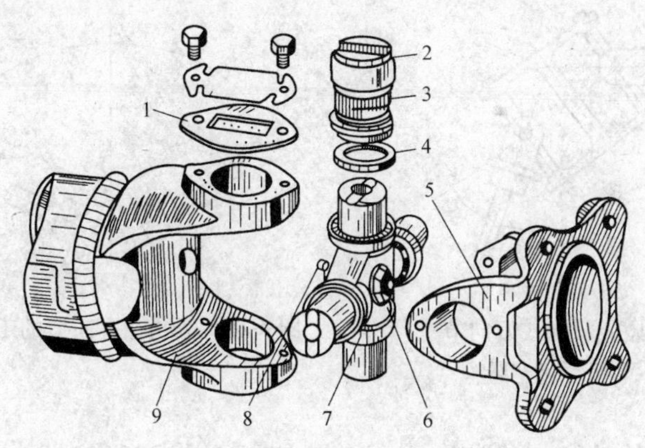

图3-14　解放CA1092型汽车刚性万向节

1—轴承盖　2—套筒　3—滚针　4—毛毡油封

5、9—万向节叉　6—溢流阀　7—十字轴　8—注油嘴

（2）准等速万向节和等角速万向节

1）准等速万向节。常见的准等速万向节有双联式和三销轴式万向节。

①双联式万向节是一套传动轴长度缩减至最小的双十字轴万向节等速传动装置。图 3-15 所示的双联叉 3 相当于两个在同一平面的万向节叉。欲使轴 1 和轴 2 的角速度相等，应保证 $\alpha_1=\alpha_2$。

②三销轴式万向节是由双联式万向节演变而来的。

2）等角速万向节。等角速万向节的结构原理是保证万向节在工作过程中，其传力点永远位于两轴交角的平分面上。图 3-16 为等角速万向节的工作原理示意图。两齿轮的传力接触点 P 位于两齿轮轴线交角 α 的平分面上，由 P 点到两轴的垂直距离都等于 r。在 P 点处两轮的圆周速度相等，因而两个齿轮旋转的角速度相等。

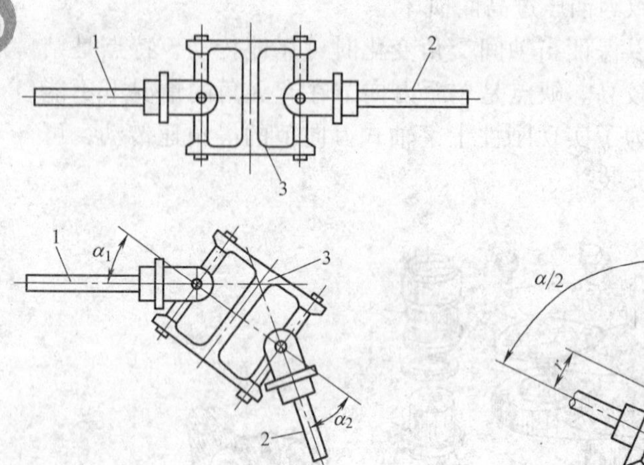

图 3-15　双联式万向节

1、2—轴　3—双联叉

图 3-16　等角速万向节的工作原理

（3）传动轴　传动轴连接变速器（或分动器）与驱动桥，主要作用是将变速器（或分动器）传来的转矩传给驱动桥的主减速齿轮。传动轴是一根转速相当高的长轴。汽车上传动轴多分为两段，其间用万向节连接并加装中间支撑。

（4）中间支撑　图 3-17 为解放 CA1092 型汽车传动轴中间支撑。它由支架 7 和双列圆锥滚子轴承 5 等组成。中间支撑架用螺栓固定在车架的横梁上。

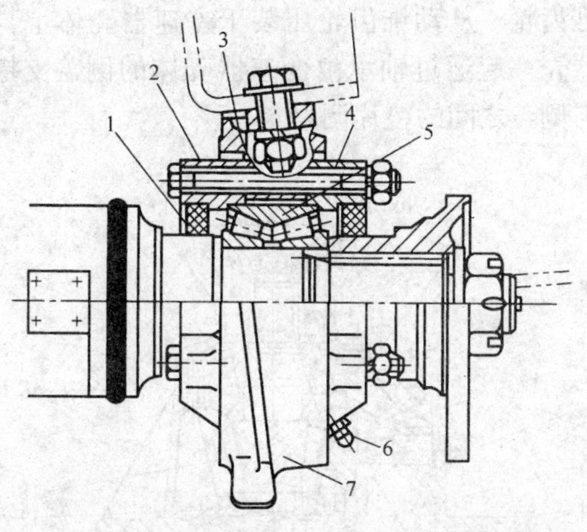

图 3-17　传动轴中间支撑

1—油封　2—前盖　3—橡胶垫环　4—后盖

5—双列圆锥滚子轴承　6—滑脂嘴　7—支架

5. 驱动桥

驱动桥的功用是将万向传动装置（或变速器）传来的动力经降速增扭、改变动力传递方向后，分配到左右驱动轮使汽车行驶，并允许左右驱动轮以不同的转速旋转。驱动桥是传动系的最后一个总成，它由主减速器、差速器、半轴和桥壳等组成，如图 3-18 所示。

（1）主减速器　主减速器的作用是将力的传递方向改变 90°并将输入转速降低、转矩增大。

主减速器一般有两种结构形式，一种是单级主减速器，由一对经常啮合的减速齿轮组成。一种是双级主减速器，由两对经常啮合的齿轮组成。

1）单级主减速器。轿车及中型以下的载货汽车均采用单级主减速器，其减速机构主要由一对减速齿轮组成，如图 3-18 所示为东风 EQ1092 型汽车的圆锥齿轮式单级主减速器。

①主动锥齿轮。主动锥齿轮与变速器输出轴制成一体，主动锥齿轮轴前后通过圆珠滚子轴承和圆锥滚子轴承支撑。其轴向间隙由变速器轴承座与轴承盖之间的垫片来调整。

②从动锥齿轮。从动锥齿轮压装于差速器壳体上，并用螺栓固定，与差速器壳一起通过轴承由变速器壳体的侧盖支撑。轴承预紧度通过轴承与侧盖之间的垫片调整。

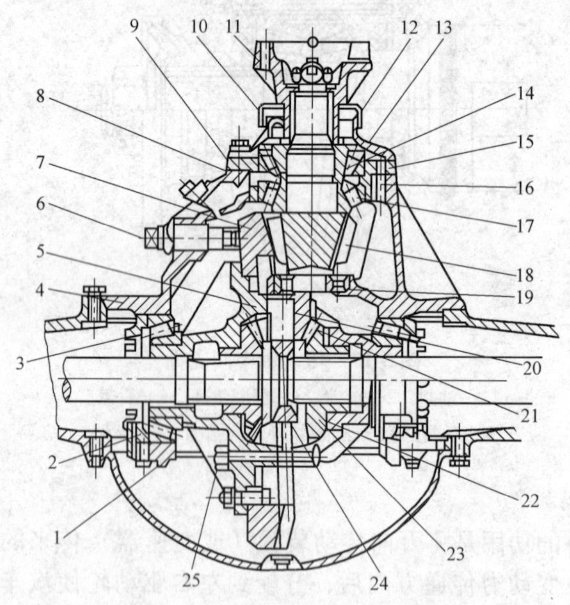

图 3-18　锥齿轮式单级主减速器

1—差速器轴承盖　2—轴承调整螺母　3、13、17—圆锥滚子轴承　4—主减速器壳　5—差速器壳　6—支撑螺柱　7—从动锥齿轮　8—进油道　9、14—调整垫片　10—防尘罩　11—叉形凸缘　12—油封　15—轴承座　16—回油道　18—主动锥齿轮　19—圆柱滚子轴承　20—行星齿轮球面垫片　21—行星齿轮　22—半轴齿轮推力垫片　23—半轴齿轮　24—十字轴　25—螺栓

2）双级主减速器。一些中型或重型汽车采用双级主减速器。图 3-19 所示为解放 CA1092 型汽车的双级主减速器。第一级为一对螺旋锥齿轮减速，第二级为一对圆柱斜齿轮减速。

①主动锥齿轮。主动锥齿轮与轴制成一体，通过两个圆锥滚子轴承采用悬臂式支撑。两个圆锥滚子轴承之间的金属垫片用来调整

轴承预紧度，增加垫片数量，轴承预紧度减小；减少调整垫片时，轴承预紧度增大。

②中间轴。第一级减速的从动锥齿轮铆接在中间轴凸缘上，第二级减速的圆柱主动斜齿轮与轴制成一体。轴两端由两个圆锥滚子轴承支撑，左、右两侧轴承盖与减速器壳之间的调整垫片厚度应基本相等。增加调整垫片时，轴承预紧度减小；减少垫片时，轴承预紧度增大。

③从动圆柱齿轮。齿轮与差速器壳体间用螺栓联接。动力传递路线为：主动锥齿轮→从动锥齿轮→中间轴→主动圆柱斜齿轮→从动圆柱斜齿轮→差速器。

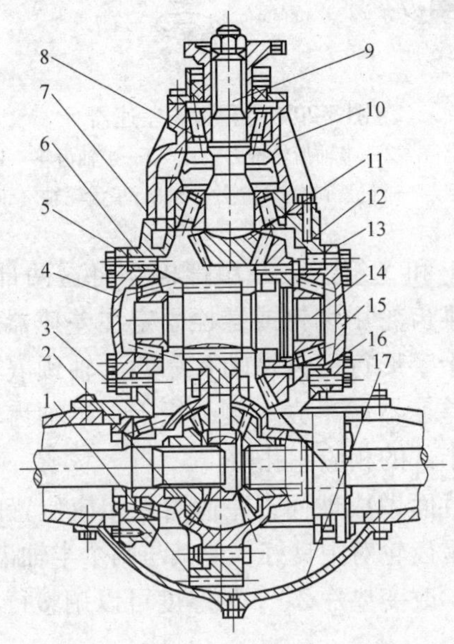

图 3-19　解放 CA1092 型汽车双级主减速器

1—从动圆柱齿轮　2—差速器壳　3—调整螺母　4、15—轴承盖　5—主动圆柱齿轮　6、7、8、12—调整垫片　9—主动轴　10—轴承座　11—主动锥齿轮　13—主减速器壳　14—中间轴　16—从动锥齿轮　17—后盖

（2）差速器　根据工作特性不同，差速器分为普通行星齿轮式差速器和防滑差速器两大类。最常用的是行星齿轮式差速器。

图3-20所示为圆锥行星齿轮差速器，主要由行星齿轮4、行星齿轮（十字轴）轴8、半轴齿轮3和差速器壳5等组成。

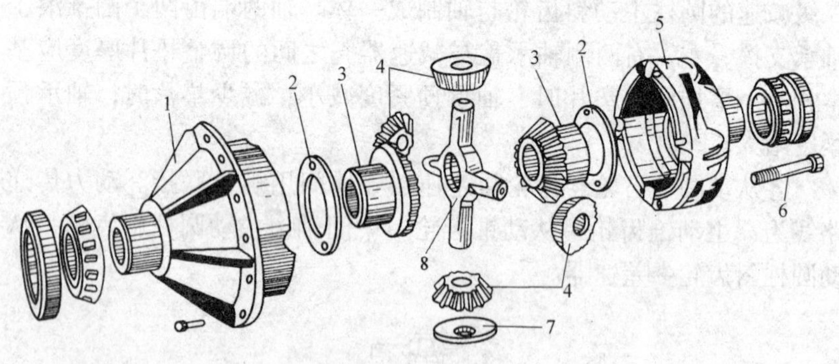

图3-20 行星齿轮差速器

1、5—差速器壳 2—半轴齿轮推力垫片 3—半轴齿轮 4—行星齿轮 6—螺栓 7—行星齿轮球面垫片 8—行星齿轮轴（十字轴）

差速器壳由1和5组成，并用螺栓6将这两部分联接在一起。主减速器的从动锥齿轮用铆钉或螺栓固定在差速器壳左半部1的凸缘上。装配时，十字形行星齿轮轴8靠四个轴颈嵌在半圆槽所形成的孔内，孔位于差速器两半壳内侧凸缘上。半轴齿轮靠轴颈支撑在差速器壳左右两半部的相应座孔中。

行星齿轮的背面做成球面，差速器壳相应位置的内表面也做成球面，以保证行星齿轮对中良好，使其与两个半轴齿轮正确啮合。

使用过程中，改变垫片2、7的厚度可以调整行星齿轮与半轴齿轮的啮合间隙。

汽车行驶时，动力经主减速器主动锥齿轮依次传至从动锥齿轮（单级主减速器）、差速器壳、十字轴、行星齿轮、半轴齿轮和半轴，最后驱动车轮。若两侧车轮以相同的转速转动时，行星齿轮绕半轴轴线转动，称为公转。若两侧车轮由于阻力不同，则行星齿轮在公转的同时，还绕自身的轴线转动，称为自转。因而两半轴齿轮带动两侧车轮以不同转速转动。

三、传动系的检修

1. 离合器从动盘的检查与修理

从动盘是离合器的主要部件，其常见损伤有花键套的键齿磨损，钢片和花键毂之间的减振弹簧过软或折断，钢片与花键毂铆钉松动，钢片翘曲破裂，摩擦片磨损、烧蚀、硬化和破裂等。

（1）从动盘上的摩擦片磨损的检查 从动盘上的摩擦片是离合器使用中的主要易损零件。摩擦片的磨损情况可用游标卡尺测量铆钉头的深度来确定，如图 3-21 所示。铆钉头部的埋入深度 h 不得少于 0. 3mm，否则应换用新摩擦片。

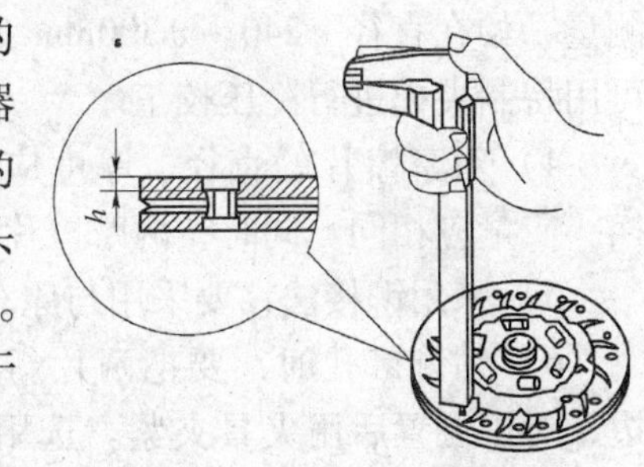

图 3-21 从动盘摩擦片磨损的检查

（2）从动盘翘曲变形的检查 从动盘翘曲变形的检查可通过测量从动盘的端面圆跳动量来检查，用指示表在距边缘 2. 5mm 处测量，其端面圆跳动不应大于 0. 4mm，否则应校正，如图 3-22 所示。

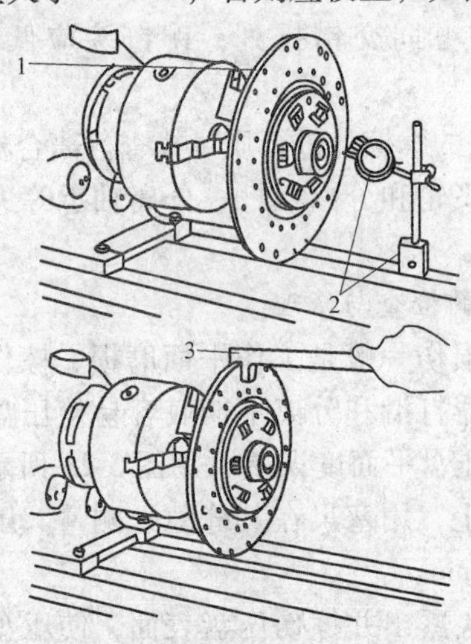

图 3-22 从动盘端面圆跳动的检查

1—从动盘 2—指示表及磁性表座 3—校正用夹具

（3）更换离合器摩擦片

1）拆除旧片，先用比铆钉直径小 0.4 ~ 0.5mm 的钻头钻出铆钉头，再冲下旧铆钉，取下旧片。

2）检查从动盘钢片与花键毂的接合，如有松动，应铆紧或用新铆钉重新铆合。

3）检查从动盘钢片的翘曲，可把钢片放在专门平板上用指示表测量，如在直径 ϕ240 ~ ϕ300mm 处其端面圆跳动大于 0.70mm 时，可用特制夹模进行冷压校正。

4）新摩擦片的直径、厚度应符合原车规格，且两片应同时更换，质量应相同。同时，两摩擦片厚度差不应超过 0.50mm。

5）采用铆接法，要采用与原车规定相符的铆钉铆接。

6）钻铆钉孔时，要把两片新摩擦片同时放在从动盘钢片的一边，对正位置后用夹具夹紧。选用与钢片铆钉孔相适的钻头，按照钢片上各孔的位置将摩擦片钻透，再用与铆钉头直径相应的钻头在每片衬片的单面钻出沉孔。含钢丝的摩擦片沉孔深度为片厚的 2/3，不含钢丝的为片厚的 1/2。

7）摩擦片与从动盘的铆合一般采用单铆，即一颗铆钉只铆一片摩擦片，铆钉头的方向交错排列；铆钉头应低于摩擦表面 1mm 以上。

8）最后对铆好的摩擦片进行质量检查。离合器在修理时还应对离合器盖、压盘、飞轮和分离杠杆、分离轴承等进行仔细的检验和必要的修理。

2. 离合器压盘的检查与修理

离合器压盘的损伤一般是工作平面磨损、擦伤、破裂、翘曲和销孔磨损等。离合器打滑和分离不彻底容易使压盘受热产生翘曲变形或不均匀磨损。压盘平面度误差可用图 3-23 所示的方法测量，将金属直尺放在压盘上，用塞尺在其缝隙处测量。压盘表面平面度误差值不得超过 0.12mm。

若摩擦片铆钉头露出并擦伤压盘表面，使压盘磨出沟槽，其槽深度不得超过 0.30mm。压盘的翘曲或沟槽可在平面磨床上磨平或在车床上车平。但加工后的压盘厚度应不小于标准厚度 2mm。双片离

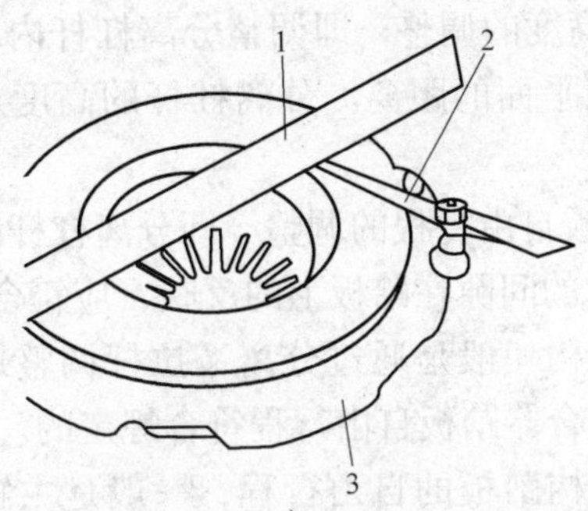

图 3-23　压盘平面度的检测

1—金属直尺　2—塞尺　3—压盘

合器的中间压盘销孔与传动销的配合间隙，一般为 0. 50 ~ 0. 67mm。如超出 1mm 时，根据具体损坏情况，可采用下列的修理方法：

1）加粗传动销，一般修理尺寸可分为若干级，每级为 0. 10mm，与销孔试配选用。

2）如果传动销与销孔磨损不太严重，可将销转位 90°，使未磨损面转到工作面上使用。

3）销孔磨损间隙不大于 1. 5mm 时，可用加粗的钢丝制成锥形分离弹簧，进行校正。

4）如销孔磨损严重，可用铜焊焊补后再钻孔。焊时要注意将整个压盘预热，防止铸铁压盘出现裂口而报废。另一种方法是将中间的压盘转过一定角度再重新钻孔。压盘经过修理加工后，应进行静平衡。压盘有严重翘曲、磨损、裂纹时应换用新件。

3. 装配与调整离合器总成

（1）离合器的装配　装配时摩擦片要清洁，各活动关节及摩擦面应涂少许润滑脂；膜片弹簧式离合器的弹簧应按自由长度分组后在同向均匀搭配，以使压紧力均匀。

装配时应用专用工具以防离合器变形。为保证从动盘与曲轴的同轴度和便于安装变速器，离合器安装时可用该车型的变速器第一轴或专用导向轴插入从动盘，并用曲轴后端导向轴承孔定位。

（2）离合器的调整

1）分离杠杆高度的调整　即调整分离杠杆内端至飞轮表面、压盘表面或其他规定平面的距离。分离杠杆的高度及高度差应符合原厂规定。

2）离合器踏板自由行程的调整　即分离杠杆内端（或膜片弹簧内端）与分离轴承的间隙在踏板上的反映，应符合规定。

机械式操纵机构一般是通过分离叉拉杆调整螺母进而调整拉杆或钢索长度，使离合器踏板自由行程符合规定的。

液压式操纵机构踏板的自由行程，一般是主缸活塞与其推杆之间、分离杠杆内端与分离轴承之间两部分间隙之和在踏板上的反映，踏板自由行程的调整实际上就是对这两处间隙的调整。调整时先调整主缸活塞与推杆的间隙。例如 BJ2020 车通过偏心螺柱调整推杆的伸出长度，使其与活塞间隙为 0.5 ~1.0mm，测量反映到踏板上的自由行程应为 3 ~6mm。通过调整分离叉推杆长度来调整分离轴承与分离杠杆间的间隙，使踏板自由行程总量符合要求。

4. 离合器装配与调整的注意事项

1）注意离合器盖与压盘间、平衡片与压盘间、离合器盖与飞轮间的装配记号。

2）安装时应注意从动盘的方向。

3）大修的离合器应在装车前与曲轴飞轮组一起进行动平衡试验。

5. 变速器轴的检修操作要点

1）用指示表测量各轴中部的径向圆跳动量。输入轴、输出轴及中间轴和倒挡轴的径向圆跳动量要求不大于 0.025mm，使用极限为 0.06mm，如超过使用极限，说明轴的直线度超差，应予校正或更换。

2）轴颈的磨损可用外径千分尺测量，各轴颈及轴承的配合应符合要求，如超过使用极限应换用新件。

3）将变速器轴的花键插入与之配合的机件中，用手检查不应有松旷过大的感觉。也可用指示表检查，配合间隙不大于 0.8mm；用游标卡尺测量花键厚度，磨损量应不大于 0.4mm。

4）放在垫有平板的 V 形架上，用指示表测量变速器各轴的直线

度误差应不大于0.07 mm，超过标准应校正或更换。

6. 变速器齿轮的检修方法

1）齿轮的工作面腐蚀斑点及剥落面积超过齿面的1/4，或齿轮出现裂纹时，应予以更换。

2）常啮合齿轮的齿厚磨损量不得超过0.25mm，不常啮合齿轮的齿厚磨损量不得超过0.40mm，齿轮内花键齿厚的磨损量不得超过0.20mm，齿长磨损量不得超过原齿长的30%，否则应予以更换。

3）用塞尺检查第二轴与倒挡轴齿轮的花键侧隙，如超过使用极限，应予以更换。

4）齿面有轻微斑点、划痕、磨损台阶或边缘破损，可用磨石或砂轮修磨。

7. 自动变速器液压试验的注意事项

1）试验时，发动机和自动变速器达到正常工作温度。

2）要有两个人配合，一人进行试验，另一个人在外面观察车轮的情况。

3）必须保证油压表、油管等的连接良好，不能渗漏。并将油压表放在便于观察的位置。

4）连接油管及导线时要远离汽车或发动机的旋转部件。

8. 自动变速器失速试验的注意事项

1）失速试验时，时间不得超过5s。

2）进行完一个挡位的试验后，不得立即进行下一挡位的试验，应待油温下降后再进行。

3）试验结束后不要立即熄火，应将选挡杆投入空挡或停车挡，让发动机怠速运转1min左右，以使自动变速器油温正常。

4）如果在试验中发现驱动轮因制动力不足而转动，应立即松开加速踏板，停止试验。

5）试验要由两人配合进行，一人进行试验，另一个人在车外观察车轮或车轮垫木的情况。

9. 自动变速器的时滞试验的注意事项

1）进行时滞试验时，应使发动机和自动变速器达到正常工作温度。

2）进行完一个挡位的试验后，应使发动机怠速运转1min左右，再做试验。

3）共做3次试验，取平均值。

10. 自动变速器油的选用原则

自动变速器的工作特点要求自动变速器油必须具有较高的品质，其性能指标一般应具备以下几点：适当的黏度和低温流动性、抗磨性、热氧化安定性、抗泡沫性、密封材料适应性、摩擦特性、剪切安定性及防腐性等。

自动变速器油的型号很多，各国的用油规定也不同，一般应按汽车使用说明书的规定选用。我国一般使用兰州、上海炼油厂生产的液力传动油，按其100℃运动黏度分为6号、8号两种规格，其中6号液力传动油用于内燃机车或载货汽车的液力变矩器，8号液力传动油用于各种轿车、轻型客车的液力自动变速器，可以替代国外的同类产品。目前世界各国普遍使用美国生产的自动变速器油，主要有通用公司生产的DEXRON、DEXRON Ⅰ、DEXRON Ⅱ型和福特公司生产的E、F型。我国的部分国产汽车和进口汽车多采用美国通用公司生产的DEXRON Ⅱ型和福特公司生产的F型自动变速器油。

自动变速器油的型号不同，其摩擦因数也不同。因此，既不能错用，也不能混用。如果规定使用DEXRON Ⅱ型自动变速器油而错用了福特F型自动变速器油，会使自动变速器发生换挡冲击和制动器、离合器突然啮合的现象；反之，规定用福特F型自动变速器油而错用了DEXRON Ⅱ型自动变速器油，则会出现自动变速器的离合器、制动器打滑，加速摩擦片的早期磨损。

11. 主减速器的装配及轴承预紧度的调整

1）用压力机把前外轴承的外圈压入轴承座。若原零件没有损伤，可重新使用，但轴承外圈应保持原配对，不可混装。

2）用压力机把前内轴承的内圈压到主动锥齿轮的轴颈上，使其紧靠边齿轮大端端部，并把后轴承的内圈压上，压靠台肩。

3）在前内轴承上安装隔套、原有调整垫片、轴承座、前外轴承，并放入止推垫圈和主动锥齿轮连接突缘，先不装油封座及油封。在装好连接突缘以后，再装上垫圈和槽形螺母，用规定力矩将螺母拧紧。此时用弹簧秤钩在突缘螺孔处沿切线方向拉动，若能以16.7~33.3N的力使其转动，则轴承的预紧度是合适的。若不符合上述要求，可增减调整垫片，直到合适为止。调整垫片的厚度有0.50mm、0.25mm、0.15mm、0.10mm4种。

4）主动锥齿轮轴承预紧度的经验检查。其方法是用手转动突缘时应转动灵活无阻滞，沿轴向推拉突缘，应无间隙感为合适。

5）轴承预紧度调好后，拆下连接突缘。把内外油封及导向环装入油封座内，再将油封座及衬垫、连接突缘、垫圈和槽形螺母依次装到主动锥齿轮上，然后按规定力矩拧紧槽形螺母，插入开口销并将其锁好。

12. 主、从动锥齿轮的啮合间隙与啮合印痕的测量和调整方法

（1）标准印痕和啮合印痕间隙　主、从动锥齿轮应沿齿长方向接触，其位置应控制在轮齿的中部偏向小端，离小端端部2~7mm。接触痕的长度不小于齿长的50%，齿高方向的接触痕应不小于齿高的50%，一般应距齿顶0.80~1.60mm，啮合间隙为0.15~0.50mm。每一对锥齿轮副啮合间隙的变动量不得大于0.15mm。

（2）啮合印痕的检查方法　在从动齿上相隔120°的三处，用红丹油在轮齿的正反面各涂三个齿，再用手对从动齿轮稍施加阻力并正反向各转动主动齿轮数圈。观察从动齿轮的啮合印痕是否符合要求。

（3）主减速器的调整方法

1）先调整轴承预紧度、再调整啮合印痕，最后调整啮合间隙。

2）在啮合印痕和啮合间隙调整的过程中不得变更轴承预紧度。

3）保证啮合印痕的前提下调整啮合间隙，不符合要求应成对更换。

13. 差速器总成的装复

1）用压力机将轴承内圈压入左右差速器壳的轴颈上。

2）把左差速器壳放在工作台上，在与行星齿轮、半轴齿轮相配合的工作表面涂上机油，将半轴齿轮支承垫圈连同半轴齿轮一起装入，再将已装好的行星齿轮及其支撑垫圈的十字轴总成装入左差速器壳的十字柄中，并使行星齿轮与半轴齿轮啮合。

3）在行星齿轮上安装右边的半轴齿轮、支撑垫圈，将从动圆柱齿轮、差速器右壳合到左壳上，注意对准壳体上的标记。从右向左装入螺栓，用规定力矩拧紧螺母。

4）检查半轴齿轮与支撑垫片之间的间隙，此间隙应不大于0.5mm，如不符合要求，更换新的支撑垫片。

5）将调整好的差速器总成装入主减速器壳中，装上两端的轴承外圈、轴承盖及调整螺母，通过调整螺母调整差速器轴承的预紧度。使轴承滚子处于正确位置，且轴承上应涂抹适量润滑油。正确的预紧度应当是用0.98～3.4N·m的力矩能灵活转动差速器总成（用弹簧秤钩在从动锥齿轮紧固螺栓上测量时的切向拉力应为11.3～25.9N)，最后用锁片将螺栓锁紧。

14. 差速器总成的检查与调整

1）差速器壳应无裂损，壳体与行星齿轮、半轴齿轮的接触面应光滑无沟槽。

2）十字轴承孔的垂直度误差应不大于100：0.05。两轴线应相交，其位置度误差应不大于0.20mm。每一轴线应与半轴齿轮轴承孔的轴线位于同一平面内，其位置度误差均应不大于0.30mm。

3）如以差速器壳与从动锥齿轮结合的圆锥面及端面为测量基准，半轴齿轮轴承孔及差速器轴承轴颈表面的径向圆跳动量一般应不大于0.08mm。

4）半轴齿轮及轴承之间结合端面对壳体轴承轴颈轴线的端面圆跳动量均应不大于0.05mm。

5）半轴齿轮轴颈与差速器壳的配合间隙以及十字轴轴颈与差速器壳、行星齿轮的配合间隙均应符合原厂或修理技术条件的规定。

15. 万向节的检修

1）检查十字轴轴颈表面，若有严重损伤，如金属剥落、明显凹陷或滚针压痕深度大于0.10m以上，均应更换。轴颈表面有轻微剥落，可用磨石打光剥落表面后继续使用。

2）滚针轴承油封损坏，或滚针断裂、缺针都应更换新件。

3）检查万向节十字轴与滚针轴承的配合间隙。检查时，十字轴夹在台虎钳上，把滚针轴承壳套在十字轴颈上，用指示表测头抵住

轴承壳外表面最高点，用手上下推动滚针轴承壳，指示表上指针移动变化值即为该轴承与十字轴配合的间隙值。当轴承间隙超过规定值极限时，应予以更换。

16. 传动轴的检修

(1) 传动轴直线度的检查　可利用万向节叉和花键轴上的中心孔，把两端用顶尖顶起来，用指示表测量轴管外圆的径向圆跳动。也可以在轴管两端用V形架支起来，用指示表测量轴管外圆的径向圆跳动。当传动轴的弯曲超过规定值时，可在压床上冷压校直。

(2) 轴承的检查　若发现轴承滚珠、滚道上有烧蚀、金属剥落等现象，应予以更换。将轴承拿在手上进行空转，观察轴承转动是否轻便灵活。

1) 检查轴承的顶隙。将轴承放在平板上使指示表的测头抵住轴承外座圈，然后一手把轴承内圈压紧，另一手推动轴承外圈，此时指示表上所摆动的数值即为轴承的顶隙。

2) 检查轴承的轴向间隙。将轴承外圈搁在两垫块上并使轴承内圈悬空，再在轴承内圈上放一块平铁板，然后将指示表测头抵住平铁板中央，上下推动轴承内圈，此时指示表上所指示的数值即为该轴承的轴向间隙。

(3) 中间支撑轴承座内表面的检查　中间支撑轴承座内表面的磨损深度大于0.05mm的应予以更换。

(4) 前后油封盖、支架的检查　检查前后油封盖有无磨损，支架有无裂损，橡胶环有无腐蚀老化，视需要及时更换或修复。

17. 中间支撑轴轴承的检修

(1) 轴承座内表面磨损情况的检查　传动轴中间支撑轴承轴颈与轴承的配合应符合原厂要求，若原厂标准为-0.020～+0.008mm时，最大间隙不得超过0.05mm。当传动轴中间支撑轴颈处磨损超过规定值时，根据情况可采用堆焊等方法修复至标准尺寸或更换。

(2) 轴承轴向间隙的检查　检查方法同上，中间支撑轴承间隙的使用极限为0.50mm。若轴承的轴向间隙或顶隙过大，应及时更换。

第二节　行驶系的结构与检修

汽车行驶系的功用是支撑全车的质量并保证汽车正常行驶。行驶系一般由车架（或承载式车身）、车桥（前后车桥）、车轮和悬架（前后悬架）等组成。

一、车架

车架的功用是用来安装汽车的各总成和部件，并使它们保持正确的相对位置；同时承受来自车上和地面的各种静、动载荷。

汽车车架按其结构形式可分为边梁式、中梁式和综合式。

二、车桥

1）车桥通过悬架与车架相连，两端安装车轮，其功用是传递车架与车轮之间的各种力和力矩。按配用悬架结构不同，车桥分为整体式和断开式两种。

①整体式车桥：中部是刚性实心或空心梁，与非独立悬架配用。

②断开式车桥：活动关节式结构，与独立悬架配用。

2）按车桥上车轮的作用不同，车桥分为转向桥、驱动桥、转向驱动桥和支持桥四种类型。

①支持桥：仅用于连接安装左右车轮，既不产生驱动力，也不实现转向。前轮驱动汽车的后桥，多轴单桥驱动汽车的中桥或后桥以及挂车上的车桥属于支持桥。

②驱动桥：不仅用于承载，而且兼驱动的作用。后轮驱动的汽车后桥和四驱汽车的后桥为驱动桥。

③转向桥：功用是使车轮偏转一定角度，以实现汽车的转向，一般汽车只有一个转向桥，位于汽车前部。

④转向驱动桥：既能转向又能驱动的车桥。前轮驱动汽车和四驱汽车的前桥为转向驱动桥。图3-24为桑塔纳2000型轿车的转向驱动桥。

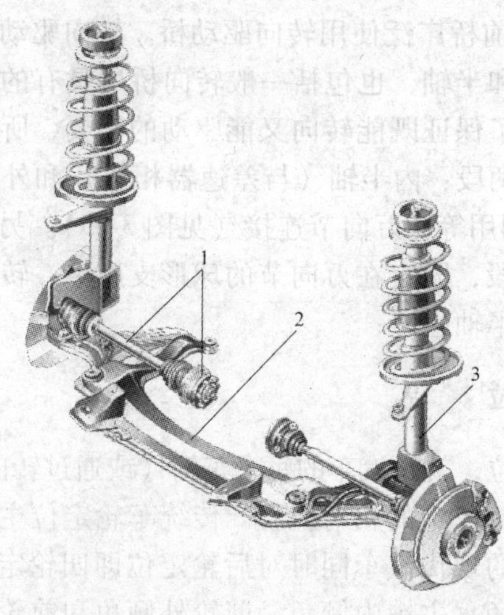

图 3-24　桑塔纳 2000 型轿车转向驱动桥

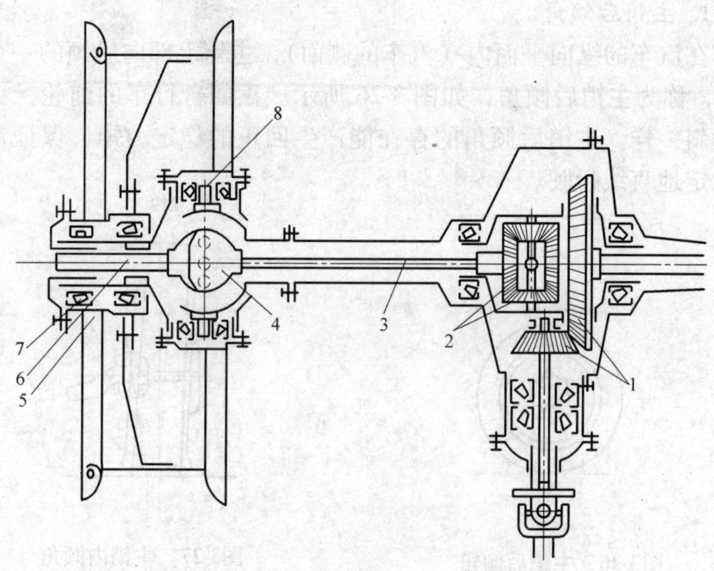

图 3-25　转向驱动桥的结构

1—主减速器　2—差速器　3—内半轴　4—万向节
5—转向节轴径　6—外半轴　7—轮毂　8—主销

现代轿车的前桥广泛使用转向驱动桥。转向驱动桥一般包括主减速器、差速器和半轴，也包括一般转向桥所具有的转向节、轮毂和主销等。但为了保证既能转向又能驱动的需要，所以与车轮相连的半轴必须分成两段：内半轴（与差速器相连）和外半轴（与轮毂相连），两者之间用等速万向节连接（见图 3-25）。另外，主销也同样分制成上下两段，固定在万向节的球形支座上，转向节轴颈制成中空的，以便外半轴通过。

三、车轮定位

所谓车轮定位，就是汽车的每个车轮（或通过转向节）和车桥、车架的安装应保持一定的相对位置。传统车轮定位主要是指前轮定位。但越来越多的现代汽车同时对后轮定位即四轮定位。前轮定位参数有主销后倾角、主销内倾角、前轮外倾角和前轮前束；后轮定位参数有后轮外倾角和后轮前束。

1. 主销后倾角

在汽车的纵向平面内（汽车的侧面），主销上部向后倾的一个角度 γ，称为主销后倾角，如图 3-26 所示。正如自行车的前轮叉梁向后倾斜一样。主销后倾角的存在能产生回正的稳定力矩，保证汽车能稳定地直线行驶。

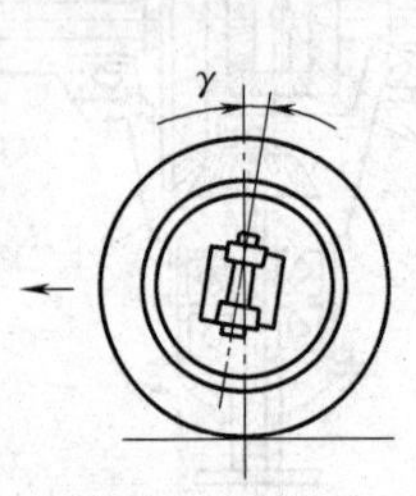

图3-26　主销后倾角

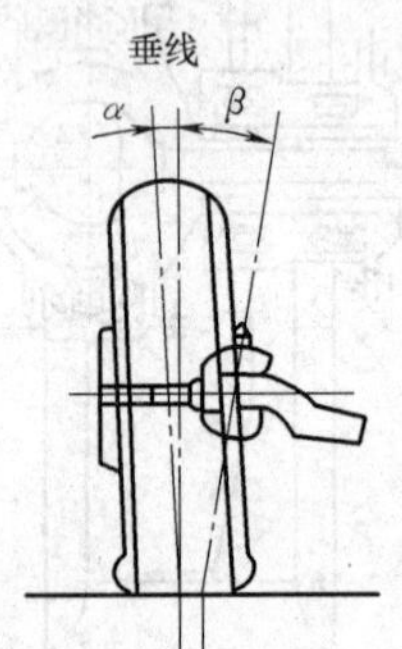

图3-27　主销内倾角

主销后倾角一般不超过 3°。现代汽车为了提高行驶速度普遍采用扁平低压胎，轮胎变形增加，引起稳定力矩增加，因此 γ 角可以

减小以至接近于零，甚至为负值。

2. 主销内倾角

在汽车的横向平面内（汽车的前后方向），主销上部向内倾斜一个角度，主销轴线与垂线之间的夹角 β 称为主销内倾角，如图 3-27 所示。主销内倾角也具有使车轮自动回正的作用，还能使转向轻便。

一般主销内倾角 β 不大于 8°，也有部分汽车较大，如奥迪 100 型轿车为 14.2°。

3. 前轮外倾角

在汽车的横向平面内，前轮中间平面向外倾斜一个角度 α 称为前轮外倾角（见图 3-27），轮胎呈现“八”字形张开时称为负外倾，而呈现“v”字形张开时称正外倾。前轮外倾角也具有提高转向操纵的轻便性和车轮工作安全性的作用。

现代汽车将外倾角一般设定为 1°左右，有的接近垂直（0°），有的为负值。

4. 前轮前束

俯视车轮，汽车的两个前轮的旋转平面并不完全平行，而是稍微带一些角度，这种现象称为前轮前束。$A-B$ 之差即为前轮前束值，如图 3-28 所示。前轮前束具有使车轮回正作用。

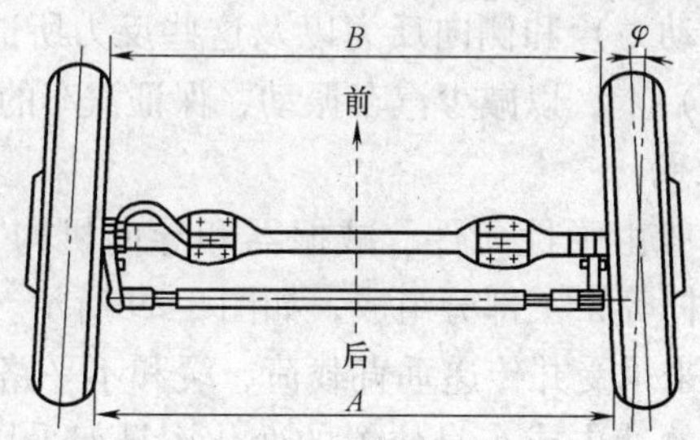

图 3-28　前轮前束

车轮有了外倾角后，在滚动时，就类似于圆锥滚动，从而导致两侧车轮向外开。由于转向横拉杆和车桥的约束使车轮不可能向外开，车轮将在地面上出现边滚边向内滑移的现象，从而增加了轮胎的磨损。而前轮前束使车轮在每一瞬时滚动方向接近于向着正前方，

从而在很大程度上减轻和消除了由于车轮外倾而产生的不良后果。

前轮前束可通过改变横拉杆的长度来调整。一般前束值为0～12mm。也有的汽车为与负前轮外倾角相配合，其前轮前束也取负值即负前束（如上海桑塔纳轿车前束为-1～-3mm）

5. 后轮外倾角

像前轮外倾角一样，后轮外倾角也对轮胎磨损和操纵性有影响，采用独立后悬架的大多数车辆常有一个较小的正后轮外倾角。

6. 后轮前束

其定义与前轮前束相似。如果后轮前束不当，后轮轮胎也会被擦伤，另外还会引起转向不稳定及降低制动效能。

车轮定位角关系到汽车的操纵性及安全性，在汽车使用中，由于车架和悬架的变形，车轮定位角在不断地发生变化，应该定期进行检查调整。

四、汽车悬架

1. 悬架的作用

悬架就是车架（或车身）与车桥（或车轮）之间的一切传力连接装置的总称。其作用是把路面作用于车轮上的垂直反力、纵向反力（牵引力和制动力）和侧向反力以及这些反力所造成的转矩传递到车架（或车身）上，以减少汽车振动，保证汽车的正常行驶。

2. 悬架的组成

汽车悬架一般由弹性元件、减振器和导向机构（横向稳定杆、摆臂、纵向推力杆等）三部分组成，如图3-29所示。

弹性元件用来承受并传递垂直载荷、缓和不平路面、紧急制动、加速和转弯引起的冲击或车身位置的变化。悬架采用的弹性元件有钢板弹簧、圆柱螺旋弹簧、空气弹簧和油气弹簧等。

减振器用来衰减由于弹性系统引起的振动。

导向装置用来使车轮按一定运动轨迹相对车身运动，同时起传递力的作用，通常导向装置由摆臂式控制杆件组成。

3. 悬架的类型

根据导向装置的不同，悬架又可分为独立悬架和非独立悬架。

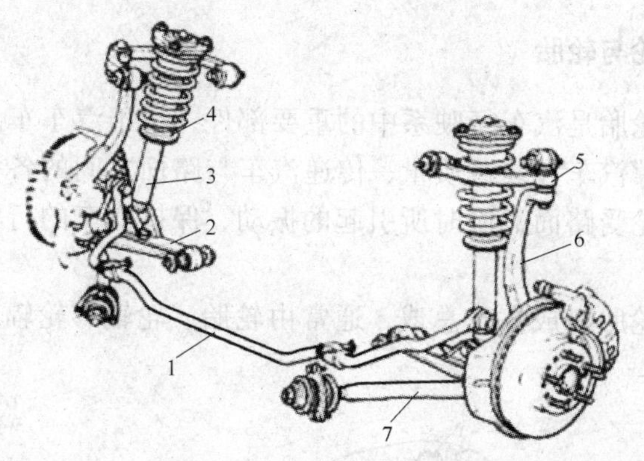

图 3-29　悬架的组成

1—横向稳定杆　2—下摆臂　3—减振器　4—弹性元件

5—上摆臂　6—转向节　7—纵向推力杆

非独立悬架的结构特点是两侧的车轮由一根整体式车桥相连，车轮连同车桥一起通过弹性悬架与车架（或车身）连接。当一侧车轮因道路不平而发生跳动时，必然引起另一侧车轮在汽车横向平面内发生摆动，如图 3-30 所示。

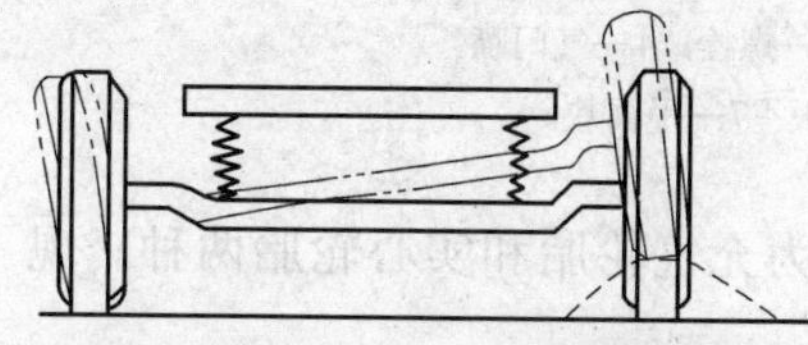

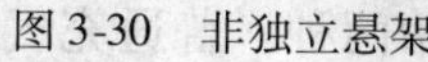

图 3-30　非独立悬架

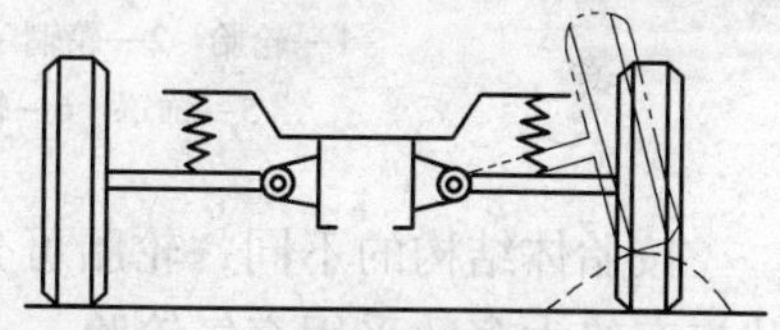

图 3-31　独立悬架

独立悬架的结构特点是将车桥做成断开的，每一侧的车轮可以单独地通过弹性悬架与车架（或车身）连接，如图 3-31 所示。其优点是两侧车轮可以单独跳动，互不影响，在不平道路上可减少车架和车身的振动，并有助于消除转向轮不断偏摆的不良现象；悬架所受到的冲击载荷小，可以提高汽车的平均行驶速度；发动机总成的位置可以降低和前移，使汽车重心下降，提高了汽车行驶稳定性；但独立悬架结构复杂，制造成本高，保养维修不便，轮胎磨损较严重。

五、车轮与轮胎

车轮与轮胎是汽车行驶系中的重要部件，位于汽车车身与路面之间，起支撑汽车和装载质量、传递汽车与路面之间的各种力和力矩、缓冲车轮受路面颠簸时所引起的振动、保持汽车的行驶方向等作用。

车轮与轮胎组成车轮总成，通常由轮胎、轮辋、轮辐组成，如图 3-32 所示。

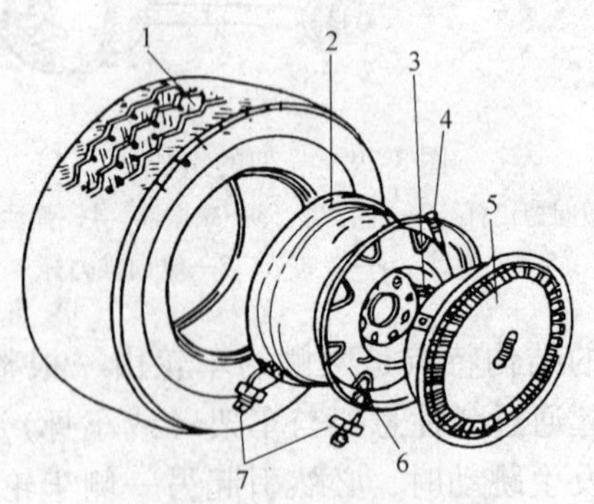

图 3-32　车轮总成

1—轮胎　2—轮辋　3—螺栓　4—气门嘴

5—饰罩　6—辐板　7—平衡块

按胎体结构的不同，轮胎可分为充气轮胎和实心轮胎两种。现代汽车绝大多数采用充气轮胎。

充气轮胎分为有内胎轮胎和无内胎轮胎两种。普通充气轮胎由外胎、内胎和垫带组成（见图 3-33），使用时安装在汽车车轮的轮辋上，内胎是一个环形的橡胶管，上面装有气门嘴，以便充入或排出空气。而没有内胎的轮胎，空气直接压入外胎中，因此要求外胎与轮辋之间密封性很好。其优点是消除了内外胎之间的摩擦，且散热性好，胎温低，有利于车速的提高，且结构简单、质量小、寿命长、耐刺穿性好，但材料、工艺要求高，途中维修困难。无内胎轮胎在轿车上广泛采用，并开始在货车上使用。

按胎体的结构不同，还可分为斜交轮胎和子午线轮胎（见

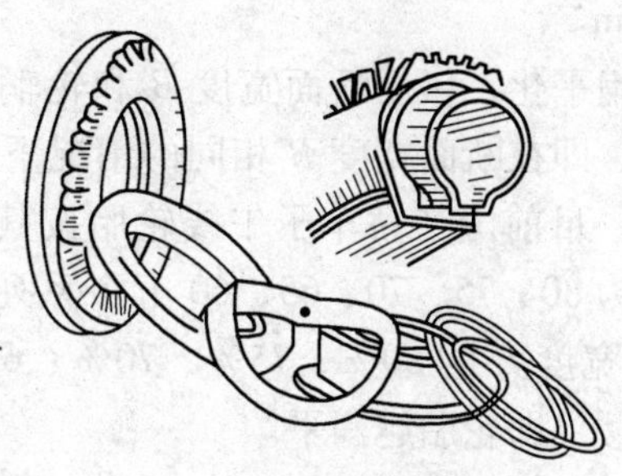

图 3-33　普通充气轮胎

图 3-34)。子午线轮胎帘布层的帘线在轮胎上的分布好像地球的子午线，帘线的强度得到充分利用，帘布层数可比普通斜交胎减少 40%~50%。其胎体较柔软，接地面积大，附着性能好，对地面单位压力小，滚动阻力小，节省油耗。目前国产轿车均使用子午线无内胎轮胎。

按轮胎内空气压力的大小，轮胎还可分为高压胎（0.5 ~ 0.7MPa)、低压胎（0.15 ~ 0.45 MPa）和超低压胎（0.15 MPa 以下)。低压胎弹性好、断面宽、接地面积大壁薄且散热好，从而提高了汽车行驶的平顺性、稳定性；同时提高了轮胎的使用寿命，所以汽车上几乎全部都使用低压胎。

轮胎的外胎两侧标志有规格、结构代号等，轿车轮胎还标有速度级别代号，购置和安装轮胎时应注意。

1. 斜交轮胎规格

我国采用国际标准，斜交轮胎的规格用 *B—d* 表示。载货汽车斜交轮胎和轿车斜交轮胎的尺寸 *B* 和 *d* 均用 in（1in = 0.0254m）为单位。*B* 表示轮胎名义断面宽度代号；*d* 表示轮辋名义直径代号。如 9.00—20 表示轮胎名义断面宽度为 9.00in、轮辋名义直径为 20in。

2. 子午线轮胎规格

国产子午线轮胎规格用 *B*R*d* 表示，其中 R 代表子午线轮胎。

国产轿车子午线轮胎断面宽度 *B* 已全部改用公制单位 mm；载货汽车轮胎断面宽度 *B* 有米制单位 in 和公制单位 mm 两种。而轮辋直

径 d 的单位仍为 in。

随着轮胎的扁平化，仅用断面宽度 B 和轮辋直径 d 已不能完全表示轮胎的规格。即在断面宽度 B 相同的情况下，断面高度 H 随不同扁平率而变化。目前国产轿车子午线轮胎按其扁平率——高宽比划分系列，可分为 80、75、70、65、60 五个系列。数字分别表示断面高度 H 是断面宽度 B 的 80%、75%、70%、65% 和 60%。显然，数字越小，胎越矮，即轮胎越扁平。

子午线轮胎规格示例如下：

175/70HR13 表示轮胎断面宽度为 175mm、扁平率为 70%、速度等级为 H、轮辋直径为 13in 的子午线轮胎。图 3-34 为子午线轮胎的尺寸标记。

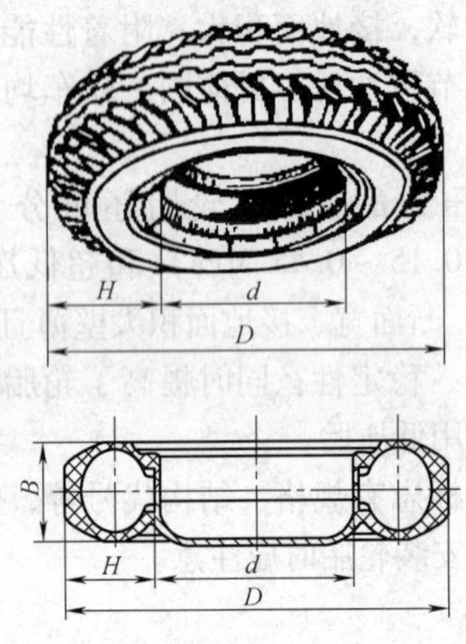

图 3-34　子午线轮胎的尺寸标记

3. 无内胎轮胎规格

按国标 GB/T 2977—2008《载重汽车轮胎规格、尺寸、气压与负荷》规定，载重汽车普通断面子午线无内胎轮胎规格用 BRd 表示。有些子午线轮胎，采用在规格中加“LT”表示轻型载重汽车轮胎。例如：轮胎 195/70SR14LT 表示轮胎的名义断面宽度为 195mm，扁平率为 70%，轮胎速度等级为 S 级，子午线轮胎，轮辋名义直径

为13in，最后“LT”表示轻型载重汽车，目前国产轿车均使用子午线无内胎轮胎。

六、行驶系的检修

1. 前、后悬架系统主要零件的检查

检查各轴承是否损坏，是否存在裂纹、变形，检查各焊接部位是否有脱焊、裂纹或严重变形，检查各部件磨损是否超过极限要求，如有上述情况，应更换新件。

对于转向臂应检查槽形螺母是否松脱，开口销、盖以及各连接处的磨损和装配情况。转向节主销及衬套的配合间隙应符合要求，主销衬套轴承孔的同轴度误差应符合原厂规定。

2. 前、后悬架系统螺旋弹簧和弹簧垫的检查

检查螺旋弹簧有无断裂或过度松弛现象，弹簧垫是否变形、失效。

3. 前、后悬架系统附属零件的检查

1）钢板弹簧变形检修。若钢板弹簧自由状态下弧度明显减小，用冷调或重新热处理来修复。

2）钢板弹簧若有裂纹、折断、破损或减薄现象，应更换新件。

3）钢板弹簧夹箍如有缺损、断裂，应更换，如夹箍变形或铆钉松动，应校正或重铆。

4）中心螺栓螺纹损坏超过两牙以上，或螺杆直径小于孔径1.5mm时，应更换；螺栓与孔的配合间隙，不得超过1.0mm。

5）U形螺栓若有裂纹、破损，应焊修后修磨使用；若有变形，则应校正；螺纹损伤超过两牙时，可攻螺纹后配螺母或更换新件。

6）各支架及吊环不允许有裂纹、缺口，否则应焊修或更换；支架及吊环孔内端面磨损成沟槽，深度超过1.0mm或宽度超过2.0mm时，应堆焊后用钳工方法修平；装钢板的销孔磨损圆度误差超过0.3mm时，可利用焊后加工或镶套法予以修复。

7）钢板销外径磨损超过0.5mm时，应更换；钢板销衬套磨损超过1.0mm时，应更换。钢板销衬套外径与座孔的配合应为－0.31～＋0.86mm，后钢板衬套与座孔的配合应为-0.84～＋0.734mm。更

换衬套后，其内径可通过铰削达到正常配合间隙，前钢板支架销与衬套的配合间隙为0.06~0.445mm。

8）若橡胶缓冲软块破损或老化，应更换。

4. 主销后倾角的调整

主销后倾角的调整需通过改变悬架系统来实现。因为对于非独立悬架结构而言，车轴左右两端的转向节主销孔并不存在后倾角度，而主销后倾角是在悬架安装后由结构尺寸所保证的。因此，当主销后倾角不符合决定时，可在钢板弹簧下部与主轴的接触面之间垫以不同厚度的楔形铁片来调整。当楔形铁片由后向前插入时，车轴整体将向后转动一定角度，使车轴左右两端的转向节主销后倾角加大；当楔形铁片由前向后插入时，与上述情况相反，主销后倾角将减小。

5. 主销内倾角的调整

主销内倾角的调整对于不同的悬架其调整方式不同。非独立悬架的车轴左右两端的转向节主销孔有固定的内倾角度值，因此，当内倾角不符合规定时，需对前轴进行校正。对于独立悬架的汽车，主销内倾角与车轮外倾角可通过调整摆臂长度来实现。调整主销后倾角时，可通过转动上摆臂轴来实现；而车轮外倾角则由加在上摆臂轴与固定支架之间的垫片来调整。独立悬架的主销内倾角和车轮外倾角是由转向节的结构确定的，因此，调整过车轮外倾角后，主销内倾角也就随之确定下来，无需另作调整。

6. 车轮外倾角的调整

当车轮外倾角不符合规定时，需检查轮毂轴承是否松旷、转向节铜套是否磨损和转向节轴是否变形等，根据故障情况予以修复或更换。

7. 车轮前束的调整

车轮前束值的大小，可通过改变转向梯形机构的横拉杆长度来实现。调整时，需先松开横拉杆长度锁紧螺母，然后用管子钳转动调整螺母套管，该套管左右两端的螺旋线方向相反，转动时使横拉杆向两端伸长或缩短，依此来调节横拉杆的长度。

第三节　转向系的结构

汽车转向系的功用是按照驾驶员的要求改变和保持汽车的行驶方向。按转向动力源的不同，转向系可分为机械转向系和动力转向系两大类。

一、机械转向系

机械转向系是以人力作为惟一的转向动力源。其中所有传力件都是机械的。当需要转向时，驾驶员对转向盘施加一个转向力矩，该力矩通过转向轴输入转向器。经转向器放大后的力矩和减速后的运动传到转向横拉杆，再传给固定于转向节的转向节臂，使转向节和它所支撑的转向轮偏转，从而改变了汽车的行驶方向，如图 3-35 所示。

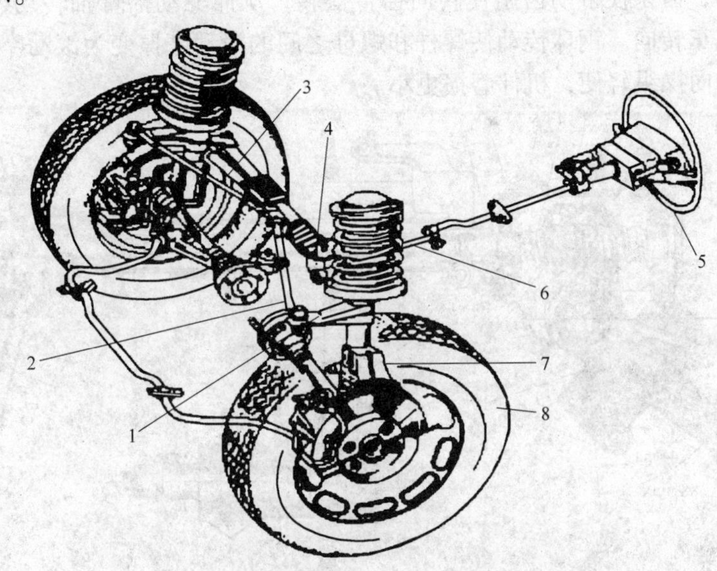

图 3-35　机械转向系的基本组成

1—转向节臂　2—转向横拉杆　3—转向减振器　4—机械转向器

5—转向盘　6—转向轴　7—转向节　8—转向轮

尽管现代汽车转向系的结构形式多种多样，但都包括转向操纵机构、转向器和转向传动机构三个基本组成部分。

转向操纵机构即驾驶员操纵转向器的工作机构，主要由转向盘、转向轴、转向管柱等组成。

转向器的功用是将转向盘的转动变为齿条轴的直线运动或转向摇臂的摆动，降低传动速度，增大转向力矩并改变转向力矩的传动方向。常用的转向器有：循环球式（见图 3-36）、齿轮齿条式（见图 3-37）等几种。

循环球式转向器是目前国内外应用最广泛的结构形式之一。该转向器具有两对传动副：一对是蜗杆和螺母（一个平面制成齿条），另一对是齿扇和齿条。蜗杆上方连着转向轴，转动转向盘，蜗杆会随之转动。螺母是套装在蜗杆上的，二者之间靠钢球传动。螺母外观呈方形，转动转向盘时，蜗杆通过钢球传给螺母，使螺母沿蜗杆移动，齿条便带动齿扇使转向摇臂摆转，从而驱动摇臂轴转动，实现汽车转向。钢球传动使螺杆和螺母之间的滑动摩擦变为滚动摩擦，使转向操纵轻便，机件磨损更小。

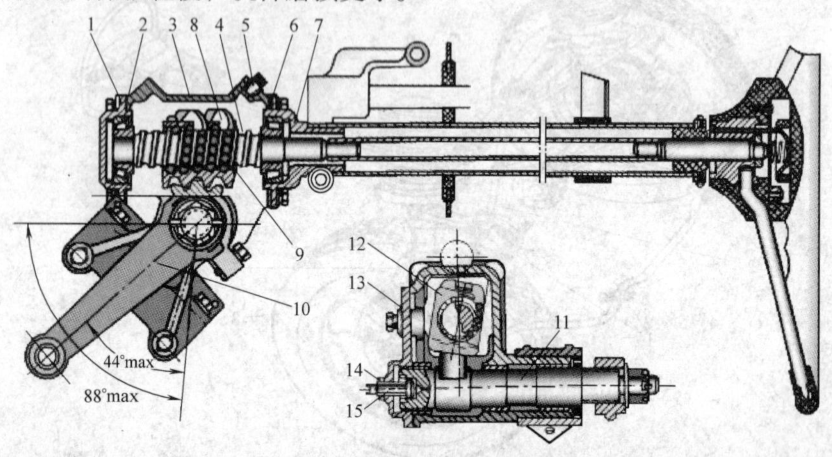

图 3-36　循环球式转向器

1—下盖　2、6—调整垫片　3—壳体　4—转向螺杆　5—加油螺塞　7—上盖　8—钢球导管　9—钢球　10—转向摇臂　11—转向摇臂轴　12—转向螺母　13—侧盖　14—螺母　15—调整螺钉

齿轮齿条式转向器的小齿轮与转向轴相连，齿条横向布置，两端各通过一段横拉杆、球头销与转向节相连，齿条外装有防尘罩。转向器壳体通过螺栓与车身固定。转动转向盘时，小齿轮使齿条横向移动，经过横拉杆、球头销、转向节传动使前轮偏转。齿轮齿条式转向器结构简单紧凑，操纵轻便灵敏，在轻型车上应用极其广泛，例如奥迪、捷达、桑塔纳等轿车，部分微型货车以及南京依维柯轻型货车等，都采用了齿轮齿条式转向器。

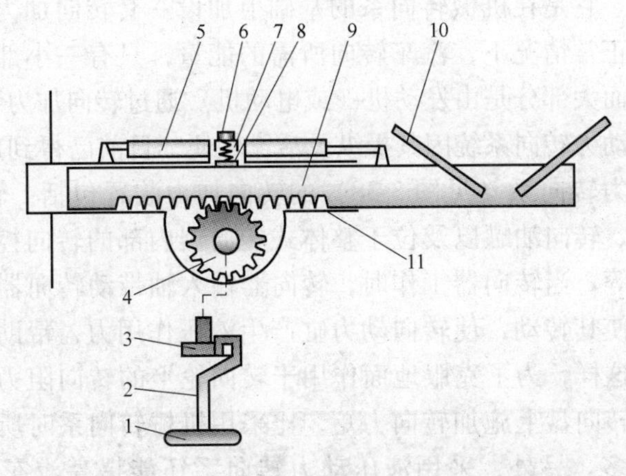

图 3-37　齿轮齿条式转向器示意图

1—转向盘　2—转向轴　3—安全万向节　4—转向齿轮
5—转向减振器　6—调整螺塞　7—弹簧　8—压块
9—齿条　10—转向拉杆　11—转向器壳体

转向传动机构由各种杆和臂组合而成，如转向摇臂、转向节臂、转向直拉杆、转向横拉杆等，其作用是将转向器输出的动力传给转向车轮（转向节），并使左右车轮按一定关系进行偏转。由于各机件不在同一平面内运动，为了防止运动干涉，各机件间用球形铰链连接。

独立悬架的传动机构结构的左右转向轮由于可以独立运动，运行中轮距会发生变化，横拉杆必需做成两部分，为了适应不同转向器的结构要求，还要增加一些传动杆件。

横拉杆除了传力，还有一个重要的作用是调节前束值。横拉杆工作长度变化时，前束值得到调节。调节前束时，可松开锁紧螺母，转动拉杆体，当达到合理的前束值时，再将锁紧螺母锁死。

二、动力转向系

汽车动力转向系统是在驾驶员的控制下，借助汽车发动机产生的液体压力或电动机驱动力来实现车轮转向，所以也称为转向动力放大装置。它是在机械转向系的基础上加设一套转向加力装置而形成的。在正常情况下，汽车转向所需的能量，只有一小部分由驾驶员提供，而大部分是由发动机（或电动机）通过转向加力装置提供。

普通动力转向系统因其操纵灵活、轻便，目前已得到广泛应用。液压式动力转向系（见图 3-38）的转向加力装置包括：转向油泵、转向油管、转向油罐以及位于整体式转向器内部的转向控制阀和转向动力缸等。当转向器工作时，转向器输入轴带动转向器内部的转向控制阀使其转动，使转向动力缸产生液压作用力，帮助驾驶员操纵转向。这样，为了克服地面作用于转向轮上的转向阻力矩，驾驶员需要在转向盘上施加转向力矩，比采用机械转向系时所需的转向力矩小得多。另外，采用液压动力转向系还能提高汽车行驶的安全性。

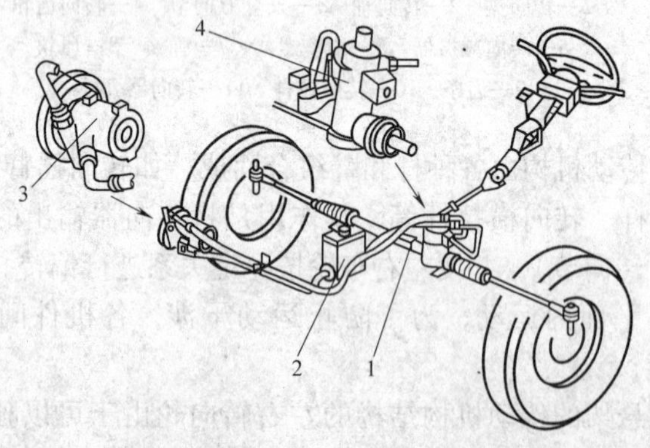

图 3-38　液压式动力转向系

1—齿轮齿条式转向器　2—转向油罐　3—转向油泵　4—转向控制阀

第四节　制动系的结构与检修

根据车轮制动器中旋转元件不同，车轮制动器可分为鼓式和盘式两大类。其中鼓式制动器应用较广，而盘式制动器多用于一些小汽车上。

一、鼓式制动器

鼓式制动器多为内张双蹄式。按制动时两制动蹄对制动鼓径向力的平衡情况可分为非平衡式、平衡式（单向助势、双向助势）和自动增力式三种具体结构。

1. 非平衡式制动器（见图 3-39）

制动鼓通过两个锥轴承固定在后桥的半轴套管轴颈上，能够自由转动。制动底板用螺栓固定在后驱动桥壳的凸缘上，其上部装有制动轮缸，下部装有两个偏心支撑销。制动蹄下端圆孔活套在偏心支撑销上。上端嵌入制动轮缸活塞的凹槽中或顶靠在凸轮上，两制动蹄通过回位弹簧紧压住轮缸活塞或凸轮。

当踩下制动踏板时，具有一定压力的制动液压入轮缸，推动活塞（或气压推动偏心轮偏转）使两制动蹄压向制动鼓，制动蹄和制动鼓之间产生摩擦力矩，以实现汽车的制动。松开踏板，在回位弹簧的作用下制动蹄被迫回位，制动液回流，从而制动解除。

若制动蹄片与制动鼓的间隙过小，则不易彻底解除制动，过大将使制动不灵。此间隙值一般上端（轮缸端）为 0. 25mm，下端（偏心支撑销端）为 0. 12mm。

制动时，虽然两制动蹄的张力相等，但两蹄所受到制动鼓的法向力不相等，所以两制动蹄对制动鼓的制动力矩不相等，故称这类制动器为不平衡制动器。制动受力情况如图 3-40 所示。

2. 平衡式制动器

将两个制动蹄均设计为助势蹄的制动器称为平衡式制动器。若

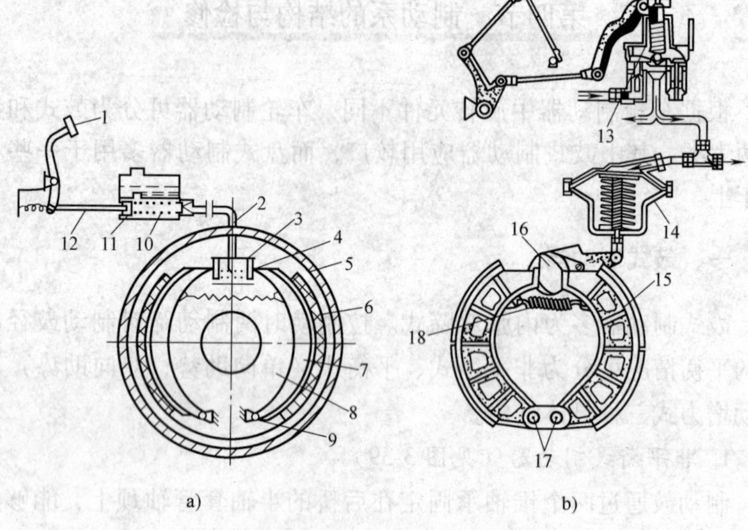

图 3-39　非平衡式制动器结构示意图

a）液压制动系统　b）气压制动系统

1—制动踏板　2—油管　3—制动轮缸　4—轮缸活塞　5—制动鼓　6—摩擦片　7—制动蹄　8—制动底板　9—偏心支撑销　10—制动主缸　11—主缸活塞　12—推杆　13—制动控制阀　14—制动气室　15—制动蹄片　16—凸轮　17—支撑销　18—回位弹簧

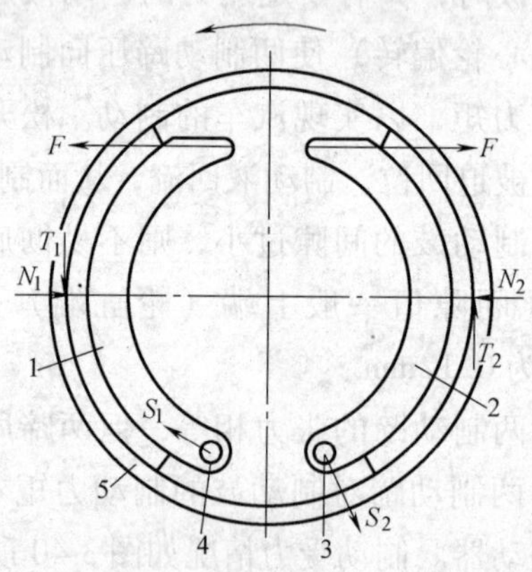

图 3-40　非平衡式制动器的制动蹄受力示意图

1、2—制动蹄　3、4—支撑销　5—制动鼓

只有前进制动时两蹄为助势蹄，倒车制动时两蹄均为减势蹄的称为单向助势平衡式车轮制动器；在前进和倒车制动时两蹄都为助势蹄的称为双向助势平衡式车轮制动器。

（1）单向助势平衡式车轮制动器　如图3-41所示，两制动蹄各用一个单向活塞制动轮缸，且前后制动蹄及其轮缸、调整凸轮等零件在制动底板上的布置是中心对称的，两轮缸用油管连接，其中的油压相等。当前进制动时两蹄均为助势蹄，从而提高了前进制动时的制动效能，并使蹄片的磨损趋于相等。但倒车制动时两蹄均为减势蹄，导致倒车时的制动效能比前进时差很多。

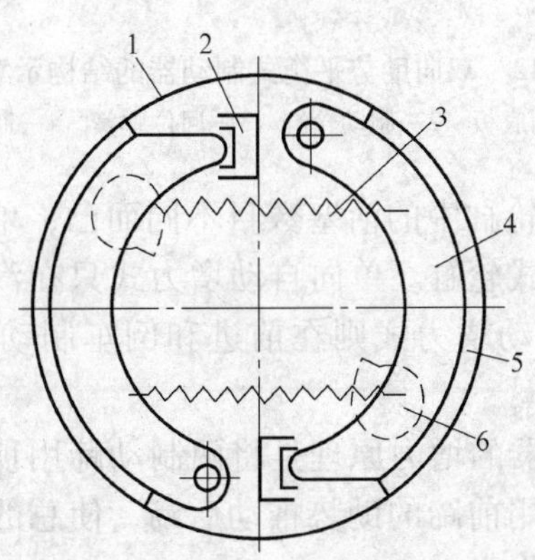

图3-41　单向助势平衡式车轮制动器结构示意图

1—制动底板　2—制动轮缸　3—回位弹簧

4—制动蹄　5—摩擦片　6—调整凸轮

（2）双向助势平衡式制动器　图3-42所示为双向助势平衡式车轮制动器的结构示意图。制动底板上的所有固定元件包括制动蹄、制动轮缸、回位弹簧等都是成对的，它们既按轴对称、又按中心对称布置。两制动蹄的两端都采用浮式支撑，且支点的周向位置也是浮动的。

3. 自动增力式制动器

自动增力式制动器也可分为单向自动增力和双向自动增力两种，

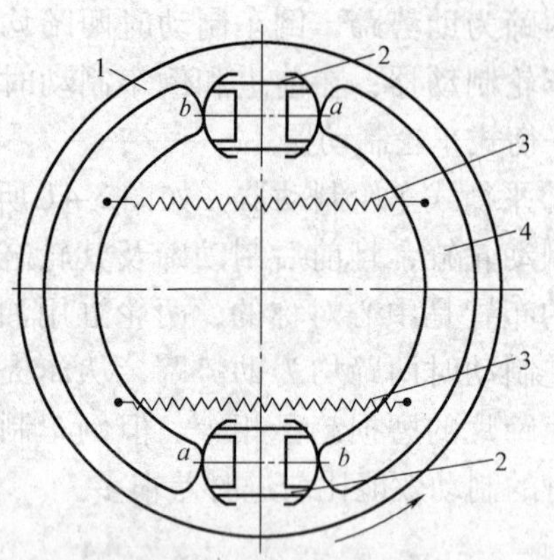

图 3-42　双向助势平衡式制动器的结构示意图

1—制动底板　2—制动轮缸　3—回位弹簧　4—制动蹄

它们在结构上只是轮缸中的活塞数目不同而已，单向用单活塞式轮缸、双向用双活塞式轮缸。单向自动增力式只在汽车前进时起自动增力作用，双向自动增力式则在前进和倒车制动时都起自动增力作用。

自动增力制动器的增力原理是将两制动蹄用顶杆浮动铰接代替固定的偏心销，利用前蹄的助势推动后蹄，使总的摩擦力矩得以增大，起到自动增力作用。

二、盘式制动器

图 3-43 所示为盘式制动器的结构。盘式制动器摩擦副中的旋转元件是以端面为工作表面的金属圆盘，称为制动盘。其固定元件大体可分为钳型盘式和全盘式。目前各种轿车和轻型货车广泛采用钳型盘式制动器。钳型盘式制动器又可分为定钳盘式和浮钳盘式两种。

制动器中固定的摩擦元件是面积不大的制动块总成，一般有 2 ~ 4 块。这些制动块及其张开装置均装在横跨制动盘两侧的钳形支架中，称为制动钳。制动钳用螺钉固定在转向节上，并用调整垫片来控制制动钳与制动盘之间的相对位置。制动盘用螺钉固定在轮毂上。

制动时，制动液被压入内外两侧油缸中，在液压作用下两活塞

带动制动块作相向移动并压紧制动盘，产生摩擦力矩，从而产生制动效应。

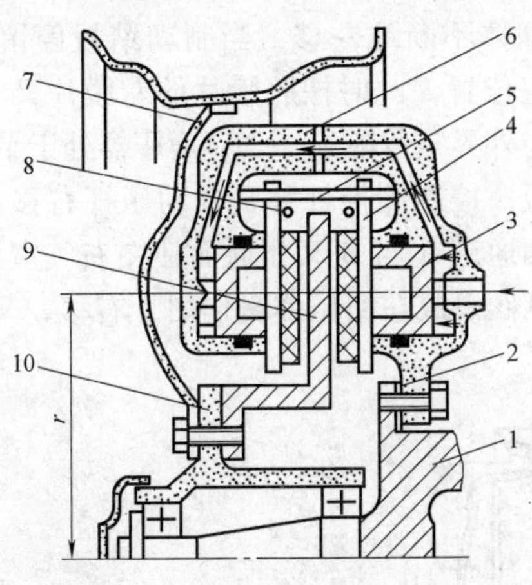

图 3-43 盘式制动器

1—转向节或桥壳 2—调整垫片 3—活塞 4—制动块总成 5—导向支撑销 6—钳形支架 7—轮盘 8—回位弹簧 9—制动盘 10—轮毂 r—制动盘摩擦半径

三、真空助力器

真空助力器的结构如图 3-44 所示。真空助力器和制动主缸用 4 个螺钉固定在车身前围上，左外壳、右外壳和气室膜片压合在一起组成不通大气且彼此密封的左气室和右气室。真空控制阀总成的阀体与左端凸缘盘用气封和垫片压合在气室膜片上，气室膜片回位弹簧将真空控制阀总成连同气室膜片压向右边。阀体右边的圆柱体可在密封套内左右移动，但仍能保证右气室与外界大气隔绝。

刚踩下制动踏板时控制阀总成未向左移动。踏板使压杆克服控制阀推杆弹簧而左移，并通过球头推动球铰链，再推动橡胶块、推杆和后活塞左移，使制动主缸产生一定的液压。与此同时，橡胶膜片的左膜片与阀体的阀口接触而封闭通往左右气室的通道。推杆继续左移，球铰链杆与左膜片脱离打开通道，外界空气就通过空气滤清器进入右气室。于是在左右之间产生一个压力差，使气室膜片带动真空控制阀总成以及推杆和后活塞一起向左移动。这样推杆和后活塞左移的力不仅包括踏板推力，而且增加了左右气室压力差的推动力。

在踩制动踏板的过程中，空气经真空控制阀不断进入真空助力器的右气室，使阀体不断地左移，当制动踏板停留在某一行程时，阀体也左移到一定位置，此时橡胶膜片的左膜片又与球铰链杆的端面相接而使通道与外界空气隔绝，真空增压器处于平衡位置。

放开制动踏板，控制阀推杆弹簧推动压杆右移，橡胶膜片与阀体的阀口脱离，两通道 A 与 B 又相通而使左右气室压力差消失，气室膜片及真空控制阀总成在回位弹簧作用下右移，又回到起始位置，解除制动。

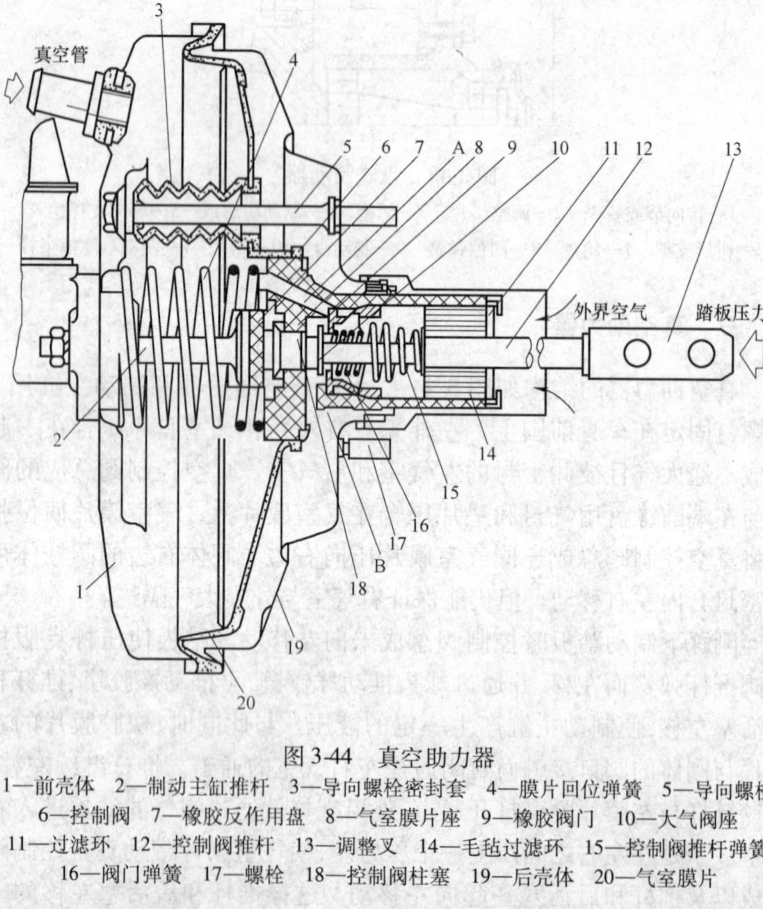

图 3-44　真空助力器

1—前壳体　2—制动主缸推杆　3—导向螺栓密封套　4—膜片回位弹簧　5—导向螺栓　6—控制阀　7—橡胶反作用盘　8—气室膜片座　9—橡胶阀门　10—大气阀座　11—过滤环　12—控制阀推杆　13—调整叉　14—毛毡过滤环　15—控制阀推杆弹簧　16—阀门弹簧　17—螺栓　18—控制阀柱塞　19—后壳体　20—气室膜片

四、液压感载比例阀

图 3-45 所示为液压感载比例阀的结构示意图。阀体安装在车架上，活塞的右部的空腔内装有阀门。不制动时，活塞在感载拉力弹簧在杠杆施加的推力 F 作用下处于最右位置，阀门因右端杆部顶触螺塞而开启，使左右腔连通。制动时，来自主缸压力为 p_1 的制动液从进口 A 进入，并通过阀门从出口 B 处流到后制动轮缸，此时 B 处液压 $p_2=p_1$。由于活塞右侧的承压面积大于左侧，柱塞将左移一定距离，当 p_1 和 p_2 一同升高到某一值时，阀门正好落座而将左右腔隔绝，达到图示的平衡状态。此后 p_1 若继续升高，p_2 则只能以小于 p_1 的增长比例随之增高，即后轮液压的增长率小于前轮。

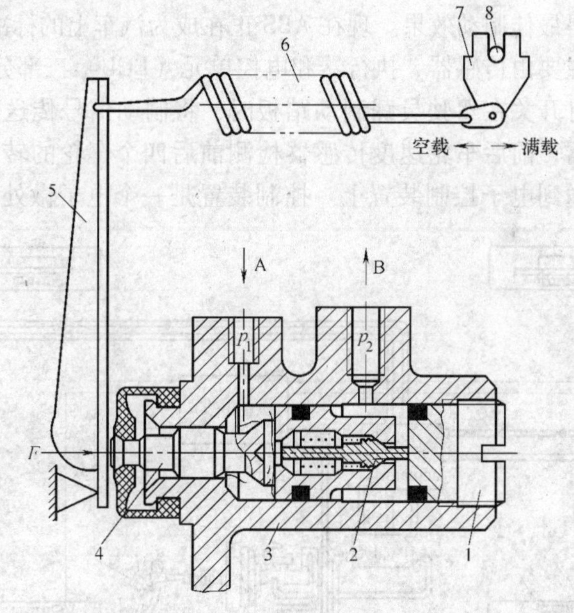

图 3-45　液压感载比例阀

1—螺塞　2—阀门　3—阀体　4—活塞　5—杠杆

6—感载拉力弹簧　7—摇臂　8—后悬架横向稳定杆

这种比例阀的特点是机械推力 F 是可变的，当汽车载重量增加时，推力 F 增加，载重量减小时推力 F 也减小，因此适应于各种汽

车装载量变化的情况。该比例阀串联在制动主缸到后轮缸间的管路里，起着随载荷变化自动调节前后轮制动力的分配作用，大大减小了车轮抱死的机率。

五、汽车防抱死制动系统（ABS）

当汽车在泥泞、雪地等附着系数较小的路面上紧急制动时，车轮容易抱死滑移。若前轮抱死滑移，车轮与地面间的侧向附着力完全消失，转向无法进行。而后轮抱死滑移，前轮还在滚动，汽车就会产生甩尾，容易发生安全事故。为避免这种现象以及提高车辆高速行驶时的可靠性和稳定性，在汽车上采用汽车防抱死制动系统（ABS）。该系统在制动过程中可自动调节车轮制动力，防止车轮抱死，以取得最佳制动效果。现在 ABS 正在成为汽车上的标准装备。

ABS 主要由传感器、执行器和电控单元（ECU）三部分组成。

制动灯开关在驾驶员踩制动踏板时，将制动信号传送给防抱死制动控制器，前后车轮速度传感器检测前后四个车轮的转速并将这一数据传送到电子控制装置上。控制装置是一个电子微处理器，它

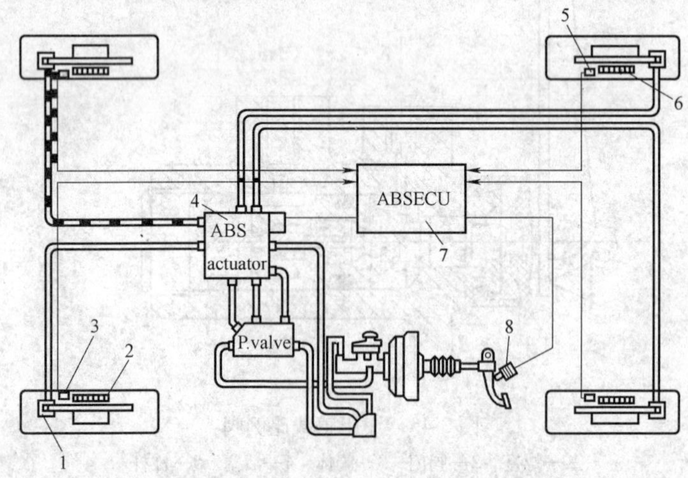

图 3-46　ABS 的工作原理图

1—盘式车轮制动分泵　2—传感器转子　3—前轮速度传感器　4—ABS 执行器　5—后轮速度传感器　6—传感器转子　7—ABS 电控单元　8—制动灯开关

利用车轮转速传感器的信号来计算车速。在制动过程中，车轮转速可与控制装置中预先编制的理想减速的特性曲线相比较。如果控制装置判断出车轮减速太快、车轮即将抱死，它就将信号传送给液压执行装置。

液压执行装置根据来自控制装置的信号能够迅速对卡钳或轮缸作用、保持、释放及重新作用液压力。这一动作每秒钟能出现10次以上，以保证最合适的车轮滑移率，从而获得最佳的制动效果。

图3-46为ABS的工作原理图。

六、制动系的检修

1. 汽车鼓式制动器修理技术条件

GB/T18274—2000《汽车鼓式制动器修理技术条件》见表3-1。

表3-1　GB/T18274—2000《汽车鼓式制动器修理技术条件》

序号	内容	技术要求
1	修前检查	制动器解体修理前，应首先进行试运行，查找判明主要的故障原因及位置。同时做好记录，为修理提供依据
2	制动器的拆卸	1）拆卸时，应使用专用机、工具。对主要零件的基准面或精加工面不允许敲击、碰撞。对不能互换、有装配规定或有平衡要求的零、部件，拆卸时应做好标记 2）具有制动防抱死装置（ABS系统）的制动器，其传感器、控制阀、齿圈等零、部件必须用专用容器盛放，防止丢失或损坏 3）具有自动调整间隙装置的制动器，其调节杠杆、拉索、行星齿轮等全部零部件必须单独存放，防止丢失和损坏 4）制动器解体后，要用吸尘器清除制动底板和制动鼓里面的全部灰尘，所有零件的油污及杂质应彻底清除。制动器摩擦片不允许使用碱性溶液清洗及接触油类；预润滑轴承、含粉末冶金轴承及油封等橡胶件不允许在易使其变质的溶液和油中浸泡或清洗

（续）

序号	内容	技术要求
3	制动器的装配	1）制动器的各个螺栓、螺母、垫圈、开口销、锁紧垫片等零件及金属锁线均应按原厂规定选用并装配齐全。各个结合面间衬垫的材质和规格应符合原厂规定 2）连接件的重要螺栓、螺母应无裂纹、损坏或变形。装配时，应按规定拧紧力矩和拧紧顺序拧紧螺栓及螺母 3）修理后的零件应经过检验合格后方可安装。制动鼓经修理后应进行探伤检查，不允许有裂纹及影响质量和使用性能的夹渣、气孔等缺陷
4	制动鼓	1）制动鼓测量及判定 ①在相互成直角的摩擦表面的宽窄两边缘处测量制动鼓的磨损量；在圆周上每隔45°的各点且在最深沟槽的底部测量制动鼓的直径 ②制动鼓直径超过报废尺寸，或虽未超过报废尺寸，但经过切削加工后，其直径超过安全修理尺寸的制动鼓应更换 ③带有锥度或圆度误差超过155μm的制动鼓，应更换 ④制动鼓摩擦表面由于制动热能引起金相组织结构发生变化而产生硬点时，应更换 ⑤制动鼓出现任何裂纹时，应更换 2）制动鼓的切削 ①切削加工制动鼓时，同轴上左、右制动鼓必须用相同的方法切削加工到相同的直径，以保证制动效果在两个车轮上相同 ②切削时不得采用一次深切削的方法，要采用多次浅切削的方法进行 ③切削时主轴线速度为150m/min；粗切削时的每转横向进给量为0.15～0.2mm，精切削的每转横向进给量不大于0.05mm 3）制动鼓切削后不得有裂纹和变形，其尺寸必须符合原生产厂的要求 4）制动鼓摩擦表面的圆柱度误差不大于0.05 mm，表面粗糙度不低于 $\sqrt{Ra\ \ 1.6}$ 5）制动鼓摩擦表面对与轮毂结合的圆柱面及平面的径向跳动不大于0.10 mm，对于轮毂轴承位的径向全跳动不大于0.12mm 6）制动鼓的壁厚差不大于1.00 mm，同轴上的左右制动鼓的直径差值不得大于规定的数值

（续）

序号	内容	技术要求
5	制动蹄总成	1）制动鼓拆卸后，检查各制动蹄、制动蹄回位弹簧和压紧弹簧及支撑销，判明故障原因 2）制动蹄摩擦片 ①检查制动蹄摩擦片厚度。磨损量超过原生产厂的规定磨损量或磨损到距铆钉头 0.80mm 时，应更换制动蹄摩擦片 ②检查制动蹄摩擦片表面。摩擦片有裂纹、老化或烧蚀，应更换制动蹄摩擦片 ③制动蹄摩擦片的安装。用清洁溶剂彻底冲洗制动蹄摩擦片，消除全部毛刺和不平点。从新摩擦片的中心开始安装和紧固连接铆钉，交替向外到两端；检查制动蹄和摩擦片之间的间隙，任意两个铆钉之间，蹄、片的间隙不大于 0.02mm。粘结摩擦片时，其粘接表面必须洁净，粘结剂及粘接强度应符合原生产厂要求 ④制动蹄摩擦片同轴左右轮应同时成组更换 ⑤制动蹄摩擦片的技术要求及摩擦性能应符合 GB 5763—2008 的有关规定 3）制动蹄 ①制动蹄有裂纹、表面变形或脱焊，制动蹄应更换 ②制动蹄上的铆钉孔出现椭圆时应修理或更换 ③清洁制动蹄及消除全部飞边和不平点 ④制动蹄与支撑销的配合间隙应符合原生产厂的技术要求，原生产厂无要求时，其配合间隙的使用极限不得大于 0.30mm
6	制动底板	1）制动底板有弯曲变形或裂纹出现，应更换 2）制动底板螺栓和用螺栓固定的支撑销应按规定转矩拧紧 3）制动底板的蹄凸台应无锈蚀或其他表面缺陷；用砂纸打磨凸台表面的磨损沟槽，砂纸打磨后仍有沟槽，则应更换
7	弹簧	1）制动蹄回位弹簧和压紧弹簧，自由长度发生变化及有扭转、弯曲或钩环损坏时，应更换 2）弹簧由于制动器过热而损失弹性后，应更换 3）所有更换后的弹簧，应符合原生产的技术要求

（续）

序号	内容	技术要求
8	制动器调整	1）检查间隙调整装置，保证在正常的调整范围内工作 2）调整制动蹄摩擦片与制动鼓之间的间隙，准确的规定值需从原生产厂技术文件中取得；原生产厂无规定的，其间隙为0.20～0.40mm

2. 检查、更换制动摩擦衬片

敲击及直观检查，摩擦衬片应无裂纹，用游标深度卡尺测量，衬片铆钉头距摩擦衬片表面应不小于0.80mm，衬片厚度应不小于9mm，否则，应换用新衬片或制动蹄总成。衬片铆钉出现松动时应重新铆合。

需要换用新的摩擦衬片时，其基本操作工艺如下：

1）用合适尺寸的钻头钻除铆钉头部，冲出铆钉，取下旧衬片。

2）用专用夹具或老虎钳将新衬片夹持到制动蹄上，应使衬片与制动蹄完全贴紧。要注意同一车桥左、右制动器所用摩擦衬片的材料及厚度应相同。

3）以制动蹄上的铆钉孔为基准，在摩擦衬片上钻出铆钉孔和沉头孔（沉头孔的深度应为衬片厚度的2/3）。

4）用铆钉将摩擦衬片与制动蹄铆合在一起（由中间向两边铆合）。铆合后衬片与制动蹄应密切贴合，铆钉应无偏斜及松动现象。

5）将摩擦衬片两端锉出75°坡口，以防制动时衬片两端与制动鼓出现卡滞现象。

6）用专用光磨机光磨衬片端面，使其外径比制动鼓内径大1.0～1.5mm。光磨后将制动蹄放入制动鼓中进行靠合检查时，制动蹄的两端应与制动鼓先接触，衬片与制动鼓的接触面积应符合要求。

3. 制动蹄总成修理技术条件

1）制动鼓拆卸后，检查各制动蹄、制动蹄回位弹簧和压紧弹簧及支撑销，判明故障原因。

2）制动蹄摩擦片

①检查制动蹄摩擦片的厚度。磨损量超过原生产厂的规定磨损

量或磨损到距铆钉头0.80mm时，应更换制动蹄摩擦片。

②检查制动蹄摩擦片表面。摩擦片有裂纹、老化或烧蚀，应更换制动蹄摩擦片。

③制动蹄摩擦片的安装。用清洁溶剂彻底冲洗制动蹄摩擦片，消除全部毛刺和不平点。从新摩擦片的中心开始安装和紧固连接铆钉，交替向外到两端。

④制动蹄摩擦片同轴左右轮应同时成组更换。

⑤制动蹄摩擦片的技术要求及摩擦性能应符合GB 5763—2008的有关规定。

3）制动蹄

①制动蹄有裂纹、表面变形或脱焊，制动蹄应更换。

②制动蹄上的铆钉孔出现椭圆时应修理或更换。

③清洁制动蹄及消除全部飞边和不平点。

④制动蹄与支撑销的配合间隙应符合原生产厂的技术要求，原生产厂无要求时，其配合间隙的使用极限不得大于0.30mm。

4. 驻车制动器的装配与调整

（1）以桑塔纳轿车为例介绍鼓式驻车制动器的调整步骤

1）松开驻车制动手柄，用力踩一下制动踏板，使后轮制动器具有正常的蹄鼓间隙。

2）将驻车制动手柄拉紧两齿。

3）旋转调整螺母和限位垫圈，直至用手不能转动后轮为止。

4）松开驻车制动操纵手柄，支起后桥车轮应能自由转动。

（2）以CA1092型车为例介绍盘式驻车制动器的调整步骤

1）拧紧调整螺钉和调整螺母，使制动蹄与制动盘接触。

2）脱开传动杆与拉杆臂，用调整螺母调整间隙值，用调整螺钉调整蹄两端间隙的均匀性，使蹄片与制动盘间隙均为0.40mm。

3）将驻车制动杆推至完全放松制动的位置，调整传动杆的长度，使其销孔与拉杆臂的销孔重合，穿上销子。

（3）驻车制动调整完之后进行制动效能的检查

1）驻车制动调整后，在行驶过程中不允许摩擦片与制动盘（鼓）有摩擦或咬住的现象。

2）空车停在20%坡道上，拉起驻车制动操纵杆，然后放手，可使车辆停住不动。这时驻车制动操纵杆的行程相当于全行程的2/3，拉动3～5齿时便起制动作用。

3）或使车辆停在平坦、干燥路面上，当发动机保持中速运转时拉紧驻车制动器，换入二挡，缓慢起步，发动机应被迫熄火（此方法只宜在试验摩擦片的接合与分离作用时一并使用）。

5. 驻车制动器检修技术要求

1）制动蹄摩擦片铆钉头埋入深度不小于0.50 mm，无裂纹、油污及烧焦等现象。

2）制动蹄及制动鼓无裂纹，表面无油污。

3）制动蹄回位弹簧无裂纹及弹力无明显下降现象。

4）驻车制动操纵杆从放松的极限位置往上拉，应具有两响的自由行程，第三响开始有制动，第五响汽车应能在规定的坡道上停车。

复习思考题

1. 膜片弹簧离合器的构造、工作原理与维修方法是什么？
2. 检查、更换从动盘和压盘的操作要点是什么？
3. 离合器的分类、结构与工作原理是什么？
4. 离合器操纵机构的分类与工作原理是什么？
5. 离合器从动盘和压盘的检测方法是什么？
6. 手动变速器的构造和工作原理是什么？
7. 检修变速器输入轴、输出轴、中间轴和倒挡轴的操作要点是什么？
8. 自动变速器的分类、组成与工作原理是什么？
9. 自动变速器液压传动装置的基本工作过程是什么？
10. 自动变速器工作液的种类与选用如何？
11. 自动变速器失速试验程序与技术要求有哪些？
12. 自动变速器的时滞试验程序与技术要求有哪些？
13. 主减速器和差速器的构造与工作原理是什么？
14. 测量和调整主、从动锥齿轮的啮合间隙与啮合印痕的方法是什么？
15. 万向传动装置的分类与工作原理是什么？
16. 汽车转向器的分类、结构与工作原理是什么？

17. 悬架系统的种类和结构有哪些?
18. 车轮定位的含义是什么?
19. 鼓式制动器的分类、结构与工作原理是什么?
20. GB/T　18274—2000《汽车鼓式制动器修理技术条件》(技术要求)是什么?
21. 盘式制动器的种类、结构与工作原理是什么?
22. 比例阀的作用、结构与工作原理是什么?
23. 驻车制动器的分类、结构与工作原理是什么?
24. 驻车制动器的检修技术要求是什么?

第四章

电气结构与检修

培训目标 通过本章的学习，掌握发电机、空调及仪表的结构及修理方法，掌握制冷剂的性质，为工作中能够解决实际问题打下良好的基础。

第一节 发电机的结构与检修

发电机是汽车的主要电源，其功用是在发动机正常运转时（怠速以上），向所有用电设备（起动机除外）供电，同时向蓄电池充电。

一、三相同步交流发电机

三相同步交流发电机由转子总成、定子总成、整流器、带轮、风扇、前后端盖和电刷总成等部件组成，如图 4-1 所示。

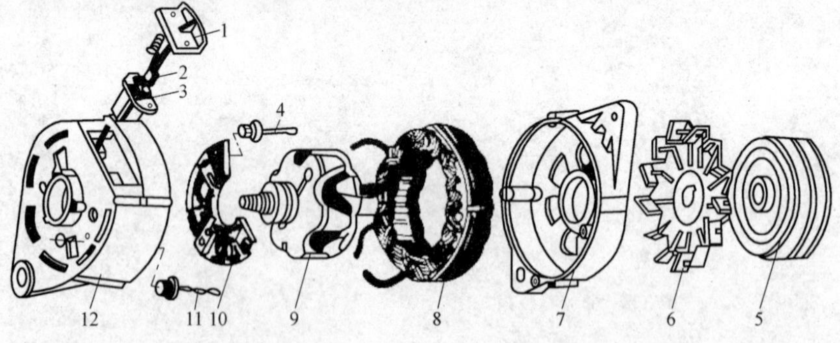

图 4-1 交流发电机的组成

1—电刷弹簧压盖 2—电刷 3—电刷架 4—硅二极管（阳） 5—带轮 6—风扇 7—前端盖 8—定子总成 9—转子 10—散热板 11—硅二极管（阴） 12—后端盖

1. 转子总成（见图 4-2）

由转子轴、集电环、爪极、励磁绕组等组成。发动机带轮带动发电机带轮旋转，当励磁绕组通电时，转子就产生旋转磁场，切割定子。

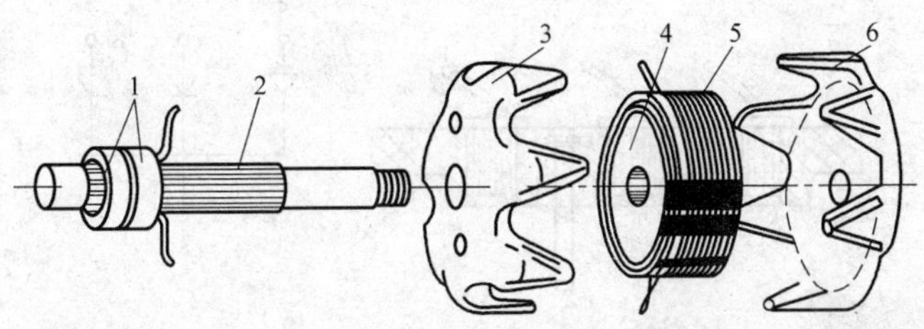

图 4-2　转子总成

1—集电环　2—转子轴　3、6—爪极　4—磁轭　5—励磁绕组

2. 定子总成（见图 4-3）

由铁心和定子绕组组成。固定的定子绕组切割转子产生旋转磁场（磁力线），定子绕组上便会产生交流电动势。

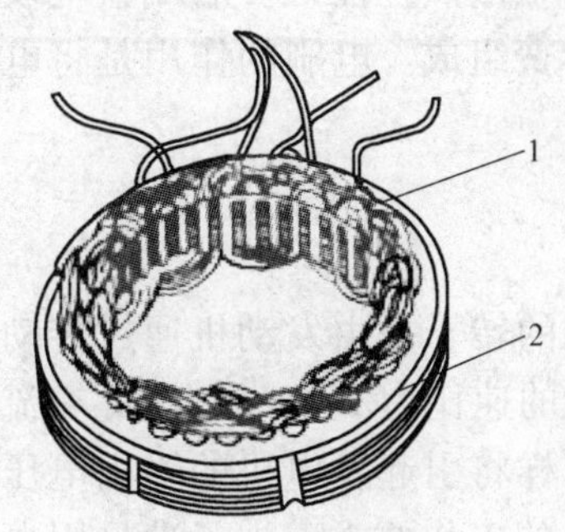

图 4-3　定子总成

1—定子绕组　2—铁心

3. 整流器

整流器一般由装在后端盖上的 3 只负二极管和装在元件板上的 3 只正二极管组成一桥式整流电路。其功用就是将定子产生的交流电整流为直流电，如图 4-4 所示。

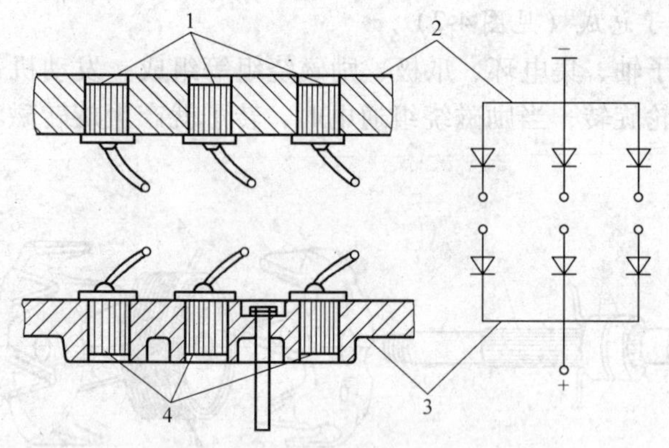

图4-4　整流器

1—黑字　2—后端盖　3—元件板　4—红字

4. 端盖

端盖一般分两部分——前端盖和后端盖，起固定转子、定子、整流器和电刷组件的作用。端盖一般用铝合金铸造，一是可有效地防止漏磁，二是铝合金散热性能好。后端盖上装有电刷组件，由电刷、电刷架和电刷弹簧组成。电刷的作用是将电源通过集电环引入磁场绕组。

二、电压调节器

由于交流发电机的转子是由发动机通过传动带驱动旋转的，且发动机和交流发电机的速比为1.7~3，因此交流发电机转子的转速变化范围非常大，这样将引起发电机的输出电压发生较大变化，无法满足汽车用电设备的工作要求。为了满足用电设备恒定的电压要求，交流发电机必须配用电压调节器，使其输出电压在发动机所有工作情况下基本保持恒定。

1. 电压调节器的分类

(1) 晶体管调节器　其优点是：晶体管的开关频率高，且不产生火花，调节精度高，还具有重量轻、体积小、寿命长、可靠性高和电波干扰小等优点，广泛应用于东风、解放及多种中低档车型。

(2) 集成电路调节器　集成电路调节器除具有晶体管调节器的

优点外，还具有超小型特点，可安装于发电机的内部（又称内装式调节器），减少了外接线，并且冷却效果得到了改善，广泛应用于多种轿车车型上。

（3）计算机控制调节器　计算机控制调节器是目前轿车采用的一种新型调节器，由电负载检测仪测量系统总负载后，向发电机计算机发送信号，然后由发动机计算机控制发电机电压调节器，适时地接通和断开磁场电路，即能可靠地保证电器系统正常工作，使蓄电池充电充足，又能减轻发动机载荷，提高燃料经济性。如在上海别克、广州本田等轿车发电机上使用了这种调节器。

2. 电压调节器的调压原理

交流发电机调节器的工作原理是：当交流发电机的转速升高时，调节器通过减小发电机的励磁电流来减小磁通量，使发电机的输出电压保持不变。

触点式电压调节器通过触点开闭，接通和断开磁场电路，来改变磁场电流的大小；晶体管调节器、集成电路调节器等利用大功率晶体管的导通和截止，接通和断开磁场电路，来改变磁场电流的大小。

三、发电机的检修

1. 检修转子

（1）直观检查　检查集电环在转子轴上是否松动或位移，若发现，可用环氧树脂胶或504胶重新粘牢。检查励磁绕组的引线是否折断、绝缘有无破损、引线与集电环焊接处是否断开。

（2）用万用表及试灯检查

1）用万用表测两集电环间的电阻（见图4-5）应为4Ω左右。若电阻为∞，表明励磁绕组断路；若$0 < R < 4\Omega$，表明励磁绕组部分短路。

2）用万用表分别测量两集电环与转子轴之间的电阻，电阻值应为∞，如图4-6所示。否则说明励磁绕组绝缘不良（如果励磁绕组与集电环已完全断开，只表明集电环与转子轴的绝缘情况）。

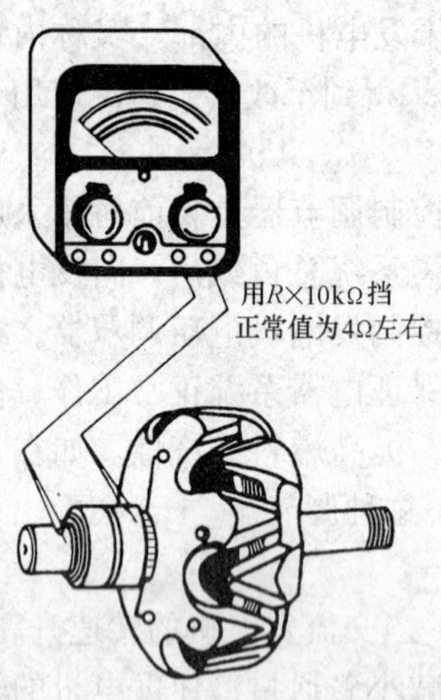

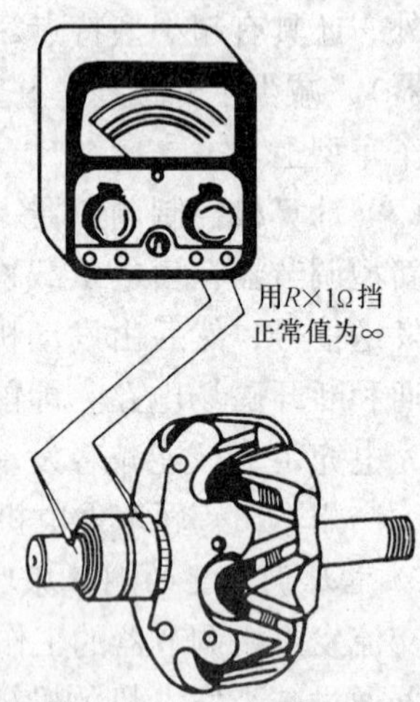

图 4-5　测量励磁绕组的电阻　　图 4-6　用万用表检测励磁绕组的绝缘情况

3）用 220V 交流电和 220V 灯泡接成的试灯测试。试灯的一端接转子轴，另一端分别接两集电环。若试灯不亮，证明励磁绕组绝缘良好；试灯亮，说明励磁绕组绝缘不良（励磁绕组与集电环未完全断开）。

确认励磁绕组短路、断路或绝缘不良时，须重新绕制励磁绕组。

2. 检修定子

（1）直观检查　检查绕组外露部分的导线有无断路，绝缘有无损坏。若有断路，取一段导线，搭接在断路处焊牢。焊接完毕后，进行绝缘处理，即先用布带包扎，然后涂绝缘漆烘干。

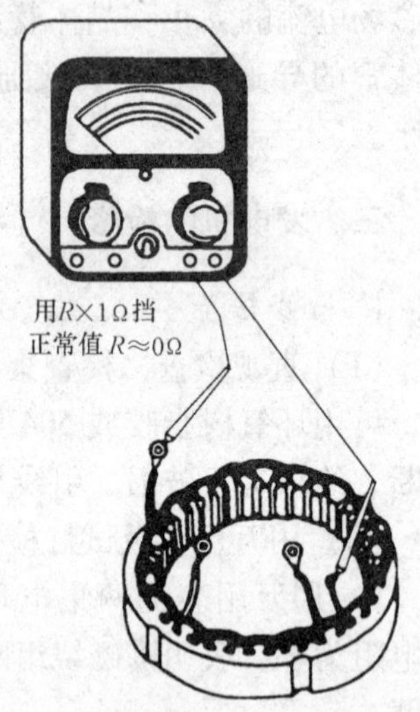

图 4-7　判断定子绕组有否断路

（2）用万用表测量

1）测量定子三相绕组的通路断路。用万用表测量（见图 4-7），

如果有一相电阻值为无穷大，则该相断路。

2）测量三相绕组与铁心的绝缘情况。万用表如指示无穷大，说明绕组绝缘良好。如指示为零或电阻很小，说明至少有一相绕组搭铁。

3）判断搭铁绕组。将中性点烫开，使三相绕组导线分离。然后将万用表测得某一相电阻为零或电阻极小，说明该相绕组已搭铁或绝缘不良。如不能处理，或定子绕组已烧坏发黑，应拆除重绕。

4）绕组之间绝缘的测量。烫开三相绕组的中性点，将万用电表的一个表笔接一相绕组的首端，另一表笔分别接其余两个绕组的首端，正常值应为∞。如某次测得的阻值为零或有一定数值，说明该两相绕组短路或绝缘不良。

5）定子绕组的重新制作。首先拆除旧绕组，并将线槽清理干净。同时记录每相绕组线圈的个数，每个线圈的匝数、导线线径及绕组的安装位置等参数。按原参数重新绕制线圈，在定子槽内垫一层复合聚酯膜，再把线圈嵌装于定子槽内，用竹楔楔紧，最后浸漆烘干。

3. 检修整流器

（1）测量正极管　将万用表拨到 $R\times1\Omega$ 挡，测得的电阻值应为

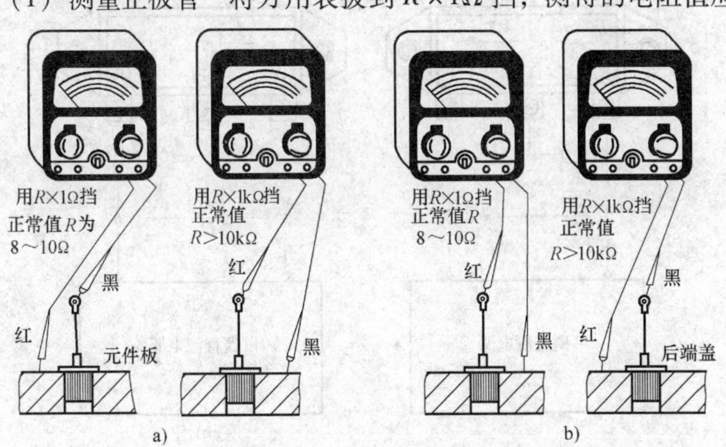

图 4-8　二极管测量

a）正极管的测量　b）负极管的测量

8～10Ω；将万用表拨到 $R\times1\text{k}\Omega$ 挡，测得的阻值应为 10kΩ 以上，如图 4-8a 所示。若某整流管两次测得的电阻值都为零，表明该整流管已击穿损坏；若两次测电阻值均为无穷大，表明该整流管已断路损坏。

（2）测量负极管　如图 4-8b 所示，用万用表 $R\times1\text{k}\Omega$ 挡，电阻值应为 8～10Ω；将万用表拨到 $R\times1\text{k}\Omega$ 挡，电阻值应在 10kΩ 以上。若某整流管两次测得的电阻值都为零，表明该整流管已击穿损坏；若两次测得的电阻值均为无穷大，表明该整流管已断路损坏。

（3）更换整流管　对于整体式整流器，一旦发现有整流管损坏，须更换整个整流器。

四、电压调节器的检修

1. 静态检测

使用万用表 $R\times100$ 挡测量晶体管调节器各接线柱之间的静态电阻，应与标准值相符。

2. 动态检测

（1）接地形式的检测　按图 4-9 连接线路，将电源电压 U 调到 12V，然后接通开关 S，若小灯泡不亮，则该调节器为内接地型调节器；若小灯泡亮，则该调节器为外接地型调节器。

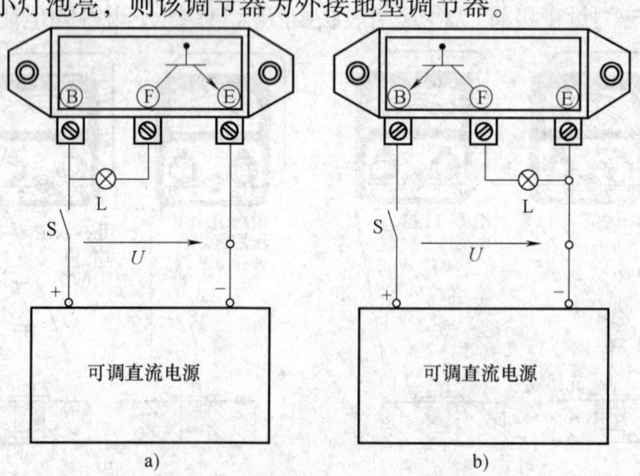

图 4-9　搭铁形式与好坏的检测

a）外搭铁型电压调节器　b）内搭铁型电压调节器

（2）好坏的检测　将调节器根据接地形式不同连好线路，接通开关S，逐渐调高电源电压，小灯泡的亮度应随电压升高而增强，当电源电压调至调节电压值（14V 调节器为13.5～14.5V）时，小灯泡熄灭，则为良好；若小灯泡始终发亮或始终熄灭，则为损坏，应更换。

（3）管压降的检测　在检测管压降时，必须限定流过大功率晶体管的电流。具体数值应根据调节器调节上限和配用发电机磁场绕组的电阻确定。

3. 万能试验台测试

将晶体管调节器和配套标准发电机装在万能电气试验台上，按图4-10连接线路，然后逐步提高发电机转速到规定值，再逐步变化负载电流，调节器的调压值和各种负载下的电压差值应符合试验技术要求。否则，应予以检修或更换。

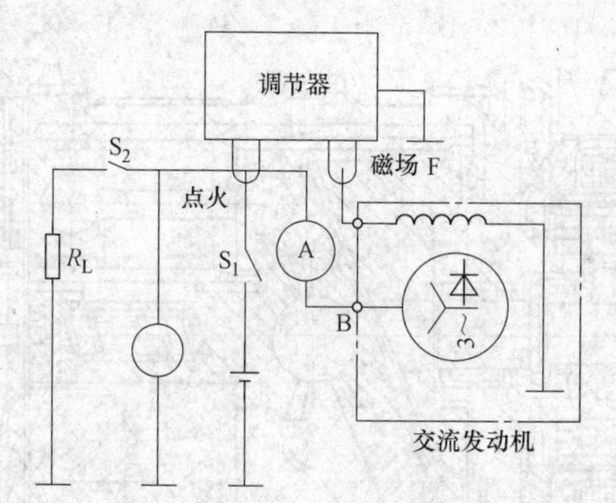

图4-10　交流发电机调节器试验电路

第二节　空调的结构与检修

一、汽车空调制冷系统的组成

1. 结构

汽车空调制冷系统是由压缩机、冷凝器、贮液器、干燥过滤器、膨胀阀、蒸发器等组成。典型的空调系统如图4-11所示。

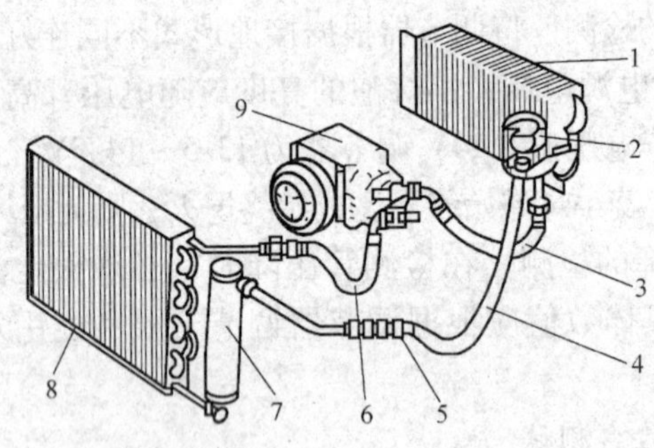

图 4-11 汽车空调系统的组成

1—蒸发器 2—膨胀阀 3—低压气体软管 4—高压气体软管 5—视液窗 6—高压气体软管 7—贮液干燥器 8—冷凝器 9—压缩机

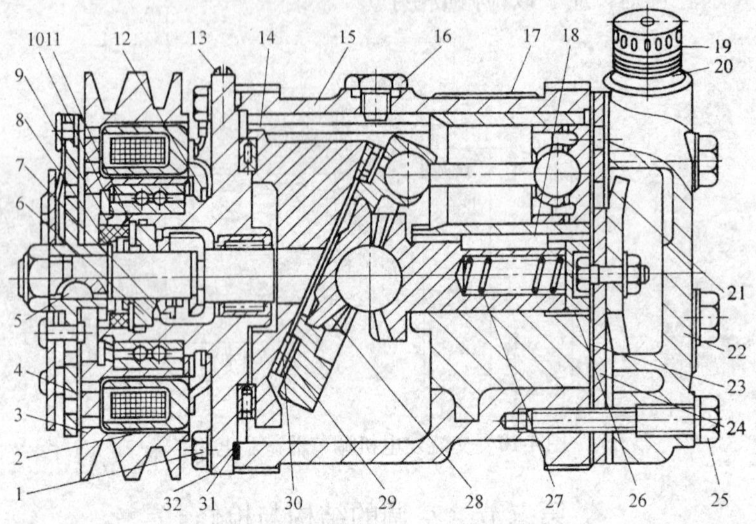

图 4-12 SD—508 型摇板式压缩机

1—前盖紧固螺栓 2—电磁离合器线圈总成 3—驱动带轮 4—吸盘 5—半圆键 6—轴封静环 7—密封件 8—弹性垫圈 9—油毡密封圈 10—卡簧挡圈 11—孔用弹性挡圈 12—轴用弹性挡圈 13—导线夹固定螺栓 14—连接管 15—气缸体 16—注油螺钉 17—活塞 18—平键 19—吸气口护帽 20—排气口护帽 21—垫片 22—气缸盖 23—气缸垫 24—阀板 25—后盖紧固螺栓 26—调节螺母 27—弹簧 28—斜盘 29—L 型推力片 30—推力轴承 31—密封圈 32—前缸盖

（1）压缩机　空调系统的压缩机安装在发动机前端，由发动机曲轴带轮驱动。其功用是驱动制冷剂流动，将低温（0℃）低压（150kPa）气态制冷剂压缩成高温（60～66℃）高压（1100～1400kPa）气态制冷剂。

下面以桑塔纳轿车使用的SD—508型摇板式压缩机为例介绍压缩机结构，如图4-12所示。

在压缩机壳体上设有吸气口插头和排气口插头，吸气口稍大于排气口。吸气口与低压软管连接，排气口与高压软管连接。

压缩机内部设有5个气缸，均匀地分布在缸体内部的圆周上。斜盘与压缩机轴固定在一起。当斜盘随压缩机轴旋转时，便带动活塞作轴向运动。实质上，摇摆斜盘式压缩机就是用斜盘取代了往复活塞式压缩机的曲柄连杆机构。

压缩机工作时，压缩机轴上的斜盘驱动活塞作轴向往复运动，从而驱动制冷剂流动，将蒸发箱（吸热箱）至吸气口间的低温低压气态制冷剂压缩成高温高压气态制冷剂送往冷凝器（散热器）。

（2）冷凝器　冷凝器的功用是将压缩机排出的高温高压气态制冷剂冷凝成高温（50～55℃）高压（1100～1400kPa）液态制冷剂。

（3）贮液干燥器　贮液干燥器的结构如图4-13所示，其功用是贮存液态制冷剂、过滤杂质、除去水分。

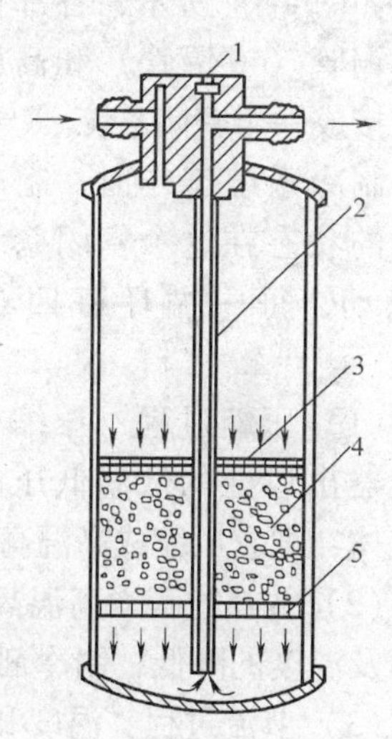

图4-13　贮液干燥器的结构
1—检视玻璃孔　2—出液管
3、5—滤网　4—干燥剂

（4）膨胀阀　桑塔纳轿车空调系统采用了外平衡式热力膨胀阀。主要由感温包、毛细管、膜片、弹簧与调节螺钉等组成，安装在蒸发箱入口处。其功用是随车内热负荷的波动调节制冷剂流量，同时起到节流膨胀作用，将贮液干燥器输送的高温（50～55℃）高压（1100～1400kPa）液态制冷剂转变为低温（－6℃）低压（150kPa）

的雾状制冷剂送入蒸发箱。

（5）蒸发器　桑塔纳轿车空调系统的蒸发器（吸热器）为铝板带式蒸发器，风冷式结构，安装在副驾驶席一侧杂物箱下方。其功用是吸收汽车内部空间的热量，达到调节车内空气温度的目的。

当液态制冷剂经膨胀阀节流降压变成低压、雾状制冷剂后，立即在蒸发器内沸腾或蒸发，汽化成为气态制冷剂，同时吸收大量热量，使蒸发器周围（车内空间）温度降低。

2. 工作原理

如图 4-14 所示，各部件之间采用铜管（或铝管）和高压橡胶管连接成一个密闭系统。

制冷系统工作时，制冷剂以不同的状态在这个密闭系统内循环流动，每一循环有四个基本过程。

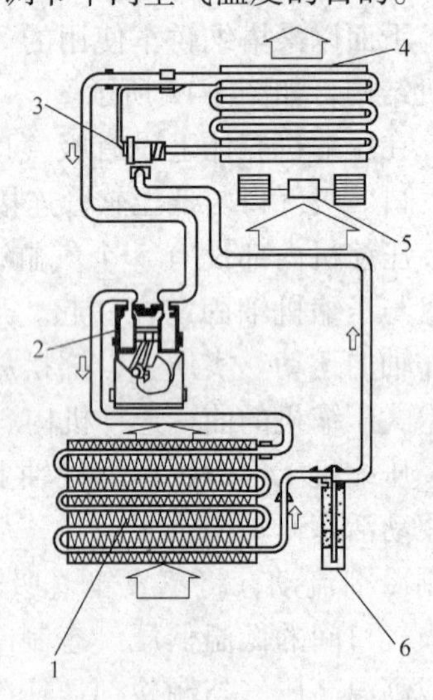

图 4-14　汽车空调工作原理图

1—冷凝器　2—压缩机　3—膨胀阀　4—蒸发器　5—散热风扇　6—贮液器

（1）压缩过程　压缩机吸入蒸发器出口处的低温低压的制冷剂气体，把它压缩成高温高压的气体从压缩机排出。

（2）放热过程　高温高压的过热制冷剂气体进入冷凝器，由于压力及温度的降低，制冷剂气体冷凝成液体，并放出大量的热。

（3）节流过程　温度和压力较高的制冷剂液体通过膨胀装置后体积变大，压力和温度急剧下降，以雾状（细小液滴）排出膨胀装置。

（4）吸热过程　雾状制冷剂液体进入蒸发器，因此时制冷剂沸点远低于蒸发器内温度，故制冷剂液体蒸发成气体，而后低温低压的制冷剂蒸气又进入压缩机。从吹风机传来的空气不断地流过蒸发器表面，被冷却后送到车厢内，使车厢降温。

上述过程周而复始地进行，便可达到降低蒸发器周围空气温度

的目的。

二、汽车空调制冷剂

1. 制冷剂的种类

1）凡由 Cl、F、C 三种元素组成的制冷剂通称为 CFC 类，或氯氟（代）烃类：CFC 类包括 R11、R12、R13、R113、R114、R115 等。

2）凡由 H、F、C 三种元素组成的制冷剂通称为 HFC 类，或不完全氟（代）烃类。HFC 类包括 R23、R32、R41、R125、R134、R143、R152 等。

3）凡由 H、Cl、F、C 四种元素组成的制冷剂通称为 HCFC 类，或不完全氯氟（代）烃类。HCFC 类包括 R22、R123、R133 等。

制冷剂命名时，通常用制冷剂 Refrigerant 中的 R 来代替 CFC 和 HFC 表示制冷剂，而学术论文上还是用 CFC、HFC 和 HCFC 较多，例如：CFC12→R12，HFC134a→R134a。

2. 制冷剂的性能

（1）CFC12　氟利昂是饱和碳氢化合物的氟烷衍生物的总称，即氟氯溴原子取代饱和碳氢化合物中的氢原子所得的化合物。CFC12 是氟利昂中的一种，常用 R-12 或 F-12 简化表示，学名为二氟二氯甲烷，化学式是 CF2C12。

CFC12 在常温常压下为无色、无味、无毒的气体，在标准大气压力下的蒸发温度为 -29.8℃，凝固温度为 -158℃。CFC12 化学性能较稳定，不易燃烧，与空气混合时不爆炸，对人体也无毒，但与火焰接触时会分解成有毒气体。CFC12 本身虽然无毒，但是排出时会使局部空间内的氧气浓度下降，易使人窒息。CFC12 在大气中会急剧蒸发，因而当喷在皮肤上时会迅速吸热蒸发，冻伤皮肤。此外，CFC12 的渗透能力极强，由于 CFC12 无臭、无味，渗漏也不易发现，作为空调用的高压氟利昂胶管也会有轻微的渗漏。可以说，装油、水、气不渗漏的容器或系统，装 CFC12 可能会渗漏；但装 CFC12 不渗漏的，装油、水、气一般不会渗漏。

CFC12 与压缩机油即冷冻机油可以完全互溶，任意混合。因此，冷冻机油可以随 CFC12 在制冷系统中流动到各个部位润滑。但 CFC12 与水几乎互不相溶，若制冷系统中混有水分，会使膨胀阀发生冰堵及储液干燥器内的吸水物质过早失效。因此，应严禁有制冷系统水分进入。

CFC12 对金属无腐蚀作用，在水中的溶解度很小，且随着温度的降低，在水中的溶解度也变小。

CFC12 对大气臭氧层破坏作用最大，臭氧层破坏系数（ODP）值为 1，温室效应（GWP）值达 3 左右，所以，CFC12 在蒙特利尔协议书中被列为首批禁用物质。

（2）HFC134a　热力性质与 CFC12 相近，化学性质稳定，安全性能高，无色、无臭、无毒、无腐蚀性，不燃烧、不爆炸；其最大特点是不含氯原子，ODP 值为 0，GWP 值也很低，大约 0.25 ~ 0.26。另外，其蒸发潜热值高，比定压热容大，具有较好的制冷能力；黏度较低，流动性好，分子直径与 CFC12 接近，饱和蒸汽压力亦与 CFC12 接近。

三、制冷系统性能检测

1. 检测程序

性能检测是为了考察冷气系统的效率，应使用以下检测程序。

1）把汽车停在阴凉处。

2）高低压组合表的高压和低压两侧应与压缩机对应的螺纹插头连接起来。

3）关闭汽车所有的门窗。

4）开动发动机，使压缩机的转速维持在高速。

5）控制装置调整到最冷位置。

6）把冷气的窗口全开。

7）当车厢内温度为 25 ~ 35℃ 时，压力表的读数为：高压为 1 450 ~ 1 500kPa，低压为 105 ~ 310kPa。

8）测量冷气出口处的温度，用干湿球温度计测量相对湿度。

9）观察检视窗口。

2. 检测方法

(1) 使用高低压组合表　把高低压组合表两侧分别接在压缩机的排、吸两端的维修阀上，起动发动机，使压缩机转速维持在2 000r/min左右。打开冷气开关，把风量置于最高挡，调温旋钮置于最冷处，使冷气系统运转15min以上，使各个部件有充分时间稳定工作。在有冷气吹出的情况下，检视镜里不应看到气泡。

然后观察低压表的读数，当车厢温度为25~35℃时，压力应为105~310kPa，低压压力的高低是由车厢里的空气温度决定的，车厢里温度高，读数就偏高；如车厢里温度低，读数就偏低。如低压表读数太低，说明系统中堵塞或是制冷剂数量不足；如读数过高，说明制冷系统中存在空气或是制冷剂数量太多，也可能是压缩机效率低。

高压值的高低主要受周围空气温度的影响，高压值一般应为1.4~1.5MPa。如果高压值太低而且在检视镜里有气泡产生，则说明制冷剂数量不够；如果高压值太高，可能是制冷剂太多或是制冷系统中存在空气，也可能是冷凝器散热不好。

(2) 使用玻璃体温度计和干湿球温度计　高低压值检测之后，再测定车厢内的降温效果，把干湿球温度计放在冷气系统的进风口处，把玻璃体温度计放在冷气的出口处，如图4-15所示。

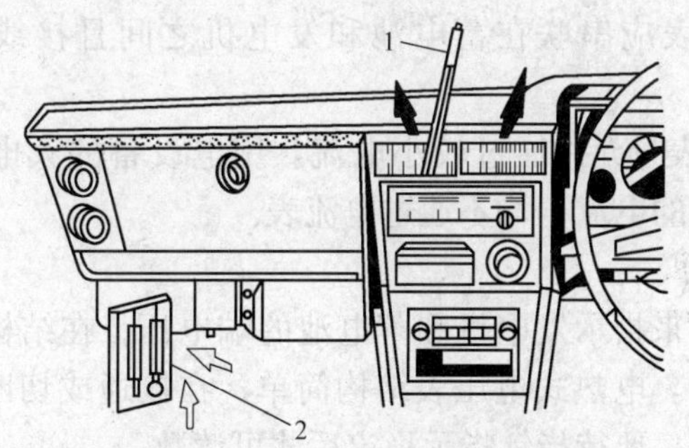

图4-15　测定车厢内的降温效果

1—玻璃体温度计　2—干湿球温度计

1) 测车厢内空气的相对湿度。测制冷系统空气进口处（蒸发器

进口）干湿球温度计的干球和湿球的温度，根据所测到的干球和湿球的温度值，利用湿空气焓湿图，求出蒸发器出口处的空气相对湿度。例如，设蒸发器进口处的干球温度和湿球温度分别为25℃和19.5℃，则在曲线图中虚线的交叉点的相对湿度为60%。

2）测冷气系统进气口和排气口的温度差。测量制冷系统冷气出口处的玻璃体温度计的指示值，再测量制冷系统进气口处干湿球温度计和干球温度计的指示值，这两者的温差值，即为所求进气口与排气口的冷气温度差。

第三节　仪表检修

一、各种仪表的作用及分类

1. 电流表

电流表用来指示蓄电池的充电电流值，同时还用来监视充电系是否正常工作。汽车常用电流表的结构可分为动铁式（也称电磁式）和动磁式两种。

使用电流表时应注意：

1）不同型号的发电机应配用不同量程的电流表。

2）电流表应串联在蓄电池和发电机之间且接线时极性不可接错。

3）电流表只允许通过较小电流。用电设备的大电流（如起动机、电喇叭等的电流）均不通过电流表。

2. 电压表

电压表用来指示发电机和蓄电池的端电压，在结构上有电热式和电磁式两种。电热式电压表结构简单，在接通或切断电源时，指针摆动较迟缓，要待指针指示稳定后才可读数。

3. 机油压力表

机油压力表的作用是在发动机运转时，指示发动机主油道的机油压力。它与装在发动机主油道上（或粗滤器壳上）的油压传感器配合工作。常用机油压力表结构有电热式和电磁式两种，现代汽车

上大多采用电热式机油压力表。

使用机油压力表时应注意：

1）压力表必须与传感器配套使用。

2）安装压力表时必须注意接线柱的绝缘应良好，拆卸时不要敲打或碰撞。

3）安装电热式油压传感器时，一定要使外壳上的箭头符号向上，与垂直中心线的夹角不得超过 30°。

4. 水温表

水温表的作用是指示发动机冷却液的温度，与装在仪表板上的水温指示表和装在发动机水套上的水温传感器配合工作。正常指示值一般为 80～105℃。水温指示表有电热式和电磁式两类。

5. 燃油表

燃油表是用来指示油箱内的油量多少。它由装在仪表板上的燃油指示表和装在燃油箱内的传感器构成。燃油指示表有电磁式和电热式两种，现代汽车常用电热式燃油指示表配合可变电阻式传感器。

6. 仪表稳压器

电热式水温表及燃油表配合可变电阻式传感器时，应在电路中串入仪表稳压器，其作用是当电源电压变化时稳定仪表平均电压，避免仪表的指示误差。常见的仪表稳压器有电热式和电子式两类。

7. 车速里程表

车速里程表用来指示汽车行驶速度和汽车累计行驶里程数，它由车速表和里程表两部分组成。按其工作原理可分为磁感应式和电子式两种。

磁感应式车速里程表的结构中没有电路连接，由汽车的变速器或分动器软轴驱动仪表的主动轴。

电子式车速里程表从装在变速器后的传感器中取得脉冲信号，通过导线输送给指示器，克服了原机械式车速里程表用软轴传输转矩不平稳的缺点，具有精度高、指示平稳和使用寿命长等特点。

8. 发动机转速表

发动机转速表用来测量发动机曲轴的转速。分为机械式和电子式，其中应用较广泛的是电子式转速表。电子式转速表按转速信号

的获取方式不同可分为：

1）点火系获取信号的转速表。

2）测取飞轮（或正时齿轮）转速的转速表。

3）从发电机上获取转速信号的转速表。

二、仪表检修

1. 电流表的检修

（1）示值不准　将被测电流表与标准电流表及可变电阻串联后接上电源，逐渐减小可变电阻值，仔细比较两表读数，其误差不得大于标准值的20%。如被测电流表读数偏高，说明表内的永久磁铁磁性过弱。

（2）偏摆不灵活　指针偏摆不灵活一般是由接线柱插头松动造成的，导致接触不良，应将接触面上的锈斑刮除，拧紧螺母，将线头压紧。指针轴锈蚀、弯曲，指针与面板相碰，也会出现阻滞现象。

（3）内部搭铁　当金属外壳的电流表接线柱的绝缘垫破损、老化、漏装时，容易造成搭铁故障。出现此故障会频繁烧断总熔断器中的熔丝，用手摸电流表有发烫现象。

（4）充放电指示反向　充放电指示相反一般是正负极接线颠倒所致。正确接线应是电流表正极接线柱接硅整流发电机B的正极接线柱，电流表负极接线柱接蓄电池的正极接线柱。永久磁铁安装反向时，也会出现充放电指示相反的现象。

2. 机油压力表的检修

（1）示值不准　说明传感器安装位置不正，或传感器与指示表不匹配，指示表到传感器之间有搭铁故障。可先拆下传感器引线，看表的指针是否从最大值处退回原点，若能退回，说明传感器内部有搭铁故障；若拆线后仍不退回，可再拆下指示表传感器接线柱上的引线，看表头指针，若退回，说明导线有搭铁故障，若不能退回，说明指示表内部有搭铁故障。

（2）表针不动　接通点火开关，其他表指示正常，油压表指针不动，说明油压表电路有断路故障。检查时，可用导体将传感器引线搭铁。仍不动说明传感器已损坏。

3. 燃油表的检修

(1) 表针指0　说明传感器电路有搭铁故障或指示表内部搭铁。电热式燃油表遇此情况，说明是由于稳压器断路、指示表内部断路而引起的线路断路及传感器失效。

(2) 表针指1　这种故障对于电磁式燃油指示表，说明有断路故障；对于电热式燃油指示表则属短路故障。

(3) 示值不准　若燃油表指示误差很大，应检查传感器滑片与电阻丝片接触是否不良、电阻丝是否有断路现象。

4. 水温表的检修

(1) 指针不动　若发动机运转一段时间，水温高于40℃时，水温表指针停留在原点不动，可先看其他仪表示值是否正常。若不正常，应检查公共电路是否断路，若正常，可将传感器接线柱搭铁。搭铁后，若表针偏转，说明传感器已损坏，若仍然不偏转，可将水温指示表接传感器的接线柱用跨接线搭铁。若表针移动，说明传感器接线断路，若表针不动，可拆去指示表传感器引线。若表针退回，说明传感器连线有搭铁故障。若仍不退回，说明指示表内有搭铁故障。

(2) 指针偏转到最大极限　传感器线路有搭铁故障。检查时，可拆去传感器引线，若表针退回，说明传感器内部搭铁。若表针不动，可拆去指示表传感器引线。若表针退回，说明传感器连线有搭铁故障。若仍不退回，说明指示表内有搭铁故障。

(3) 示值误差　产生的原因可能是稳压器失效、传感器失效。

复习思考题

1. 发电机与调节器的结构与工作原理是什么?
2. 发电机的性能检测方法是什么?
3. 汽车空调制冷系统的分类和组成是什么?
4. 制冷剂的种类与性能是什么?

第五章

汽车二级维护

培训目标 通过本章的学习，掌握发动机、底盘和电气二级维护的基本知识，为工作中能够解决实际问题打下良好的基础。

第一节 发动机二级维护

一、汽车发动机二级维护前的检测作业程序

汽车进厂进行二级维护前应先进行检测，首先根据汽车技术档案的记录资料（包括车辆运行记录、维修记录、检测记录、总成修理记录等）和驾驶员反映的车辆使用技术状况（包括汽车动力性、异响、转向、制动及燃料和润料消耗等）确定所需检测项目，然后根据检测结果及车辆实际技术状况进行故障诊断，从而确定附加维护作业内容。二级维护过程中要进行过程检验，过程检验项目的技术要求应满足有关的技术标准或规范。二级维护作业完成后还要再由维修企业进行竣工检验，竣工检验合格的车辆，在维修企业填写完《汽车维护竣工出厂合格证》后方可出厂。

二、EQ1092F型汽车二级维护前的检测项目和技术要求

1）发动机功率应不小于额定值的80%。

2）检查配气相位。发动机转速为800r/min、气门间隙为

0.25mm时，进气门提前角应为20°，滞后角为56°；排气门提前角应为38.5°，滞后角为20.5°；开闭角度误差应不大于2°。

3）发动机异响。曲柄连杆机构和配气机构无异响。

4）检查气缸压力。当压缩比为6.75：1时应为0.83MPa，当压缩比为7.2：1时应为0.725MPa。另外，所测气缸压力应不小于规定值的85%，各缸压力差应不大于10%。

5）检测曲轴箱窜气量。发动机的转速为2 000r/min时，曲轴箱窜气量应不大于70L/min。

6）检测气缸漏气量。气缸漏气量检验仪指示的气压值应不大于0.25MPa。

7）检测进气歧管的真空度。当发动机处于怠速运转且转速为500～600r/min时，真空度应为50～70kPa，波动值应不大于5kPa。

8）用内窥镜窥查气缸表面及活塞顶部状况，气缸表面应无损伤，活塞顶部无烧蚀和严重积炭。

9）冷却系无泄漏，水泵工作时无异响、无过热现象，水泵轴不松旷。

10）检查机油压力。怠速时，机油压力应不小于0.1MPa；中速时，机油压力应不小于0.3MPa。

11）检测润滑油质量。润滑油污染指数（或斑痕）、开口闪点及水分中有一项不符合技术要求，均应更换机油。

三、汽车发动机二级维护时常用的检测设备及功能（见表5-1）

表5-1　汽车发动机二级维护时常用的检测设备及功能

序号	检测设备名称	设备功能
1	QFC—5微计算机发动机综合检测仪	测量启动电流、启动电压、气缸压力、点火提前角、分电器重叠角、触点闭合角、点火电压、点火波形，动态观测无负荷功率、单缸功率平衡、转速降
2	QCG—2CJ型汽车无负荷测功率	测量发动机无负荷功率及转速
3	汽车发动机电器性能测试仪	测量发动机转速、点火电压、点火功能、触点动态间隙、直流电压、蓄电池容量及电容器电容

（续）

序号	检测设备名称	设备功能
4	汽车微测量型检测仪	检测发动机转速、各缸功率平衡、分电器触点闭合角及直流电压和电阻
5	汽车排放氧分析仪	测定发动机废气排放中的氧含量，间接分析CO、HC的浓度
6	曲轴箱窜气量测量仪	测量发动机曲轴箱窜气量，判断气缸活塞组的技术状况
7	工业纤维内窥镜	观察气缸内有无异物及气缸壁、活塞顶部表面技术状况，并可拍照
8	气缸漏气量检测仪	诊断发动机气缸及进、排气门的密封状况
	润滑油质量分析仪	对发动机润滑油快速检测
9	汽车发动机检测专用真空表	测量进气歧管的真空度

四、气门座圈修理的技术要求

1）压入座圈后，上端平面与基体平面平齐。当出现下列情况之一时，必须更换气门座圈：

①气门座圈表面有裂纹、斑点或严重烧蚀。

②气门座圈工作面低于气缸盖平面1.5mm。

③气门座圈松动。

2）气门座圈轴承孔的圆柱度误差应小于0.05mm，圆度误差应小于0.02mm，表面粗糙度值 $< Ra$ 1.25μm。

3）气门座圈与轴承孔过盈量应符合要求。

五、曲轴、连杆轴承间隙的调整要点

1）轴承松紧度的检查方法，通常是在轴承上涂一层薄机油，将连杆装在相应的轴颈上，按规定力矩拧紧轴承螺栓，然后用手甩动连杆，连杆应能转动数圈。

2）沿曲轴轴线扳动连杆，应无间隙感。连杆轴承应与轴承座及轴承盖密合，凸点完好，轴瓦两端的挤压高度值不小于0.03mm。

3）连杆轴颈与轴承的配合间隙应符合原厂规定。

4）用手工刮削的轴承要求接触面积不小于轴承内部总面积的75%。

5）在轴承表面上涂以洁净的机油，将轴承装在连杆轴颈上，按规定力矩拧紧螺母，将连杆放平，靠杆身的重量徐徐下垂，用手握住连杆小端，沿轴向扳动时应无松旷感。

六、曲轴轴承、连杆轴承的刮削要点

1. 曲轴轴承刮削

主要是手工刮削，具体修理步骤如下：

1）清洁曲轴轴承座孔，检查座孔的磨损情况。

2）校正水平线。

3）刮配轴承。

4）检查曲轴轴承的配合间隙。

2. 连杆轴承刮削

1）清洁连杆轴承座孔，检查座孔的磨损情况。

2）检查接触痕迹，确定刮削部位。

3）刮削轴承。

4）检查轴承刮削后的松紧度。

七、曲轴轴向间隙的检查与调整

1. 曲轴轴向间隙的检查

（1）不解体发动机的检查方法

1）拆下离合器壳底盖。

2）把磁性表座固定在飞轮壳上，将指示表测头抵住飞轮表面。

3）用旋具轴向撬动飞轮，同时观察指示表指针的摆动值，也可用塞尺进行测量，如图5-1所示。

（2）解体发动机的检查方法　发动机解体后再检查时，可直接前后撬动曲轴，用塞尺或指示表进行测量。若轴向间隙超过规定极

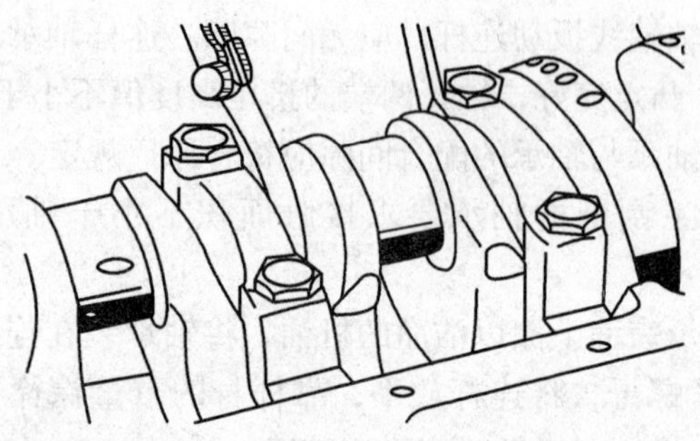

图 5-1　曲轴轴向间隙的检查

限时，就必须检查止推片。具体技术参数为：

1）桑塔纳发动机曲轴轴向间隙是靠第 3 道主轴承的止推片来保证的。检查时应先将曲轴用撬棒撬至一端，再用塞尺测量第 3 道曲柄与推力轴承之间的间隙。轴向间隙应为 0. 14 ~0. 35mm。

2）捷达发动机新轴的轴向间隙为 0. 07 ~0. 17mm，磨损极限为 0. 25mm。

对于在曲轴前端装止推垫片的发动机，曲轴轴向间隙因磨损而增大时，应在保证前止推片为标准厚度的情况下，增加后止推垫片的厚度，以满足曲轴轴向间隙的要求。

2. 曲轴轴向间隙的调整

曲轴的轴向间隙是靠更换不同厚度的止推垫片来调整的。

八、曲轴轴承间隙的检查与调整

1. 曲轴轴承间隙的检查

1）用黄铜皮制成宽 12mm、长 25mm，厚度小于原车规定最大允许的极限间隙，四角为圆弧形的量隙片。

2）在量隙片上涂以机油后将其置入曲轴轴颈与轴承之间。

3）用扭力扳手按规定力矩拧紧轴承螺栓。

4）用手摇柄转动曲轴，若感到需要用很大的力才能转动时，说明轴承间隙在允许范围内。否则，需进行调整或更换曲轴轴承。

2. 曲轴轴承间隙的调整

可通过增减轴承盖两端的调整垫片来进行调整。拧紧轴承盖螺

栓后，转动曲轴。若用力不大且转动灵活，则说明间隙合适；若感到很费力，则间隙过小；若感到很松旷，则间隙过大。

九、连杆轴承间隙的检查与调整

1. 连杆轴承间隙的检查

1）紧固连杆轴承螺栓。

2）摇转曲轴，使被检测连杆位于最低位置。

3）用手径向推动连杆，应无间隙感觉。

4）用质量为0.25kg的锤子沿曲轴轴向轻轻敲击连杆，连杆能沿轴向移动，且连杆大头两端与曲柄的间隙为0.17～0.35mm。

2. 连杆轴承间隙的调整

如间隙超过极限时，则应更换连杆轴承。

十、活塞环的装配及技术要求

1）一般要求活塞环外围工作面在开口处30°范围内不许漏光。

2）其他部位每处的漏光弧长所对应的圆心角不得超过25°。

3）同一环上漏光弧长所对应的圆心角总和不超过45°。

4）漏光处的缝隙应不大于0.03mm。

5）活塞环的侧隙、背隙和端隙应符合技术标准要求。表5-2为AJR型发动机的活塞环间隙标准值。

表5-2　AJR型发动机的活塞环间隙标准值

间隙位置	活塞环名称	新活塞环端隙和侧隙/mm	磨损极限/mm
活塞环端隙	第一道气环	0.20～0.40	0.80
	第二道气环	0.20～0.40	0.80
	油环	0.25～0.45	0.80
活塞环侧隙	第一道气环	0.06～0.09	0.20
	第二道气环	0.06～0.09	0.20
	油环	0.03～0.06	0.15
活塞环背隙	背隙＝环槽深度－活塞环径向厚度 活塞环一般应低于环槽岸边0.30mm左右		

另外，EQ6100—1 型发动机为：

压缩环：0. 29 ~ 0. 49 mm；

油　环：0. 50 ~ 1. 00 mm；

桑塔纳 JV 型发动机为：

第一道环：0. 30 ~ 0. 45 mm；

第二道环：0. 25 ~ 0. 40 mm；

油　　环：0. 25 ~ 0. 50 mm；

磨损极限：1. 00mm。

6）活塞环端面平整，装入环槽内应能转动灵活，不卡滞。

十一、活塞环的检验与更换

为了保证活塞环与活塞环槽及气缸的良好配合，在选配活塞环时，应进行下列检验。其中任意一项不符合要求时，均应重新选配。

1. 检验活塞环的弹力

可用活塞环弹力检验仪测得活塞环的弹力，其值应符合技术标准。检验步骤为：

1）把活塞环放在弹力检验仪上，使环的开口处于水平位置。

2）移动检验仪上的量块，把活塞环的开口间隙压缩到标准的端间隙，观察秤杆上量块的质量，应符合技术要求。

2. 检查活塞环的漏光度

1）将活塞环平放在已镗磨的气缸内，用活塞顶部推正活塞环。

2）在活塞环上盖一个比缸径略小的硬纸板做成的遮光板，在气缸下部放置灯光照明，如图 5-2 所示。

3）观察活塞环外圆与气缸壁之间是否漏光。

4）用塞尺和量角器测量其漏光度是否符合技术要求。

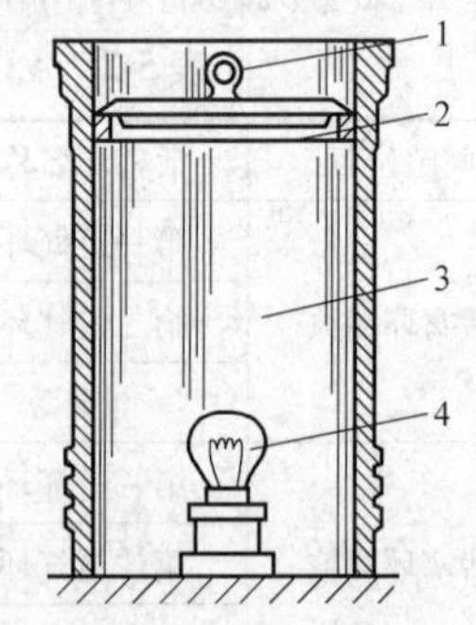

图 5-2　检查活塞环的漏光度

1—遮光板　2—活塞环

3—气缸　4—灯泡

3. 检查活塞环的背隙

活塞环的背隙通常以环槽深度和活塞环的径向厚度之差来表示。若背隙过小应重新另选一组活塞环。

4. 检查活塞环的侧隙

将活塞环放在环槽内，围绕环槽滚动一周，活塞环应能自由滚动，然后用塞尺检测侧隙应符合技术要求，如图 5-3 所示。

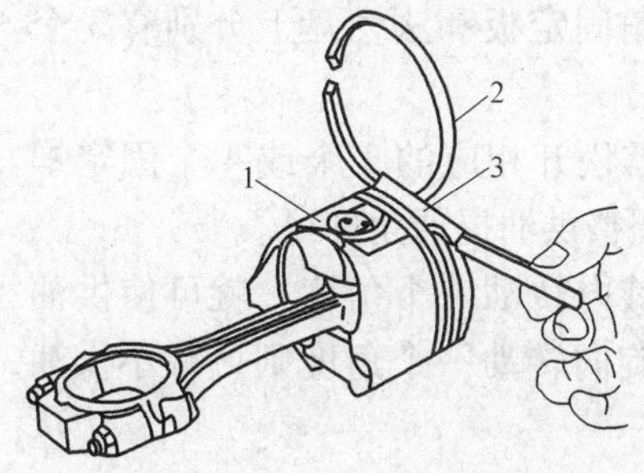

图 5-3　检查活塞环的侧隙
1—活塞　2—活塞环　3—塞尺

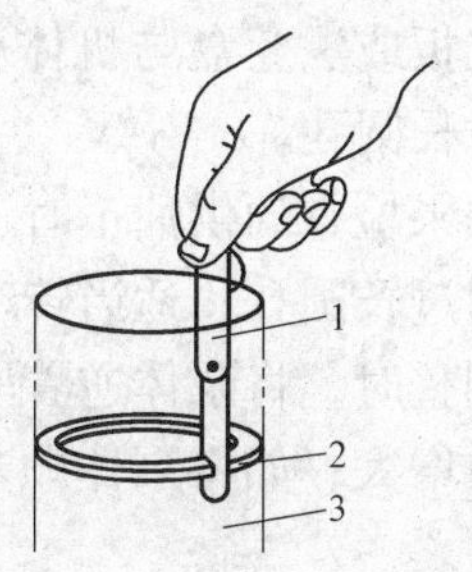

图 5-4　检查活塞环的端隙
1—塞尺　2—活塞环　3—气缸

5. 检查活塞环的端隙

1）将活塞环放在气缸内，用活塞顶部将活塞环推正。

2）用塞尺插入活塞环开口处进行测量，如图 5-4 所示。

其中，活塞环端隙过大时不能使用；端隙过小时，用细平锉或整形锉在活塞环开口处的一个端面上锉削，边锉边量，要求活塞环开口处要修锉平整，无毛刺。

十二、飞轮齿圈的更换步骤

1）检查飞轮上与离合器摩擦片相结合的面，如有擦伤，则应车削、修复，或把飞轮齿圈翻面使用，但齿牙需修正倒角。如果飞轮上齿圈的齿已严重损坏，应该更换飞轮齿圈。

2）拆装飞轮齿圈，因飞轮与齿圈是过盈配合，必须使用液压式压力机。装配齿圈前，必须先将齿圈放在废机油中加热到大约 300℃，并将其内圆有倒角的一面朝向飞轮放置，趁热用压力机压装好。

十三、喷油泵供油提前角的调整

在检查供油正时时，如果发现供油提前角过小或过大，就要进行调整，常用的调整方法如下。

1. 通过转动泵体调整

用正时齿轮和花键轴头直接装入驱动喷油泵，喷油泵大多用三角固定板或法兰盘与机体相连。三角固定板和法兰盘上分别有 3 个或 4 个长圆孔。

如果检查的供油正时不准，只需松开相应的 3 个或 4 个固定螺栓，通过长圆孔，适当转动泵体来调整供油提前角即可。

调整时，将泵体逆着驱动轮的旋向转动一个角度，就可使供油提前角增大；如将泵体顺着驱动轮旋向转动一个角度则可减小供油提前角。

2. 通过转动泵轴调整

靠万向节驱动的喷油泵，在连接盘上有两个长圆孔。调整供油提前角时，可松开连接盘上的两个固定螺栓，将喷油泵凸轮轴顺着旋向转动一个角度，便可增大供油提前角；逆着旋向转动一个角度，则可减小供油提前角。调整完毕后，拧紧连接盘上的两个固定螺栓即可。

第二节　底盘二级维护

一、底盘二级维护前的检测诊断项目和技术要求

1. EQ1092F 型汽车二级维护前的检测项目和技术要求

1）路试检查车辆。车辆在行驶中，应方向不跑偏、不发抖、不摆头、不乱撞；离合器不打滑、不发抖、分离彻底，接合平稳；变速器换挡轻便灵活，无异响，不乱挡，各部联接螺栓紧固可靠；制动性能良好；传动轴无异响和异常的振动，轴承不松旷，联接螺栓紧固可靠；汽车各部无漏油和异响等现象。

2）当齿轮油中水的质量分数、铁的质量分数和 100℃下的运动

黏度有一项不符合技术要求时，均应更换齿轮油。

3）检测前轮定位。EQ1092F 型汽车前轮外倾角应为 1°，主销内倾角应为 6°，主销后倾角应为 2°30′。普通轮胎前束值应为 1～5mm，子午线轮胎的前束值应为 1～3mm。

4）检测转向盘的自由转动量，转动量应为 15°～30°。

5）测量左右两侧轴距差应不大于 10mm。

2. 桑塔纳 LX 型轿车二级维护前的检测诊断项目和技术要求

1）路试检查车辆操纵稳定性，方向应不跑偏，不发抖，转向灵活。

2）路试检查离合器，应不打滑、不发抖，分离彻底，无异响。

3）路试检查变速器，应换挡轻便，无异响、乱挡、跳挡，无漏油等现象。

4）路试检查制动主缸、真空助力器，应密封良好，工作正常。制动性能应符合 GB/T 18275. 1—2000 的有关要求。

5）检查传动轴，防尘罩应完好，传动轴无损伤。

6）检查前悬架，所有球形节、衬套、轴承不松动，减振器不漏油。

7）检查前横梁，应无裂纹、变形，连接紧固。

8）检查驻车制动器，其生效齿数为两齿。

9）检查后悬架，后梁不变形，减振器不漏油，后轮轴承不松旷、无异响。

10）检查轮胎，应无异常磨损。花纹深度应大于 1. 6mm；轮胎气压应符合规定，即前轮为 180kPa，后轮为 190kPa；车轮动不平衡量为零。

二、底盘二级维护附加作业项目的确定依据

车辆进行二级维护前，用检测仪器检测或人工检查作业项目，若被检项目的检测或检查结果超过技术要求，可综合车辆运行和维修的技术资料，对汽车的技术状况进行评定诊断，确定其相关故障和相应的附加作业项目。现主要以 EQ1092F 车为例，介绍对底盘进行相关故障评定、确定相应附加作业的内容。

1）检测的前轮定位时若超过规定值、转向沉重、方向跑偏或振颤，应从下述部位进行诊断故障：转向节主销及衬套磨是否损松旷，车架、前轴是否变形，悬架、转向机构是否异常。对于桑塔纳车，应检查球形节磨损是否松旷；摇臂稳定杆是否变形；转向齿轮齿条的啮合间隙是否过大，转向助力泵是否漏油、失效；减振器是否失效等。附加作业项目内容为：对变形件进行校正，更换磨损的零件，并进行必要的修理和调整。

2）对于离合器分离轴承有异响、工作不良引起离合器打滑、分离不彻底、接合不平顺等不正常现象，可以拆检离合器，检查、更换离合器轴承，更换离合器摩擦片或压盘、弹簧等，以保证离合器恢复正常工作。

3）操纵时变速器有异响，出现乱挡、跳挡且换挡困难，以及漏油，则可能是由于齿轮、轴和轴承间隙过大，致使齿轮啮合不良。各轴承孔的同轴度、平行度超差，同步器失效，油封老化，变速器操纵机构失效也会引发上述问题。对于以上故障，应视情况修理或更换有关零件。

4）检查传动轴或前驱动汽车的驱动轴时，如存在异响、振颤、松旷等现象，一般是由于中间轴承、万向节轴承松旷，驱动轴损伤、变形，等速万向节磨损，凸缘叉、滑动叉花键配合松旷等引起的。可先拆检再视情况修理或更换有关零件。

5）主减速器、差速器存在异响、漏油等故障，主要是由于齿轮磨损或轮齿折断、轴承损坏，油封老化等引起的，可通过更换零件予以修理。

6）路试中，驻车制动器不能有效制动、主缸漏油、真空助力器漏气等故障，则可通过拆检、更换有关零件等来解决。

7）检查悬架、轮胎时，若存在悬架机构异响、轮胎异常磨损等现象，一般是由于悬架中钢板弹簧错位、钢饭弹簧座孔磨损、减振器失效引起的。可通过修整变形件，修理或更换来恢复。

8）若检查车身总成中有钣金件开裂、锈蚀、脱漆等缺陷，可采用修整、补漆的方法修理。

三、车轮定位仪

目前路上行驶的多数为四轮轿车，轿车的转向车轮、转向节和前轴三者之间的安装具有一定的相对位置，这种具有一定相对位置的安装叫做转向车轮定位，也称前轮定位。前轮定位包括主销后倾角、主销内倾角、前轮外倾角和前轮前束四个内容。这是对两个转向前轮而言，对两个后轮来说也同样存在与后轴之间安装的相对位置，称作后轮定位。后轮定位包括车轮外倾（角）和后轮前束。前轮定位和后轮定位总称四轮定位。

四轮定位的作用是使汽车保持稳定的直线行驶和转向轻便,并减少汽车在行驶中轮胎和转向机件的磨损。由于各汽车生产厂家对四轮定位的设计、制造不同,使得各轮的各种倾角和束值就各有不同,并且有可调部分和不可调部分之分。做四轮定位就是通过车轮定位仪,检测出被测车辆的各轮倾角和前束值是否符合原厂标准,如不符合可做随机调整。一般新车在驾驶 3 个月后就应做四轮定位,以后每行驶 10 000km、更换轮胎或减振器、发生碰撞后都应及时做四轮定位。

四、动平衡仪

由于车轮动不平衡对汽车危害很大，因此，必须对车轮的动不平衡进行试验，并进行调平衡工作。车轮的不平衡包括静不平衡和动不平衡，由于动平衡的车轮一定处于静平衡状态，因此，只要检测了动平衡，就没有必要再检测静平衡。车轮的动平衡试验有离车式和就车式两种方法。

1. 离车式车轮动平衡仪

利用离车式车轮动平衡仪对车轮进行动平衡检测时，需将车轮从车上拆下。如图 5-5 所示为常用的车轮动平衡仪。该动平衡仪主要由

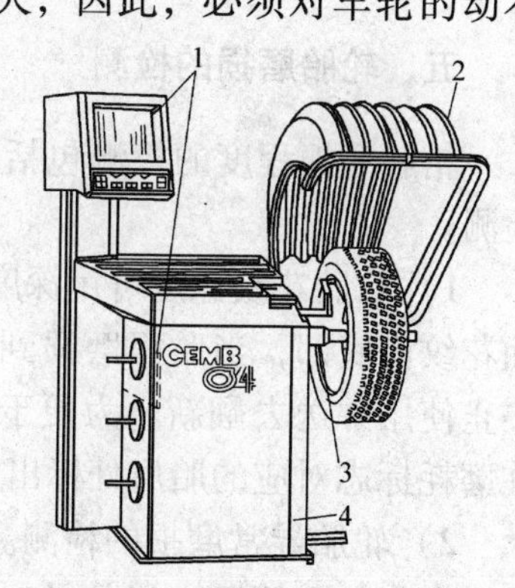

图 5-5　离车式车轮动平衡仪

1—显示与控制面板　2—车轮防护罩

3—转轴　4—机箱

驱动装置、转轴与支撑装置、显示与控制装置、制动装置及防护罩组成。

2. 就车式车轮动平衡仪

可以在不拆卸车轮的前提下对汽车进行车轮平衡检测，其结构如图 5-6 所示。

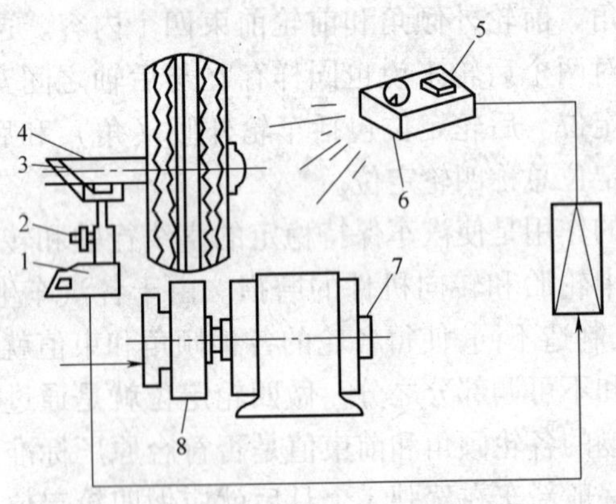

图 5-6　就车式车轮动平衡仪

1—底座　2—可调支杆　3—传感磁头　4—转向节
5—不平衡度表　6—频闪灯　7—电动机　8—转轮

五、轮胎磨损的检测

轮胎磨损程度的检测包括胎面花纹深度检测和轮胎异常磨损的检测。

1）轮胎花纹深度可用深度卡尺进行测量。胎面磨耗标志位于胎面花纹沟底部，当胎面磨损到此处时，花纹沟断开，表明轮胎必须停止使用并送去翻新。为便于用户找到磨耗标志所在的位置，通常在磨耗标志对应的胎肩处标出“TWI”或者“△”等符号。

2）轮胎异常磨损的检测。检测轮胎的异常磨损，可以发现故障的早期征兆和原因，以便及时排除影响轮胎寿命的不良因素。轮胎异常磨损，除磨损过快外，还有其他特征，见表 5-3。轮胎异常磨损除气压过高过低外，主要是底盘技术状况变坏，如前轮定位不良、

轮毂轴承松旷、横拉杆球节和主销衬套间隙过大，车轮不平衡，轮辋变形或不配套，车轿或车架变形和钢板弹簧技术状况不良等。

表 5-3　轮胎花纹异常磨损的特征和原因

特征	原因	特征	原因
胎冠过度磨损	气压过高	单边磨损	前轮外倾角失准，后桥壳变形
胎肩过度磨损	气压过低	杯形（贝壳形）磨损	悬架部件和连接车轮的部件（球节、车轮轴承、减振器、弹簧衬套等）磨损，车轮不平衡
锯齿（羽毛）状磨损	前束失准，主销衬套或球节松旷	第二道花纹过度磨损（只出现在子午线胎上）	轮辋大窄而轮胎太宽，不配套

第三节　电气设备二级维护

一、汽车电气设备二级维护前的检测诊断项目和技术要求

1. 检查点火提前角

发动机的转速为 800r/min 时，点火提前角应为 9°；转速为 1 200r/min时，点火提前角应为 13° ±1°。

2. 检查分电器重叠角

分电气重叠角应不大于 3°。

3. 检查触点闭合角

触点闭合角应为 36° ~ 42°（对应的触点间隙为 0.35 ~ 0.50mm）。

4. 检查点火电压

1200r/min 时，点火电压为 8 ~ 10kV，且各缸差值不大于 2kV，点火波形正常。

检查单缸转速降：转速为 1200r/min 时，单缸发动机断火转速下降速度应不小于 90r/min，且各缸相差不超过 25%。

5. 检查起动电压和起动电流

起动前蓄电池电压不小于 12V，起动电流稳定值应该为 100 ~ 150A，蓄电池内阻不大于 20mΩ，稳定电压不小于 9V。

6. 检查蓄电池充电电压及电流

充电电流为 10 ~ 25A，充电电压 13.8 ~ 14.2V。

二、汽车电气设备二级维护竣工的检测项目和技术要求

汽车电气设备二级维护竣工的检测项目与技术要求见表 5-4。

表 5-4　电气设备二级维护竣工的检测项目与技术要求

检测部位	检验项目	技术要求	备注
汽车电气	密封继电器	全车无油、水、气泄漏，密封良好，电气装置工作可靠，绝缘良好	检视
	前照灯、信号、仪表、刮水器、后视镜	稳固、齐全、有效，符合有关规定	检视

三、汽车电气设备二级维护附加作业项目的确定依据

1）点火系中如检测出触点闭合角不符合规定，点火提前角失准。

2）点火电压达不到规定值，点火波形失常。

3）分电气重叠角超过技术要求。则应考虑是由于以下故障引起。

①分电气调整不当。

②无触点电子点火系统信号发生器气隙失准。

③点火系元件工作性能变差。

④分电气轴及凸轮磨损松旷等。

可以采用检修分电器、霍尔发生器总成，视情况更换故障元件来达到排除故障的目的。

四、蓄电池的维护

蓄电池维护的主要内容有：

1）观察蓄电池外壳表面有无电解液漏出。

2）检查蓄电池在车上安装是否牢靠，导线插头与接线柱的连接是否紧固。

3）经常清除蓄电池盖上的灰尘泥土，擦去电池顶上的电液，疏通加液盖上的通气小孔，清除蓄电池接线柱和导线接线头的氧化物，清洁方法如图 5-7 所示。

4）紧固蓄电池安装架，电线接线柱与线头应紧固并涂上润滑脂，方法如图 5-8 所示。

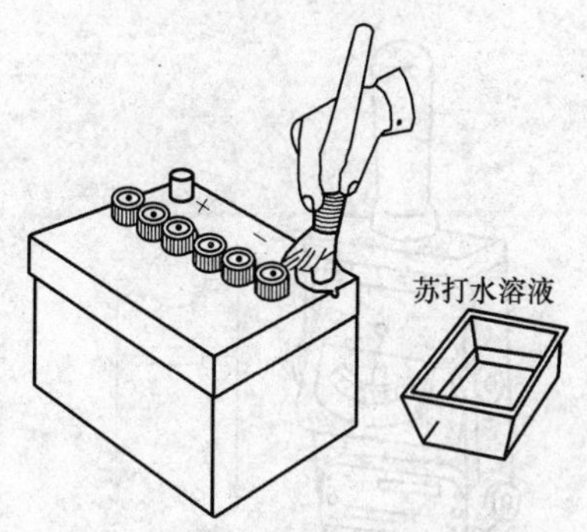

图 5-7 清洁蓄电池外表

图 5-8 给蓄电池接线柱涂润滑脂

1—接线柱 2—油脂（或凡士林）

5）定期检查和调整电解液的相对密度及液面高度。一般每行驶 1 000km 或冬季行驶 10～15 天，夏季行驶 5～6 天时，应检查电解液的液面高度。橡胶壳蓄电池电解液的液面高度应高出极板 10～15mm，检查方法如图 5-9 所示。

当蓄电池为塑料外壳时呈半透明状，液面应在厂方标明的上下刻线之间。液体不足时，应及时添加蒸馏水或“补充液”，如图 5-10 所示为添加调整用“补充液”方法。

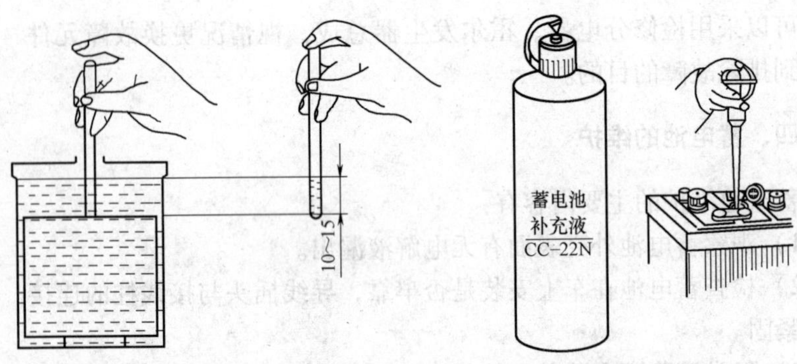

图 5-9　检查蓄电池液面高度　　　图5-10　添加调整用“补充液”

当电解液相对密度低于标准值时，应补加稍高于相对密度的电解液（一般 1.4g/cm³）并充电调整。测量电解液相对密度的方法如图 5-11 所示。

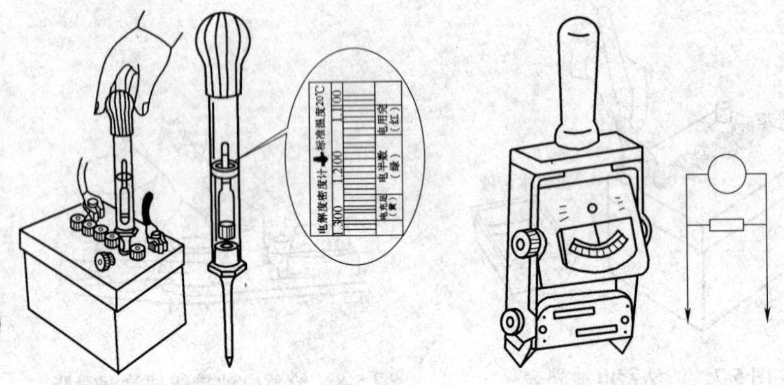

图 5-11　测量电解液相对密度　　　图5-12　单格电池高率放电计

6）经常检查蓄电池的放电程度，超过规定值时应立即充电。检查普通蓄电池存电量时常用两种方法：

①用单格电池式高率放电计测量单格电压。单格电池式高率放电计由一个 3V 电压表和一个定值负载电阻组成，如图 5-12 所示。

测量时，应将两触针紧压在单格电池正、负极接线柱上放电，保持 5s 左右，查看蓄电池能保持的端电压：一般技术状况良好的蓄电池，单格电压应在 1.5V 以上，并在 5s 内保持稳定。若 5s 内下降至1.7V，说明存电量足；若下降到1.6V，表明放电25%的额定容量；若下降到1.5V，表明放电50%的额定容量；若5s内电压迅速下降，说明有故障应进行修理。

②高率放电计测试蓄电池电压，图5-13为放电计与测试方法。

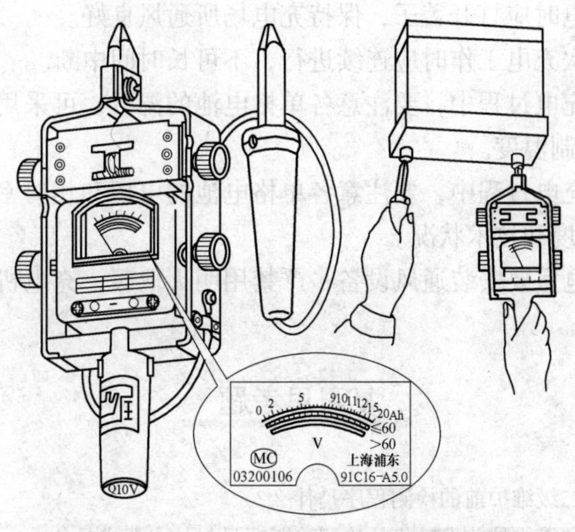

图5-13　12V整体电池式高率放电计与测试方法

该放电计可用于新型整体蓄电池的测试。测试时，用力将放电计触针刺入正负极，保持15s，若蓄电池能保持在9.6V以上，证明电性能良好，若稳定在10.6～11.6V，说明电池存电量充足；若迅速下降，则说明蓄电池已损坏。

7）蓄电池的防冻防晒。冬季严寒条件下，电解液黏度上升，活性物质细孔收缩，化学变化减弱，蓄电池容量减小。另外，在低温条件下，还可能引起电解液结冰，冻坏极板和外壳。因此，在严寒条件下，应做好保温工作。在夏季炎热条件下，应避免蓄电池受阳光暴晒，减少电解液水分蒸发，应常查看液面高度，随时添加蒸馏水。

五、蓄电池充电的注意事项

1）严格遵守充电方法中的充电规范。

2）配置和注入电解液时，要严格遵守安全操作规则和器皿的使用规范。

3）充电时接线要可靠，防止产生火花；停止充电时应先切断充电机的交流电源。

4）充电时应打开盖子，保持充电场所通风良好。

5）初次充电工作时应连续进行，不可长时间中断。

6）在充电过程中，要注意各单格电池的温升，可采用风冷和水冷的方法控制温度。

7）在充电过程中，要注意各单格电池的电压和相对密度，及时判断充电程度和技术状况。

8）充电室要安装通风设备，严禁用明火取暖，充电机和蓄电池应隔室放置。

复习思考题

1. 汽车二级维护前的检测程序是什么？
2. 汽车二级维护前发动机的检测诊断项目与技术要求是什么？
3. 汽车二级维护作业前的技术评定目的与方法是什么？
4. 汽车发动机二级维护竣工的检验项目和技术要求有哪些？
5. 汽车发动机二级维护附加作业项目的确定依据是什么？
6. 气门座修理的技术要求是什么？
7. 曲轴连杆轴承间隙的调整要点是什么？
8. 活塞环装配的技术要点是什么？
9. 曲轴轴承、连杆轴承的修理技术要点是什么？
10. 汽车二级维护前底盘的检测诊断项目与技术要求是什么？
11. 汽车底盘二级维护竣工的检验项目和技术要求是什么？
12. 汽车底盘二级维护附加作业项目的确定依据是什么？
13. 汽车电气设备二级维护竣工的检验项目和技术要求是什么？
14. 汽车电气设备二级维护附加作业项目的确定依据是什么？

第六章

汽车故障诊断

培训目标 通过本章的学习，掌握发动机、底盘和电气故障及原因，为工作中能够解决实际问题打下良好的基础。

第一节 发动机故障诊断

一、油路、电路引起的发动机起动困难故障

1. 故障现象

发动机冷车、热车起动困难。起动时毫无着车征兆，或者有着车征兆而起动后又逐渐熄火。

2. 故障原因

1） 供油不足、燃油泵故障、燃油有杂质或水。

2） 混合气过稀或过浓。

3） 火花塞 、分电器、点火线圈有故障。

4） 蓄电池电力不足、电池插头被腐蚀或松动。

5） 个别缸断火不工作。

6） 点火太迟或过早。

7） 机械性原因，例如起动机故障。

二、发动机怠速不稳故障

1. 故障现象

发动机怠速运转时，转速不均匀，且有抖动现象。

2. 故障原因

1）怠速调整螺钉调整不当。

2）一级怠速空气量孔或二级怠速空气量孔堵塞。

3）节气门固定螺钉松动或节气门松旷。

4）节气门边缘与怠速喷嘴的位置不合适，引起怠速不稳。

5）进、排气歧管与气缸接触处漏气或化油器的固定螺钉和衬垫损坏导致漏气。

6）曲轴箱的单向阀密封不严导致漏气。

7）个别气缸不工作或点火时间过早。

三、爆燃故障

1. 故障现象

1）发动机起动后即有抖动现象，转速越高，抖动越强烈。

2）发动机发出清脆而有节奏的金属敲击声，急加速时声音更大，排气管冒黑烟。

3）有时也发出无节奏或低沉不清晰的敲击声，并且排气管冒黑烟。

2. 故障原因

（1）抖动原因

1）发动机支架螺栓松动，或支架断裂，减振垫老化、破损、脱落。

2）发动机支撑位置不当。

（2）敲击和冒烟的原因

1）喷油时间过早或太迟。

2）喷油雾化不良或喷油器滴漏，会出现规律的敲击声，并伴有放炮和冒烟现象。

四、发动机功率不足故障

故障原因如下：

(1) 点火系方面的原因

1) 火花塞间隙不符合要求。

2) 分电器分火头损坏。

3) 各缸点火次序错乱。

4) 点火正时不正确。

5) 高压火弱。

6) 电子点火器及脉冲信号发生器内部有故障。

(2) 配气机构的主要原因

1) 气门配气相位失准。

2) 气门密封不严。

3) 气门弹簧变弱或变短。

(3) 燃油供给系的原因

1) 燃油管道有尘土阻塞或燃油有水分。

2) 汽油泵有故障。

3) 空气滤清器堵塞。

4) 排放控制系统有缺陷或调整不当。

5) 排气系统阻塞。

(4) 其他原因　引起发动机功率下降的原因还有气缸盖密封不严、机油品质变差等。

五、连杆轴承异响故障

1. 故障现象

1) 轴承异响是比曲轴轴承敲击轻缓和而短促的“铛、铛”的声响，怠速时声响较小，中速时较为明显，突然加速时，敲击声随之增大。

2) 当发动机载荷增加时，声响也会随之增大。

3) 当发动机温度发生变化时，声响并不变化。

4) 断火后声响会明显的减弱或消失。

2. 故障原因

1）连杆轴承与轴颈磨损过量，导致顶隙过大。

2）连杆轴承盖的紧固螺栓松动或折断。

3）轴承合金烧毁或脱落。

4）连杆轴颈磨损过大，使轴颈与轴承之间接触不良。

5）曲轴主油道堵塞或润滑系有故障，造成轴承润滑不良。

六、正时齿轮异响故障

1. 故障现象

1）声响比较复杂，有时有节奏，有时无节奏，有时间断响起，有时又连续响起。

2）发动机怠速运转或转速有变化时，在正时齿轮室盖处发出杂乱而轻微的噪声；转速提高后噪声消失；急减速时，此噪声尾随出现。

3）有的声响不受温度和单缸断火试验的影响；有的声响受温度影响，温度低时无噪声，温度正常后，才出现噪声。

4）有的声响伴随正时齿轮室盖振动出现，有的声响不伴随振动出现。

2. 故障原因

1）正时齿轮啮合间隙过大或过小。

2）曲轴和凸轮轴的中心线不平行，造成齿轮啮合失常。

3）换曲轴和凸轮轴轴承后，改变了齿轮啮合位置。

4）凸轮轴正时齿轮松动。

5）凸轮轴正时齿轮轮齿折损，或齿轮径向破裂。

七、气门异响故障

1. 故障现象

1）发动机怠速运转时，发出有节奏的“嗒、嗒”声。

2）发动机转速增高，声响也随之增高。中速以上时，声响变得模糊嘈杂。

3）发动机温度变化或在断火试验时，声响都不随之变化。

2. 故障原因

1）气门杆端、调整螺钉或摇臂磨损，使气门间隙过大，导致顶置式气门的摇臂头部与气门端部碰撞。

2）凸轮磨损过量，运转中挺柱产生跳动。

3）气门弹簧座脱落。

4）气门挺柱的固定螺母松动或调整螺栓端面不平。

5）气门导管积炭过多而咬住气门。

八、发动机过热故障

1. 故障现象

1）在道路不畅堵车或长时间怠速时，发动机水温表显示过高，电子风扇高速挡工作时间过长，发动机噪声增大，气温高而开空调时故障最为明显。

2）在气温高而开空调时，怠速不稳且转速上下浮动过大；急加速时发动机无力，发动机有异响。

3）热车熄火十几分钟后，再起动时困难，热车行驶时有时会自动熄火。

4）冷车时空调制冷温度很凉，热车时空调制冷效果不好，而且空调系统内有较大的共振嗡嗡声。

5）热车怠速时，空调压缩机离合器吸断频繁，甚至断开，造成热车空调不制冷。

2. 故障原因

1）散热器风扇传动带断裂。

2）气缸垫烧坏。

九、发动机缺火故障

1. 故障现象

1）发动机在各种转速下运转时，消声器发出有节费的“噗、噗”声。

2）发动机运转不稳定，排气管冒黑烟，甚至放炮。化油器有时回火，动力性下降。

2. 故障原因

1）少数高压分线脱落或漏电。

2）分电器盖的个别旁插孔漏电或窜电。

3）分电器凸轮磨损不均匀。分电器轴松旷出现偏摆。

4）个别火花塞工作不良。如积炭，电极间隙过大或过小，潮湿或油污，裙部破裂等。

5）相邻两高压分线插错。

十、化油器回火故障

1. 故障现象

发动机工作时，进气管或化油器喉管内发出“啪、啪”响声，并有烟或火焰从化油器喉管中窜出；发动机起动时，连续回火以至无法起动或起动运转后回火现象仍未消除，甚至熄火。

2. 故障原因

混合气过稀通常是化油器回火的主要原因，引起混合气过稀的主要原因有：

1）主量孔调整针旋入过多。

2）主量孔或主喷管部分堵塞。

3）进油滤网或三角针阀有脏物造成堵塞。

4）浮子室油面过低。

5）小喉管环形槽有脏物形成半堵塞。

6）油箱油量不足，油管破裂、凹瘪、漏气或部分堵塞。

7）汽油泵内外摇臂之间的间隙过大，外摇臂磨损过大，汽油泵与气缸体间衬垫过厚，进、出油活门的开关关闭不严，膜片破裂。

8）真空加浓装置失效。

十一、发动机排放超标故障

1. 故障现象

1）发动机发出“噗、噗”的响声。

2）排气管排放大量黑烟、蓝烟或灰白色烟雾。

3）发动机功率不足、运转无力、运转不平稳、怠速不良、加速

不良及回火放炮、工作突爆。

2. 故障原因

1）供给系原因。化油器调整不佳，怠速不良，混合气过浓，阻风门打不开，空气滤清器严重堵塞，浮子室油面过高、各量孔油道磨损等。

2）点火系原因。火花过弱，火花塞工作不良，点火过早或太迟，分电器安装不正确等。

3）各缸缸压降低，活塞、活塞环、气缸磨损，进气门与导管磨损，气缸垫烧穿等。

第二节　底盘故障诊断

一、离合器异响故障

1. 故障现象

在使用离合器时有不正常的响声产生。

2. 故障原因

1）分离轴承磨损严重或缺油，轴承复位弹簧过软、折断或脱落。

2）分离杠杆的支撑销孔磨损后松旷。

3）从动钢片铆钉松动，钢片碎裂或减振弹簧折断。

4）踏板的复位弹簧过软、脱落或折断。

5）传动销与孔磨损后松旷。

6）从动盘毂与变速器的第一轴花键磨损严重。

二、变速器异响故障

变速器的异常响声主要是由于轴承磨损后松旷和齿轮间不正常的啮合而引起的，大致在空挡和挂挡后出现。

1. 空挡时出现

(1) 故障现象　发动机怠速运转，变速器处于空挡位置有异响，踏下离合器踏板时响声消失。

（2）故障原因

1）变速器与发动机安装时曲轴与变速器第一轴的中心线不同心，或变速器壳变形。

2）第二轴前轴承磨损、积存有污垢、轴承表面起毛刺。

3）变速器常啮合齿轮磨损、齿侧间隙过大，或个别齿轮的齿牙缺损。

4）常啮齿轮未成对更换，导致啮合不良。

5）轴承松旷、损坏、齿轮的轴向间隙大。

6）拨叉与接合套的间隙过大。

2. 挂挡后发响

（1）故障现象

1）变速器挂入挡位后有响声。

2）当汽车以40km/h以上车速行驶时，发出一种不正常的响声，且车速越高，响声越大。而当滑行或低速时响声减小或消失。

（2）故障原因

1）变速器内齿轮轴弯曲变形，轴的花键与滑动齿轮毂配合松旷。

2）齿轮啮合不当或轴承松旷。

3）操作机构各连接处松动，变速叉变形。

4）主从动锥齿轮的配合间隙过大。

三、传动轴高速振动故障

1. 故障现象

汽车在行驶过程中传动轴产生振动并传递给车身，从而引起车身振动和噪声。其振动一般与车速成正比例关系。

2. 故障原因

1）万向节严重磨损。

2）传动轴产生弯曲或扭转变形。

3）传动轴不平衡或连接部件松动。

4）变速器输出轴的花键齿磨损严重。

5）中间支撑齿轮磨损或中间支撑松动。

四、诊断与排除驱动桥异响故障

1. 故障现象

当汽车以 40km/h 以上的速度行驶时，驱动桥会发生一种不正常的响声，且车速越高响声越大，而当滑行或低速时响声减小或消失。

2. 故障原因

1）齿轮或轴承严重磨损或损坏。

2）主、从动锥齿轮的配合间隙过大。

3）从动锥齿轮的铆钉或螺栓松动。

4）差速器齿轮、半轴内端或半轴齿轮的花键磨损松旷。

五、转向沉重故障

1. 机械式转向系转向沉重的故障原因

1）转向器缺润滑油。

2）前轮胎气压不足。

3）前轮定位角不正确。

4）转向器小齿轮与齿条的啮合间隙太小。

5）转向器或转向柱的轴承损坏。

6）转向横拉杆球头销缺油或损坏。

2. 动力转向系转向沉重的故障原因

1）液压泵的传动带松动。

2）液压面低。

3）转向器与转向柱错位。

4）下连接突缘松动。

5）轮胎气压异常。

6）流量控制阀被卡住。

7）液压泵输出压力不够。

8）液压泵内泄漏过大。

9）转向器内泄漏过大。

六、诊断与排除传动轴异响故障

1. 故障现象

汽车行驶中传动装置发出周期性的响声，车速越高响声越大，严重时伴随车身有抖动。

2. 故障原因

主要原因是传动轴动不平衡，由于变形或平衡块脱落等；其次是中间支撑吊架固定螺栓松动或万向节突缘盘的联接螺栓松动，使传动轴偏斜，造成传动轴动不平衡。

七、诊断与排除由制动器引起的制动跑偏故障

1. 故障现象

汽车制动时，向一侧跑偏。

2. 故障原因

主要是由于左、右两侧制动力不一样所致。

1）左右两轮制动间隙不一致。

2）左右两轮制动蹄与制动鼓的接触面积不相等。

3）一侧前轮制动器进水或有油污。

4）一侧前轮制动鼓变形严重或磨出沟槽。

5）左右两轮制动凸轮的转角相差太大。

6）左右两轮制动气室推杆的外露长度不一致。

7）左右两轮制动软管与制动气室膜片的新旧程度不一样。

8）左右两轮的轮胎气压不一样。

除了上述原因外，还有其他方面的原因：如负前束和两钢板弹簧弹力不等、车架变形及前桥位置不正确等。

八、诊断与排除由制动器引起的制动拖滞故障

1. 故障现象

1）在汽车正常行驶过程中，虽然不踩制动踏板，但仍会产生制动效果，导致行驶阻力增大，行驶跑偏和制动发热等。

2）抬起制动踏板后，制动不能马上被解除。

2. 故障原因

1）制动踏板无自由行程，导致汽车在正常行驶中拖滞。

2）制动阀出现故障，造成全车车轮拖滞。

3）制动器出现故障，造成个别车轮拖滞，出现汽车跑偏。

4）其他方面的原因，如轮毂轴承松动、半轴套管松动等。

九、诊断与排除由制动器引起的制动失效故障

1. 故障现象

踩下制动踏板，车辆不减速，即使连续踩几次制动踏板也无明显减速作用。

2. 故障原因

1）制动器主缸内无制动液。

2）制动器主缸的皮碗严重破裂或制动系有严重的泄漏。

3）制动软管或金属管断裂。

4）制动踏板至主缸的连接脱开。

十、诊断与排除减振器失效故障

1. 故障现象

汽车在不平路面上行驶时车身强烈振动并连续跳动。有时在一定车速范围内发生“摆头”现象。

2. 故障原因

1）减振器连接销（杆）脱落或橡胶衬套（软垫）磨损破裂。

2）减振器油量不足或存有空气。

3）减振器阀门密封不良，阀瓣与阀座贴合不良。

4）减振器活塞与缸筒磨损过量，配合松旷。

十一、诊断与排除由前轮定位引起的轮胎异常磨损故障

1. 故障现象

轮胎出现非正常磨损，如正面或一侧磨损严重。

2. 分析与诊断

1）前轮外倾角、前轮前束不符合要求。

2）前轴、车架或转向节变形。

3）横、直拉杆的球头销和球头销座磨损松旷。

4）钢板弹簧 U 形螺栓松动。

5）车轮轮毂轴承磨损松旷。

6）车轮不平衡量过大。

7）轮胎气压不正常。

8）左、右轮胎尺寸规格不一样。

十二、诊断与排除由前轮定位引起的车轮摆振故障

1. 故障现象

在行驶中有蛇行现象，转向操纵不稳。慢速时感到前轮摇摆；高速时前轮摆动，转向盘抖动，手发麻。

2. 故障原因

1）蜗杆轴上、下轴承间隙过大；摇臂轴上的双销与蜗杆啮合间隙过大。

2）转向节主销与衬套或横、直拉杆的球头销磨损松旷。

3）前束过大，车轮外倾角、主销后倾角变小。

4）前轮轮毂的轴承间隙过大或锁紧螺母松动。

5）转向垂臂与摇臂轴的紧固螺母松动。

6）车架变形或铆钉松动，前轴变形；前轮轮辋变形；前轮毂的螺栓不全。

第三节　电气故障诊断

一、充电电流不稳故障

1. 故障现象

1）发动机在中速以上运转时，电流表指示充电电流忽大忽小或时充电时放电，指针摆动大。

2）充电指示灯忽明忽暗。

2. 故障原因

1）风扇传动带打滑。

2）充电系统连接导线接触不良或插接件松动。

3）发动机内部定子或转子线圈某处有断路或短路，集电环有脏物、电刷接触不良或电刷弹簧过软、已折断。

4）电压调节器有关线路板松动或搭铁不良。

二、起动机运转无力故障

1. 故障现象

1）起动机运转缓慢无力，不能带动发动机正常运转。

2）接通起动开关，起动机只是“咔嗒”一声响，而不转动。

2. 故障原因

1）蓄电池亏电太多，或起动电路插头松动、有脏物而接触不良。

2）起动机轴承过松或过紧，起动机电枢轴弯曲与磁极碰撞。

3）换向器与电刷间有脏物、烧蚀，电刷磨损过量，弹簧过软。

4）电枢绕组或磁场绕组短路。

5）起动机电磁开关触点烧蚀；电磁开关吸拉线圈、保持线圈断路或短路。

三、火花塞间歇性跳火故障

故障原因为：

1）点火正时不正确。

2）点火顺序不对。

3）分电气盖漏电。

4）点火系统电压不足。

四、高压无火故障

1. 故障现象

打开点火开关，起动发动机，电流表动态正常，即电流表指针在5～7A间歇摆动。但发动机无着车征兆、不能起动。

2. 故障原因

1）点火线圈二次线圈断路或短路。

2）分火头漏电。

3）分电气盖漏电或中心碳棒脱落。

4）火花塞工作不良。

五、低速断火故障

1. 故障现象

1）发动机不易发动，怠速不能维持。

2）怠速时发动机有明显振动现象。

2. 故障原因

1）火花塞间隙过小。

2）分电气断电触点间隙过小。

3）电容器工作不良。

六、高速断火故障

1. 故障现象

发动机在低、中速时运行良好，在高速时出现断火现象。

2. 故障原因

1）分电器中的断电器活动触点臂弹簧过软，致使在高速时触点闭合迟缓或不能闭合。在这种情况下，点火线圈一次电流减少或不能导通，二次高压不足或不能产生高压，从而导致断火。

2）分电器轴承磨损严重。轴承磨损松旷后，触点间隙变动，又因为在高速时分电器轴摆动剧烈，都直接影响高压火花的产生，因此造成高速断火。

3）断电器凸轮的个别棱角磨损严重。在高速时凸轮不能顶开触点，个别缸因无高压电而断火。

4）断电器触点接触面偏斜。由于接触电阻增加，高速时高压电电压不足而断火。

5）电容器性能差或搭铁不良。由于触点火花加强，磁场消失减慢，且消耗了一部分电磁能量，故点火线圈二次高压减弱，尤其在高速时，易引起断火。

6）点火线圈型号与汽车发动机不匹配。汽车发动机要求的点火电压较高，如果点火线圈产生的高压电不能满足点火要求，高速时就易断火。

7）点火线圈一次电路中的附加电阻失效。在正常情况下，当发动机高速工作时，附加电阻因通电时间短而温度降低，电阻减少，点火线圈一次电流相对较大，二次电压仍能保持足够的高压。若附加电阻失效，由于高速时点火性能变差而易断火。

8）断电器触点铆接松动或支架固定螺钉松动。发动机在高速转动时，触点间隙变化无常，时大时小，除触点易烧蚀外，高速时还易断火。

七、发电机异响故障

1. 故障现象

发电机运转中发出连续或断续的响声。

2. 故障原因

1）传动带松紧度调整不当。

2）发电机轴承润滑不良或已损坏。

3）转子与定子之间有碰撞。

4）发电机风扇或传动带盘与壳体碰撞。

八、起动机不能与飞轮接合故障

1. 故障现象

接通点火开关的起动挡，起动时只是空转，不能与飞轮啮合带动发动机运转。

2. 故障原因

故障主要在起动机的操纵和控制部分。对于电磁控制式起动机，检查主回路接触盘的行程是否过小。

九、起动机齿轮与飞轮齿圈无法分离故障

1. 故障现象

更换了一个新电磁式起动开关后，试车时起动机能起动发动机，

但松开点火开关后，起动机驱动齿轮不能及时退回，仍与飞轮齿圈啮合而旋转。

2. 故障原因

电磁开关中固定铁心孔的表面粗糙度值高，加之推杆弯曲变形，推杆在运动时阻滞出现卡紧现象。通电后推杆上面的触盘与触电螺栓（“电源”接线柱铜触点）烧蚀粘接，不容易断开，致使飞轮齿圈与起动机啮合旋转。

十、喇叭不响故障

1. 故障现象

按下喇叭按钮，喇叭不响。

2. 故障原因

1）喇叭电源线路短路。

2）喇叭线圈烧坏或有脱焊之处。

3）继电器触点烧蚀或气隙过大，弹簧过紧。

4）喇叭按钮接触不良、接地搭铁不良或其导线断路。

5）喇叭衔铁的气隙过大。

十一、喇叭触点经常烧坏故障

1. 故障现象

喇叭触点修磨使声音正常后，不久又烧蚀，致使喇叭声音不正常。

2. 故障原因

1）装有灭弧电阻的喇叭，其电阻值增大或断路。

2）装有灭弧电阻的喇叭，其电容断路、电容量过大或过小。

3）喇叭触点间隙调整过小或线圈匝间短路，工作电流过大。

十二、喇叭长鸣故障

1. 故障现象

行车中，喇叭突然响个不停，或松开喇叭按钮后喇叭响声依然长鸣。

2. 故障原因

1）继电器触点烧结或弹簧片弹力过弱。

2）喇叭按钮的回位弹簧过弱或已折断。

3）继电器“喇叭”和“电池”接线柱被导体连通或继电器“按钮”接线柱至按钮之间连线的外绝缘皮磨破而搭铁等。

十三、空调压缩机不运转故障

1. 故障现象

接通空调电源后，制冷压缩机不转动，出风口只出风而无冷气。

2. 故障原因

1）空调熔断器熔断，或电源线路接触不良，电磁离合器线圈烧断。

2）空调系统内无制冷机，造成低压开关或空调怠速安全电路起作用，而将电路断开。

3）电磁离合器传动带盘与压力板接合面因磨损严重而打滑。

4）联接电磁离合器从动压力板的半圆键松脱。

5）传动带过松而打滑。

复习思考题

1. 发动机起动困难故障的现象和原因是什么？
2. 发动机怠速不稳故障的现象和原因是什么？
3. 发动机过热故障的现象和原因是什么？
4. 发动机缺火故障的现象和原因是什么？
5. 爆燃故障的现象和原因是什么？
6. 发动机功率不足故障的现象和原因是什么？
7. 排放超标故障的现象和原因是什么？
8. 连杆主轴承异响故障的现象和原因是什么？
9. 正时齿轮（或齿带、链条）异响故障的现象和原因是什么？
10. 气门异响故障的现象和原因是什么？
11. 离合器异响故障的现象和原因是什么？
12. 变速器异响故障的现象和原因是什么？

13. 传动轴高速振动故障的现象和原因是什么？
14. 驱动桥异响故障的现象和原因是什么？
15. 转向沉重故障的现象和原因是什么？
16. 传动轴异响故障的现象和原因是什么？
17. 制动跑偏故障的现象和原因是什么？
18. 制动拖滞故障的现象和原因是什么？
19. 制动失效故障的现象和原因是什么？
20. 车轮摆振故障的现象和原因是什么？
21. 轮胎异常磨损故障的现象和原因是什么？
22. 充电电流不稳故障的现象和原因是什么？
23. 起动机转动无力故障的现象和原因是什么？
24. 火花塞间歇性跳火故障的现象和原因是什么？
25. 高压无火故障的现象和原因是什么？
26. 低速、高速断火故障的现象和原因是什么？
27. 起动机不能与飞轮结合故障的现象和原因是什么？
28. 起动机齿轮无法分离故障的现象和原因是什么？
29. 喇叭工作不良故障的现象和原因是什么？
30. 空调压缩机不运转故障的现象和原因是什么？
31. 空调压缩机不停转故障的现象和原因是什么？

参 考 文 献

［1］ 张吉国．汽车修理工（中级）［M］．北京：机械工业出版社，2006.

［2］ 高宏伟．汽车修理工（中级）考前辅导［M］．北京：机械工业出版社，2009.

［3］ 卜显平．汽车修理工（中级）［M］．2 版．北京：中国劳动社会保障出版社，2008.

国家职业资格培训教材——鉴定培训教材系列

车工（中级）鉴定培训教材
铣工（中级）鉴定培训教材
磨工（中级）鉴定培训教材
数控车工（中级）鉴定培训教材
数控铣工/加工中心操作工（中级）鉴定培训教材
模具工（中级）鉴定培训教材
钳工（中级）鉴定培训教材
机修钳工（中级）鉴定培训教材
汽车修理工（中级）鉴定培训教材
制冷设备维修工（中级）鉴定培训教材
维修电工（中级）鉴定培训教材
铸造工（中级）鉴定培训教材
焊工（中级）鉴定培训教材
冷作钣金工（中级）鉴定培训教材
热处理工（中级）鉴定培训教材
涂装工（中级）鉴定培训教材
车工（高级）鉴定培训教材
铣工（高级）鉴定培训教材
磨工（高级）鉴定培训教材
数控车工（高级）鉴定培训教材
数控铣工/加工中心操作工（高级）鉴定培训教材
模具工（高级）鉴定培训教材
钳工（高级）鉴定培训教材
机修钳工（高级）鉴定培训教材
汽车修理工（高级）鉴定培训教材
制冷设备维修工（高级）鉴定培训教材
维修电工（高级）鉴定培训教材
铸造工（高级）鉴定培训教材
焊工（高级）鉴定培训教材
冷作钣金工（高级）鉴定培训教材
热处理工（高级）鉴定培训教材
涂装工（高级）鉴定培训教材

国家职业资格培训教材——操作技能鉴定实战详解系列

车工（中级）操作技能鉴定实战详解
铣工（中级）操作技能鉴定实战详解
数控车工（中级）操作技能鉴定实战详解
数控铣工/加工中心操作工（中级）操作技能鉴定实战详解
模具工（中级）操作技能鉴定实战详解
钳工（中级）操作技能鉴定实战详解
机修钳工（中级）操作技能鉴定实战详解
汽车修理工（中级）操作技能鉴定实战详解
制冷设备维修工（中级）操作技能鉴定实战详解
维修电工（中级）操作技能鉴定实战详解
铸造工（中级）操作技能鉴定实战详解
焊工（中级）操作技能鉴定实战详解
冷作钣金工（中级）操作技能鉴定实战详解
热处理工（中级）操作技能鉴定实战详解
涂装工（中级）操作技能鉴定实战详解
钳工（高级）操作技能鉴定实战详解
机修钳工（高级）操作技能鉴定实战详解
汽车修理工（高级）操作技能鉴定实战详解
制冷设备维修工（高级）操作技能鉴定实战详解
维修电工（高级）操作技能鉴定实战详解
铸造工（高级）操作技能鉴定实战详解
焊工（高级）操作技能鉴定实战详解
冷作钣金工（高级）操作技能鉴定实战详解
热处理工（高级）操作技能鉴定实战详解
涂装工（高级）操作技能鉴定实战详解
车工（技师、高级技师）操作技能鉴定实战详解
数控车工（技师、高级技师）操作技能鉴定实战详解
数控铣工（技师、高级技师）操作技能鉴定实战详解

车工（高级）操作技能鉴定实战详解

铣工（高级）操作技能鉴定实战详解

数控车工（高级）操作技能鉴定实战详解

数控铣工/加工中心操作工（高级）操作技能鉴定实战详解

模具工（高级）操作技能鉴定实战详解

钳工（技师、高级技师）操作技能鉴定实战详解

维修电工（技师、高级技师）操作技能鉴定实战详解

焊工（技师、高级技师）操作技能鉴定实战详解

国家职业资格培训教材——职业技能鉴定考核试题库系列

机械识图与制图鉴定考核试题库

机械基础鉴定考核试题库

电工基础鉴定考核试题库

车工职业技能鉴定考核试题库

铣工职业技能鉴定考核试题库

磨工职业技能鉴定考核试题库

数控车工职业技能鉴定考核试题库

数控铣工/加工中心操作工职业技能鉴定考核试题库

模具工职业技能鉴定考核试题库

钳工职业技能鉴定考核试题库

机修钳工职业技能鉴定考核试题库

汽车修理工职业技能鉴定考核试题库

制冷设备维修工职业技能鉴定考核试题库

维修电工职业技能鉴定考核试题库

铸造工职业技能鉴定考核试题库

焊工职业技能鉴定考核试题库

冷作钣金工职业技能鉴定考核试题库

热处理工职业技能鉴定考核试题库

涂装工职业技能鉴定考核试题库